L'expression française

écrite et orale

Conception graphique de la couverture : Corinne Tourrasse
Maquette et mise en page : Gex Mougin
Crédits photographiques : pages 108, 109, 162 © Musée Dauphinois-Grenoble

Achevé d'imprimer en septembre 2017 par Présence Graphique – 37260 Monts
Dépôt légal : septembre 2017 – N° d'impression : 091758858
Imprimé en France

15, rue de l'Abbé-Vincent – 38600 Fontaine
Tél. +33 (0)4 76 29 43 09 – Fax +33 (0)4 76 44 64 31
pug@pug.fr / www.pug.fr

ISBN 978-2-7061-2310-8

Christian Abbadie, Bernadette Chovelon, Marie-Hélène Morsel

L'expression française

écrite et orale

Presses universitaires de Grenoble

Les collections « Français Langue Étrangère » sont dirigées par Isabelle Gruca

COLLECTION GRAMMAIRE

La grammaire des tout premiers temps. 2e édition, CD MP3 inclus. M.-L. Chalaron et R. Rœsch, 2013

La grammaire des premiers temps A1-A2. Livre de l'élève, nouvelle édition, CD MP3 inclus. D. Abry et M.-L. Chalaron, 2014

La grammaire des premiers temps A1-A2. Corrigés et transcriptions, nouvelle édition. D. Abry et M.-L. Chalaron, 2014

La grammaire des premiers temps B1-B2. Livre de l'élève, nouvelle édition, CD MP3 inclus. D. Abry et M.-L. Chalaron, 2015

La grammaire des premiers temps B1-B2. Corrigés et transcriptions, nouvelle édition. D. Abry et M.-L. Chalaron, 2015

L'exercisier (avec niveaux du CECR). Livre de l'élève. C. Descotes-Genon, M.-H. Morsel et C. Richou, 2010

L'exercisier. Corrigés des exercices. C. Descotes-Genon, M.-H. Morsel et C. Richou, 2006

L'expression française écrite et orale. Livre de l'élève. C. Abbadie, B. Chovelon et M.-H. Morsel, 2003

L'expression française écrite et orale. Corrigés des exercices. C. Abbadie, B. Chovelon et M.-H. Morsel, 2003

Expression et style. Livre de l'élève. M. Barthe et B. Chovelon, 2002

Expression et style. Corrigés des exercices. M. Barthe et B. Chovelon, 2002

Présent, passé, futur. D. Abry, M.-L. Chalaron et J. Van Eibergen, 1987

Pour les autres collections, consultez le catalogue sur notre site internet www.pug.fr

Avant-propos

Présentation de la nouvelle *Expression française*

Le succès remporté depuis 1974 par *L'Expression française*, tant en France qu'à l'étranger nous a amenés à concevoir une nouvelle édition de ce manuel. Les nombreux utilisateurs de *l'Expression Française* seront satisfaits de constater que cette sixième édition tient compte de leurs remarques pédagogiques et de leurs suggestions. Nous avons voulu leur offrir un outil de travail entièrement révisé, à la fois plus systématique, plus complet et plus clair. Ce manuel de travail n'est ni une méthode, ni une grammaire ni un dictionnaire. C'est un parcours pédagogique de conception classique dont l'efficacité a fait ses preuves depuis de longues années.

Le public

Destiné aux niveaux B2 et C1 du CECR, cet ouvrage peut être utilisé après environ 500 heures d'enseignement de FLE car il fournit le matériau nécessaire pour un fonctionnement correct et nuancé de la langue française, tant au point de vue linguistique que sémantique. Comme dans les éditions précédentes, où notre démarche avait été appréciée, nous avons tenu compte des différents registres de langue, permettant ainsi à l'apprenant de manier plus facilement la langue orale, voire familière, autant que la langue écrite. Pour ceux qui désirent suivre le cursus proposé par les Presses universitaires de Grenoble dont le catalogue FLE est connu désormais dans le monde entier, il constitue normalement la deuxième étape à la suite de *L'Exercisier*.

Contenu de la sixième édition

Elle comporte cinq parties bien différenciées, conçues avec un souci constant d'enrichissement de la langue et dans une progression minutieusement étudiée.

Partie 1. Structure de la langue française

Cette première partie, ayant pour but de faire passer l'apprenant du niveau moyen de communication à un stade plus structuré grammaticalement, étudie l'organisation et la spécificité des phrases simples et complexes et la nature générale des verbes.

Partie 2. Valeur contextuelle des déterminants, des pronoms et des mots invariables.

L'étude morphologique des déterminants et des pronoms propose une analyse plus fine de ces éléments. Ils sont souvent présentés sous forme de tableaux pour donner une vision plus aisée de leur fonctionnement à l'intérieur de la phrase.

Partie 3. Les temps des verbes et la concordance des temps.

Le choix d'un temps et du mode approprié constituant un des plus sérieux obstacles car le français dispose d'un nombre important de temps et de modes, la troisième partie a pour objectif de donner à l'apprenant des outils raisonnés de choix et de comparaison. Ces acquisitions sont absolument indispensables pour une maîtrise convenable de la langue française.

Partie 4. Les articulations logiques de la langue française.

Les neuf chapitres de cette étude analysent le fonctionnement des relations logiques les plus couramment utilisées. L'étape nécessaire de leur acquisition permettra une expression plus appropriée et plus riche à l'oral comme à l'écrit.

Partie 5. Les registres de langage.
Les acquisitions fondamentales étant assimilées, il restait à étudier certains aspects de la langue orale, familière ou usuelle. Cette approche n'a évidemment pas la prétention d'être exhaustive. Elle constitue cependant un point de départ indispensable. On trouvera également une batterie d'exercices lexicaux : familles de verbes, paronymes, mots proches…

Méthodologie

Chaque chapitre comporte « un chapeau » dans lequel les notions de bases sont présentées de la manière la plus claire possible pour faciliter la mémorisation et pour fournir un matériau exploitable.
Des exercices avec différentes approches pédagogiques permettent la fixation des structures par la substitution et la répétition mais surtout par la *reformulation personnelle*, cette pratique nous paraissant la plus appropriée à ce niveau ; enfin, les exercices de créativité écrits ou oraux, individuels ou en groupe, occupent, bien sûr, toujours une place importante. Ces exercices peuvent être utilisés dans la classe comme base de la mémorisation puis à la maison pour la vérification des connaissances et leur consolidation. Des textes sont proposés dans chaque chapitre : ils peuvent être utilisés soit comme corpus de départ de réflexion soit pour permettre la reconnaissance des structures étudiées dans un ensemble plus organisé.
Le livre de corrigés accompagnant cet ouvrage pourra être une aide précieuse pour les enseignants ou pour ceux qui travaillent seuls.

Pour finir

Nous estimons que le parcours pédagogique présenté doit conduire en fin de manuel à une maîtrise très satisfaisante de la langue française. Pour ceux qui désirent continuer dans le même esprit, les Presses universitaires de Grenoble proposent, en complément de cet ouvrage, un livre de comptes rendus et synthèses d'articles de journaux pour la préparation aux épreuves du DALF, et un livre de perfectionnement, *Expression et style*, pour ceux qui désirent obtenir un niveau de langue plus élevé et plus approfondi.

Les auteurs

Malgré tout le soin que nous avons pris, des fautes ont pu nous échapper. Que les lecteurs veuillent bien nous les signaler et nous en excuser.

Liste des abréviations

Adj. : adjectif
n. : nom
v. : verbe
C.O.D. : complément d'objet direct
C.O.I. : complément d'objet indirect
v. tr. d. : verbe transitif direct
v. tr. ind. : verbe transitif indirect
v. intr. : verbe intransitif
ex. : exemple
f. aff. int. nég. : forme affirmative, interrogative, négative
fam. : familier
l. parl. : langage parlé
lit. : littéraire
p. p. : participe passé
inf. : infinitif
s. e. : sous-entendu
ind. : indicatif
cond. : conditionnel
subj. : subjonctif
imp. : impératif
qqn. : quelqu'un
qqch. : quelque chose

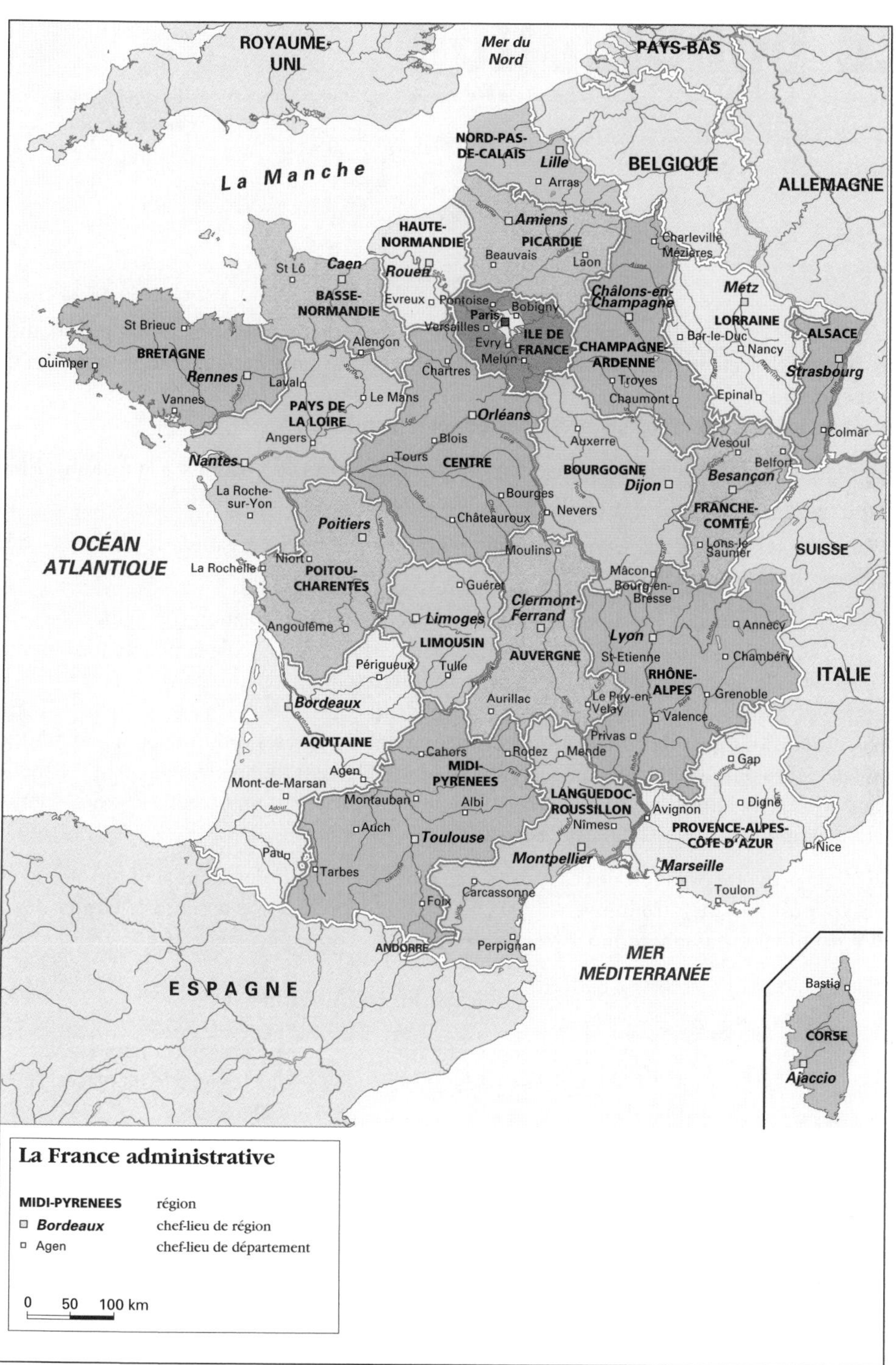
ROYAUME-UNI
Mer du Nord
PAYS-BAS
La Manche
NORD-PAS-DE-CALAIS
Lille
Arras
BELGIQUE
ALLEMAGNE
HAUTE-NORMANDIE
Amiens
PICARDIE
Beauvais
Laon
Charleville Mézières
St Lô
Caen
Rouen
BASSE-NORMANDIE
Evreux
Pontoise
Bobigny
Paris
Versailles
Châlons-en-Champagne
Metz
LORRAINE
ALSACE
St Brieuc
BRETAGNE
Quimper
Rennes
Alençon
Evry
Melun
ILE DE FRANCE
CHAMPAGNE-ARDENNE
Bar-le-Duc
Nancy
Strasbourg
Chartres
Laval
Vannes
PAYS DE LA LOIRE
Le Mans
Troyes
Chaumont
Epinal
Orléans
Angers
Blois
Auxerre
Colmar
Nantes
Tours
CENTRE
BOURGOGNE
Vesoul
Belfort
Dijon
Besançon
La Roche-sur-Yon
Bourges
Nevers
FRANCHE-COMTÉ
Poitiers
Châteauroux
OCÉAN ATLANTIQUE
Niort
Moulins
Lons-le-Saunier
SUISSE
La Rochelle
POITOU-CHARENTES
Guéret
Mâcon
Bourg-en-Bresse
Clermont-Ferrand
Limoges
Angoulême
LIMOUSIN
Lyon
Annecy
AUVERGNE
St-Etienne
Chambéry
Périgueux
Tulle
RHÔNE-ALPES
ITALIE
Aurillac
Le Puy-en-Velay
Grenoble
Bordeaux
Valence
AQUITAINE
Privas
Cahors
Rodez
Mende
Gap
Agen
MIDI-PYRENEES
Mont-de-Marsan
Montauban
Albi
LANGUEDOC-ROUSSILLON
Digne
Avignon
Auch
Toulouse
Nîmes
PROVENCE-ALPES-CÔTE D'AZUR
Pau
Montpellier
Nice
Tarbes
Marseille
Carcassonne
Toulon
Foix
ANDORRE
Perpignan
MER MÉDITERRANÉE
ESPAGNE
Bastia
CORSE
Ajaccio
La France administrative
MIDI-PYRENEES région
Bordeaux chef-lieu de région
Agen chef-lieu de département
0 50 100 km

La ponctuation

Chapitre 1

Un texte écrit en français comporte obligatoirement des signes typographiques, la ponctuation, sans lesquels le lecteur serait incapable de le déchiffrer. Ces signes indiquent le groupement des mots et des idées.
Ils ont trois fonctions : prosodique, syntaxique et sémantiques.

■ **Fonction prosodique** : ils correspondent un peu aux pauses, aux accents, à la mélodie, à l'intonation, au rythme, voire à la gestuelle qui accompagnent le langage parlé.

■ **Fonction syntaxique** : ils servent à séparer les mots mais aussi à organiser la phrase et à délimiter les phrases entre elles.

■ **Fonction sémantique** : ils ajoutent en effet des éléments d'information supplémentaires.
Ex. : Il a compris. Il a compris ? Il a compris ! Dans ces exemples, seule la ponctuation permet de distinguer la modalité de la phrase (assertion, interrogation, exclamation)

On distingue les signes de ponctuation forte délimitant les phrases (point et point-virgule), un signe de pause plus léger, la virgule servant à isoler un élément tout en le rattachant à ce qui va suivre et tous les autres (point d'interrogation, point d'exclamation, parenthèses, tirets, guillemets, deux points et points de suspension).

La virgule peut être dans certains cas porteur de sens (une virgule devant et peut introduire une idée d'opposition) ou introduire une nuance syntaxique (présence ou absence de virgule devant qui introduisant une subordonnée relative déterminative ou explicative).

Principaux signes de ponctuation

Point	.	Indique la fin d'une phrase déclarative.	*Ex. :* Les spectateurs avaient tous regagné leurs places. Le rideau se leva.
Point virgule	;	Indique une pause moyenne entre deux unités distinctes d'un même énoncé.	*Ex. :* La salle se remplissait peu à peu de spectateurs : des mères qui avaient amené leurs enfants ; des bandes d'adolescents riant et parlant fort ; des retraités plus discrets.
Point d'interrogation	?	Indique la fin d'une phrase interrogative.	*Ex. :* Pourquoi est-ce que tu ne m'as pas prévenu ?
Point d'exclamation	!	S'emploie après une interjection ou après une phrase exclamative.	*Ex. :* Hélas ! Que de temps perdu !

Virgule	,	Sépare les parties semblables d'une énumération, des groupes de mots apposés ou juxtaposés. On ne met pas, sauf cas particulier, de virgule devant : **et, ou, ni.**	*Ex. :* Paris, capitale de la France. Le 12 mai prochain, s'ouvrira le Salon du Meuble. Des coqs, des poules, des canards et des oies s'agitaient dans la cour.
Deux points	:	Précèdent une citation, une énumération, une explication.	*Ex. :* Il a répondu : « Je suis entièrement d'accord avec vous. »
Guillemets	« »	Encadrent le texte littéral d'une citation.	*Ex. :* Vous commenterez ce vers de Shakespeare : « Être ou ne pas être, voilà la question. »
Points de suspension	…	À la fin d'une phrase ou d'un membre de phrase indiquent que, pour diverses raisons, la phrase est inachevée.	*Ex. :* Au printemps, vous pouvez planter toutes sortes de bulbes : narcisses, jonquilles, jacinthes, crocus…
Tiret	–	Indique le début d'un dialogue, le changement d'interlocuteur. Deux tirets, encadrant une phrase, remplacent deux virgules ou deux parenthèses.	*Ex. :* – Avez-vous bien dormi ? – Parfaitement bien, merci. – Il lui fit remarquer – ce n'était d'ailleurs pas la première fois – qu'elle était en retard.
Parenthèses Crochets	( ) [ ]	Servent à isoler, dans une phrase, des mots qui ne sont pas indispensables au sens général.	*Ex. :* Admirer (Syn. s'extasier devant).
Astérisque	*	Indique un renvoi, souvent un appel de note en bas de page.	*Ex. :* Ce tableau de C.-E. Jeanneret* date de 1922. * Plus connu sous le nom de Le Corbusier

1 **Quels signes de ponctuation, que l'auteur a choisi de ne pas mettre, pourrait-on ajouter à ces deux poèmes de J. Prévert ?**

Barbara

Rappelle-toi Barbara
Il pleuvait sans cesse sur Brest ce jour-là
Et tu marchais souriante
Épanouie ravie ruisselante
Sous la pluie
Rappelle-toi Barbara
Il pleuvait sans cesse sur Brest
Et je t'ai croisée rue de Siam
Tu souriais
Et moi je souriais de même
Rappelle-toi Barbara
Toi que je ne connaissais pas
Toi qui ne me connaissais pas
Rappelle-toi
Rappelle-toi quand même ce jour-là
N'oublie pas
Un homme sous une porche s'abritait
Et il a crié ton nom
Barbara
Et tu as couru vers lui sous la pluie
Ruisselante ravie épanouie
Et tu t'es jetée dans ses bras
Rappelle-toi cela Barbara
Et ne m'en veux pas si je te tutoie
Je dis tu à tous ceux que j'aime
Même si je ne les ai vus qu'une seule fois
Je dis tu à tous ceux qui s'aiment
Même si je ne les connais pas
Rappelle-toi Barbara
N'oublie pas
Cette pluie sage et heureuse
Sur ton visage heureux
Sur cette ville heureuse
Cette pluie sur la mer
Sur l'arsenal
Sur le bateau d'Ouessant
Oh Barbara
Quelle connerie la guerre
Qu'es-tu devenue maintenant
Sous cette pluie de fer
De feu d'acier de sang
Et celui qui te serrait dans ses bras
Amoureusement
Est-il mort disparu ou bien encore vivant

Oh Barbara
Il pleut sans cesse sur Brest
Comme il pleuvait avant
Mais ce n'est plus pareil
Et tout est abîmé
C'est une pluie de deuil terrible et désolée
Ce n'est même plus l'orage
De fer d'acier de sang
Tout simplement des nuages
Qui crèvent comme des chiens
Des chiens qui disparaissent
Au fil de l'eau sur Brest
Et vont pourrir au loin
Au loin très loin de Brest
Dont il ne reste rien.

Jacques Prévert, *Paroles.*

Pour faire le portrait d'un oiseau

Peindre d'abord une cage
avec une porte ouverte
peindre ensuite
quelque chose de joli
quelque chose de simple
quelque chose de beau
quelque chose d'utile
pour l'oiseau
placer ensuite la toile contre un arbre
dans un jardin
dans un bois
ou dans une forêt
se cacher derrière l'arbre
sans rien dire
sans bouger…
Parfois l'oiseau arrive vite
mais il peut aussi bien mettre de longues années
avant de se décider
Ne pas se décourager
attendre
attendre s'il le faut pendant des années
la vitesse ou la lenteur de l'arrivée de l'oiseau
n'ayant aucun rapport
avec la réussite du tableau
Quand l'oiseau arrive
s'il arrive
observer le plus profond silence
attendre que l'oiseau entre dans la cage

et quand il est entré
fermer doucement la porte avec le pinceau
puis
effacer un à un tous les barreaux
en ayant soin de ne toucher aucune des plumes de l'oiseau
Faire ensuite le portrait de l'arbre
en choisissant la plus belle de ses branches
pour l'oiseau
peindre aussi le vert feuillage et la fraîcheur du
vent
la poussière du soleil
et le bruit des bêtes de l'herbe dans la chaleur
de l'été
et puis attendre que l'oiseau se décide à chanter
Si l'oiseau ne chante pas
c'est mauvais signe
signe que le tableau est mauvais
mais s'il chante c'est bon signe
signe que vous pouvez signer
Alors vous arrachez tout doucement
une des plumes de l'oiseau
et vous écrivez votre nom
dans un coin du tableau.

Jacques Prévert, *Paroles*.

 **Ajoutez tous les signes de ponctuation qui manquent à cet extrait de *l'Assommoir* d'Émile Zola.**

Vers onze heures et demie un beau jour de soleil Gervaise et Coupeau l'ouvrier zingueur mangeaient ensemble une prune[1] à l'Assommoir du père Colombe Coupeau qui fumait une cigarette sur le trottoir l'avait forcée à entrer comme elle traversait la rue revenant de porter du linge son grand panier carré de blanchisseuse était par terre près d'elle derrière la petite table de zinc

Oh c'est vilain de boire dit elle à demi voix elle raconta qu'autrefois avec sa mère elle buvait de l'anisette à Plassans mais elle avait failli en mourir un jour et ça l'avait dégoutée elle ne pouvait plus voir les liqueurs tenez ajouta t elle en montrant son verre j'ai mangé ma prune seulement je laisserai la sauce parce que ça me ferait mal Coupeau lui aussi ne comprenait pas qu'on pût avaler de pleins verres d'eau de vie

1. prune macérée dans de l'eau de vie .

Structure de la phrase française

Chapitre 2

La phrase obéit à des critères de sens et de forme. Elle commence par une majuscule et finit avec un signe de ponctuation fort (point ou point-virgule).

1 Phrase simple : langage parlé ou écrit courant

1. Groupe nominal seul. *Ex.* : Arrivée du Tour de France.

2. Groupe verbal seul. *Ex.* : Viens. Partons vite. Ne pas fumer.

3. Groupe nominal + groupe verbal.
Ex. : Le train arrive. Je parle. Il pleut. Il est arrivé un malheur.

4. Groupe nominal + groupe verbal + compléments.
a) Elle écrit une lettre (c.o.d.)
b) Elle pense à sa mère (c.o.ind.)
c) Compléments de circonstance.
Ex. : Nous allons à Paris. Il est resté chez lui (lieu).
Il se lève à 7 heures (temps). L'étudiant travaille avec courage (manière). Je meurs de faim (cause). Ils combattent pour la justice (but).

5. Groupe nominal + groupe verbal + attribut.
Ex. : Tu as l'air triste (adj.). Vous semblez fatiguée (p.p.).
Il sera médecin (nom). Qui est là ? C'est moi (pronom).
Vivre, c'est lutter (inf.).

2 Phrase complexe

Elle appartient surtout au langage écrit et littéraire.

Ex. :

« Ces hautes montagnes avec leurs bois de pins et de mélèzes, ces petits chalets qui se ressemblent tous, ces cimes couvertes de neige surgissant de la brume dans un ciel hivernal,

Groupe nominal complexe

rappelaient

→ souvent,
→ à Pierre
→ ces images de la Suisse,
→ dont il avait parfois rêvé,
→ quand il faisait ses études. »

Groupe verbal complexe

soit, dans cet exemple :

Groupe nominal complexe		Groupe verbal complexe	
articles, adjectifs, participes présents et passés, propositions relatives, compléments de nom, etc.	nom + déterminants	verbe +	complément d'objet direct complément d'objet indirect + propositions relatives et circonst.

3 Intonation

La mélodie de la phrase est, la plupart du temps, montante puis descendante mais la nature de la phrase apporte des modifications à cette règle. De toutes façons, n'importe quelle infraction à cet usage est significative.

Il faut par ailleurs tenir compte de l'accent qui peut être mis sur un mot ou un groupe de mots.

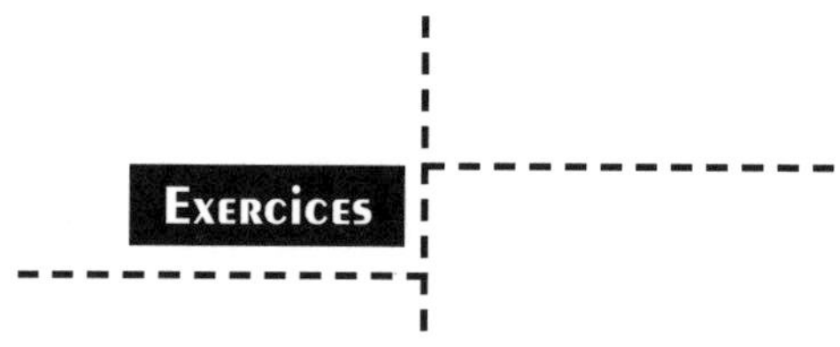

1 **Les proverbes et les dictons français se présentent le plus souvent sous la forme d'une phrase simple (Nécessité fait loi) ou d'une phrase complexe (Qui ne risque rien n'a rien.)**
À votre tour fabriquez en une phrase simple ou complexe un proverbe lié à vos traditions culturelles ou que vous aurez inventé.

2 **Les slogans publicitaires courts ont souvent emprunté la forme d'un proverbe ou d'un poème :**
Proverbe : On a souvent besoin d'un plus petit que soi.
Slogan : On a souvent besoin de petits pois chez soi.
Sur ce modèle, amusez-vous à fabriquer de petits textes publicitaires dont vous ferez deviner à vos camarades le destinataire et l'objet.

3 **Développez le titre de journal en une phrase, en utilisant le verbe entre parenthèses :**
Ex. : Graves malversations dans les comptes du caissier de l'équipe de rugby. (commettre)
→ De graves malversations ont été commises dans les comptes du caissier de l'équipe de rugby.

1. L'opéré du cœur : santé recouvrée au bout de huit jours. (recouvrer)

2. Injures et menaces de l'opposition sur les bancs de l'assemblée. (proférer)

3. Le juge Martin : peine de réclusion criminelle à vie contre l'assassin. (prononcer)

4. Actes criminels sur des personnes âgées, le week-end dernier. (perpétrer)

5. Erreur et injustice dans le choix du chef de l'entreprise. (commettre)

6. Changement de cap du gouvernement. (opérer)

7. Décision irrévocable du Président de remettre en cause le traité. (décider de)

8. Procès d'une mère abandonnée contre un mari indigne. (entreprendre)

9. Verglas sur les routes : dérapages et accidents en série. (provoquer)

10. Climat de confiance nouveau dans les négociations pétrolières. (instaurer)

11. Un parti d'avenir sur des bases politiques anciennes. (fonder)

12. Commission du Sénat : programme économique pour cinq ans. (élaborer)

Transformez ces phrases simples en phrases complexes :

Ex. : Je n'aime pas les transports en commun. • J'y fais cependant appel à l'occasion. • Cela permet de gagner du temps. • Cela évite d'avoir à se garer.
« Bien que je n'aime pas les transports en commun, j'y fais appel à l'occasion car cela permet de gagner du temps et cela évite d'avoir à se garer. »

1. L'institutrice a remercié ses élèves. • elle a eu un accident.• les élèves lui ont envoyé des fleurs.

2. Ma mère a fait ce coussin. • elle avait vu le modèle dans un magazine. • je le mets toujours sur mon divan.

3. Les petits exploitants doivent former des coopératives. • ils n'ont pas de moyens suffisants. • ils ont besoin d'acheter des machines.

4. Le facteur vend des calendriers. • il a une sacoche sur l'épaule. • il distribue le courrier.

5. Je n'ai pas pris de vacances. • le temps me faisait défaut. • je n'en avais pas les moyens. • et pourtant j'avais grand besoin de vacances.

6. J'ai fait sur mon manteau une tache de cambouis. • j'étais en train de changer une roue. • je venais d'acheter mon manteau. • la tache est indélébile.

7. J'habite dans une rue. • elle est animée. • il y a de nombreux magasins. • ils ont des vitrines. • ces vitrines restent illuminées tard dans la soirée.

8. Les étudiants viennent d'arriver à Paris. • ils sont originaires de tous les pays du monde. • ils sont désireux d'apprendre la langue française.

9. J'étais en vacances. • un ami est venu me voir. • je vous avais déjà parlé de cet ami. • il a glissé un mot sous ma porte. • il m'a exprimé ses regrets.

10. Je suis allé voir ce film. • il m'a été conseillé par ma cousine. • plusieurs personnes m'ont parlé de ce film. • je n'ai pas été déçu.

La nominalisation

Chapitre 3

La langue française actuelle, en particulier la langue écrite journalistique, utilise souvent un moyen grammatical mettant en valeur l'usage du syntagme nominal : **la nominalisation**. Ce procédé permet plus de concision et de densité. Il donne en peu de temps une grande quantité d'informations et peut les hiérarchiser. Il est souvent utilisé pour annoncer des titres de journaux, dans les résumés ou pour présenter rapidement des informations orales.

1. La nominalisation peut se faire à partir d'adjectifs ou de verbes. Elle entraîne en général une transformation de la phrase :

Adjectif + adverbe → nominalisation + adjectif Verbe + adverbe → nominalisation + adjectif

Cette conversion demande donc de la précision dans le choix des mots.
Exemples :
a. Serge était très courtois ; tout le monde l'avait remarqué.
Tout le monde avait remarqué que Serge était très courtois
→ Tout le monde avait remarqué la grande / l'extrême courtoisie de Pierre
b. Elle est partie plus tôt que prévu ; cela a perturbé le bon fonctionnement du service
→ Son départ prématuré a perturbé le bon fonctionnement du service.

2. Il peut arriver qu'un verbe n'ait pas de nominalisation lexicalement correspondante. *Exemple : tomber → une chute*
ou que le verbe ait plusieurs sens (polysémique) ; on aura dans ce cas des substantifs différents :
Exemple : charger un véhicule → le chargement d'un véhicule
on l'a chargé de cette mission → la charge de cette mission

3. Enfin, dans le cas d'une nominalisation conceptuelle, il ne faut pas transformer un verbe ou un adjectif mais résumer par un terme le plus souvent abstrait une idée complète :
Exemple : Aline n'admettait pas la moindre critique ; cela agaça vite ses collègues.
→ Aline n'admettait pas la moindre critique ; ce comportement agaça vite ses collègues

Nominalisation à base adjective

Suffixe/Genre	Adjectif	Nominalisation	Suffixe/Genre	Adjectif	Nominalisation
ance/F	constant	constance	ise/F	franc	franchise
at/M	anonyme	anonymat	isme/M	conforme	conformisme
bilité/F	visible	visibilité	iste/M ou F	social	socialiste
ence/F	prudent	prudence	ité/F	probe	probité
esse/F	petit	petitesse	rie/F	prude	pruderie
eur/F	doux	douceur	té/F	beau	beauté
ie/F	fou	folie			

Remarques

1. La plupart des suffixes des nominalisations à base adjective aident à former des substantifs féminins
2. À part les adjectifs se terminant en ant ou ent et qui se nominalisent en ance et ence et les adjectifs se terminant en ible, able, et uble et se nominalisant en ibilité, abilité et ubilité, il n'y a aucune règle de formation de ces nominalisations.
3. Bien souvent la transformation se fait sur la base de l'adjectif au féminin.
4. Il peut arriver que la nominalisation s'effectue sans l'aide d'un suffixe.
   Exemple : calme → le calme

Nominalisation à base verbale

Suffixe/Genre	Verbe	Nominalisation
ade/F	reculer	reculade
age/M	nettoyer	nettoyage
ance/F	résister	résistance
at/M	agglomérer	agglomérat
ée/F	penser	pensée
ence/F	apparaître	apparence
erie/F	tuer	tuerie
ise/F	prendre	prise
ment//M	changer	changement
sion/F	exploser	explosion
son//F	guérir	guérison
tion/F	paraître	parution
xion/F	annexer, crucifier, réfléchir	annexion, crucifixion, réflexion
te/F	attendre	attente
ure/F	user	usure

Remarques

1. Les suffixes les plus productifs sont en caractères gras.
2. La nominalisation à base verbale n'a pas de règle de formation et peut aussi s'effectuer sans l'adjonction d'un suffixe.
   Exemple : fouiller → la fouille

Exercices

À partir de ces titres de journaux, rédigez des phrases complètes :

1. Vol d'une camionnette au marché de gros. 2. Récente création d'un nouveau département en Corse. 3. Relèvement du taux du SMIC de 6 % en juillet. 4. Accroissement de la tension à Amsterdam. 5. Rebondissement de l'enquête sur le meurtre de la quinquagénaire de Versailles. 6. Collision entre deux poids lourds : deux morts et un blessé grave. 7. Reddition des mutins. 8. Mutation imminente du préfet du Rhône. 9. Arrestation de deux voleurs à la roulotte. 10. Proclamation de l'indépendance des Comores.

Transformez les phrases suivantes en titres de journaux :

1. Le président de l'Ouganda a grâcié les deux condamnés. 2. Un détenu s'est évadé en emmenant deux otages. 3. L'équipe de Belgique a perdu deux matchs coup sur coup. 4. Les pourparlers entre les deux pays n'ont pas abouti. 5. Le Président français a regagné Paris aujourd'hui. 6. Les skieurs de l'équipe de France seront bientôt sélectionnés officiellement. 7. En vue des prochaines élections, le ministre de l'Intérieur a découpé le territoire en nouvelles circonscriptions. 8. Maître Gabriel Martin est nommé officieusement bâtonnier de l'ordre des avocats. 9. Les crédits d'État seront prochainement transférés. 10. Les deux ministres des Affaires étrangères se sont entretenus du Proche-Orient.

Faites une seule phrase à partir des propositions suivantes en opérant une nominalisation sur l'adjectif. On pourra faire, après l'exercice, l'inventaire des suffixes de dérivation à base adjectivale :

Ex. : La chambre est tranquille. Cela est appréciable. → La tranquillité de la chambre est appréciable.

1. Cette commode Louis XVI est authentique ; cela ne fait aucun doute. 2. Tu es vraiment naïf ! Cela m'étonnera toujours. 3. Elle est franche. Tout le monde le reconnaît. 4. Le studio est petit. C'est pour cette raison qu'on n'arrive pas à le louer. 5. Cet enfant est impertinent. Cela lui jouera des tours. 6. Son style est lourd. Malgré ce défaut, ses livres se vendent bien. 7. Les dégâts sont importants. N'oubliez pas d'indiquer ce fait dans votre rapport. 8. Le blessé était inerte. Cet état inquiétait les témoins de l'accident. 9. Le candidat était timide et maladroit. Cela n'a pas échappé aux membres du jury. 10. Tu es étourdie. Pour une fois, je te le pardonne.

4

Transformez en nom le mot en couleur, ce qui entraînera parfois quelques modifications dans la phrase :

1. Jacques est si réticent devant nos projets que je n'ose plus en parler. 2. Le directeur a improvisé un discours plein d'humour ; il a été très applaudi. 3. La déclaration du ministre était si ambiguë que personne n'a compris où il voulait exactement en venir. 4. Plusieurs députés sont intervenus violemment à la séance de l'Assemblée nationale et ont pu ainsi obtenir le vote. 5. Tout le vieux quartier a été restauré à l'initiative de la municipalité. Cela a été une opération coûteuse. 6. Jacques a été évincé du comité. Cela a été dur pour lui. 7. Pour être exonéré d'impôts, il faut pouvoir justifier de faibles revenus. 8. Certains produits sont toxiques. Leur vente est interdite dans le commerce. 9. Le député a été tellement véhément qu'il a convaincu son auditoire. 10. Vos deux points de vue sont absolument incompatibles ; vous ne pourrez vous entendre.

Exercices

En transformant l'adjectif en nom, faites une seule phrase avec les deux énoncés suivants, ce qui entraînera parfois quelques modifications dans la phrase :

Ex. : Ce commerçant est aimable ; il attire la clientèle → L'amabilité de ce commerçant attire la clientèle.

1. Cet exercice est facile. On le réserve aux débutants. 2. La vie est chère. Les gens sont amenés à limiter leurs dépenses. 3. La chambre de Jean est exiguë ; il ne peut y loger qu'une table et un lit. 4. Les opinions politiques de l'assistance étaient diverses. L'orateur a été amené à prendre beaucoup de précautions. 5. Le président est clairvoyant. On l'écoute avec attention. 6. Les propos de Pierre étaient incohérents. Cela nous a déconcertés. 7. La foule est tellement anonyme dans une grande ville. Il est quelquefois difficile de s'y insérer. 8. Les produits du marché sont très frais et variés. Cela attire les clients. 9. Les prix des grands magasins sont compétitifs. Cela exige une grande attention de la part des consommateurs. 10. Céline est inapte à comprendre les langages de l'informatique. C'est un lourd handicap pour elle.

Refaites les phrases suivantes en remplaçant le verbe en couleur par la nominalisation correspondante, et en opérant les transformations nécessaires :

Ex. : L'avion a décollé sans le moindre problème → Le décollage de l'avion s'est effectué sans le moindre problème.

1. Les pneus adhèrent parfaitement au sol. 2. Ils ont essayé le prototype pendant deux heures. 3. Elle a réussi à réparer sa robe qu'elle avait déchirée. 4. Si on expose le corps au soleil, cela peut entraîner des suites graves. 5. On doit régler le loyer à l'avance et non à terme échu. 6. Il n'a adhéré au syndicat qu'il y a trois mois. 7. Elle a essayé sa robe de mariée en présence de ses amies. 8. Comme ils étaient déchirés de se séparer pour si longtemps ! 9. La façon dont vous avez réglé les phares ne me paraît pas satisfaisante. 10. Il a exposé ses idées de façon très claire.

Ces dix verbes sont polysémiques. Après avoir trouvé les deux ou trois nominalisations différentes pour chacun, utilisez-les dans une phrase qui mettra en évidence leur sens spécifique.

Incliner
déchiffrer
passer
casser
détacher
perdre
finir
raffiner
peser
éclater

Trouvez un prolongement à ces phrases en utilisant un terme qui récapitule l'information principale.

Ex. Il s'est inscrit à un club de gymnastique avant d'entamer la saison de ski ; cette mise en condition physique lui a été bénéfique.

1. Il est parti en claquant la porte ;

....

2. Il a prétendu qu'elle était trop jeune pour assumer cette responsabilité ;

....

3. Pour lui, la grève n'était pas justifiée ;

....

4. C'est un fanatique de romans policiers,

....

5. Il serait question d'installer une deuxième ligne de tramways ;

....

6. Le ministre était membre de la Maffia ;

....

7. Le gouvernement a décidé de rappeler nos diplomates ;

....

8. Le taux des livrets d'épargne est passé de 2,5 à 3 % ;

....

9. Elle ne vient plus travailler depuis une semaine ;

....

10. Tout le monde prétend que ce quartier serait insalubre ;

....

Nature de la phrase et ordre des mots

Chapitre 4

Tournures	Verbe	Voix ou formes
Affirmative		Active
Interrogative		Passive
Négative		Pronominale
Interro-négative		

1 Affirmation et ordre des mots

1. L'ordre des mots est progressif en français.
   Ex. : Sujet + Verbe + Compléments (ou attributs) ;

2. Toute autre construction implique une inversion du sujet ou bien une inversion du complément d'objet direct par rapport au verbe. C'est le cas notamment :

   a) quand certains mots sont placés en tête de phrase : peut-être, sans doute, à peine, et encore, tout au plus, à plus forte raison, du moins, aussi, ainsi, etc.
   attention : « aussi » change de sens selon sa place dans la phrase :
   Ex. : Il a mangé des pommes, des poires et aussi des raisins. (= également)
   Il a trop mangé ; aussi a-t-il été malade (= c'est pourquoi)

   b) Quand les compléments circonstanciels ou certains adverbes de lieu ou de temps (ici, là, de là, alors, aussitôt, bientôt, enfin) sont en tête de phrase :
   Ex. : Au fin fond de la France, dans une petite vallée plantée d'arbres, se niche un village au nom charmant. (langue écrite)

   c) dans une proposition incise :
   Ex. : « Je suis très fatigué », dit-il.

2 Interrogation

1. « Tu as compris ? ». L'ordre des mots est normal. Seule l'intonation de courbe ascendante marque l'interrogation. (langue parlée)

2. « Est-ce que tu as compris ? » (langue parlée)

3. « As-tu compris ? » Inversion simple (quand le sujet est un pronom personnel, on ou ce). Éviter ce type d'inversion quand le sujet est je.
   « Pierre a-t-il compris ? » Inversion complexe (quand le sujet est un nom, un pronom indéfini et autres cas).

   Note : Nous verrons dans L'Expression de la pensée que la forme de l'interrogation détermine le choix du mode. (indicatif ou subjonctif)

3 Négation

1. L'ordre des mots est normal dans la négation simple

Ex. : Il ne fait pas beau – Personne n'écoute – Ne restez pas debout

Toutefois quand le verbe est à l'infinitif, les deux éléments ne pas sont placés devant l'infinitif. Mais si le verbe est à l'infinitif passé, une alternative se présente :

ne pas devant l'auxiliaire : *ne pas avoir compris*

ne … pas de part et d'autre de l'auxiliaire : *n'avoir pas compris* (cette dernière forme étant plus élégante que la première)

Remarque : à l'oral, dans les échanges familiers, on omet souvent la première partie de la négation. *Ex.* : *Il est déjà parti ? Je crois pas (j'crois pas)*

2. Dans l'interro-négation, l'ordre des mots suit les mêmes règles que dans l'interrogation :

Ex. : « Tu n'as pas compris ? » (langue parlée) — Réponses :
« Pierre n'a pas compris ? » — si
« Est-ce que tu n'as pas compris ? » — (ou non)
« N'as-tu pas compris ? »
« Pierre n'a-t-il pas compris ? »

3. La négation peut également porter sur le nom ou l'adjectif. On peut utiliser les préfixes négatifs (immangeable, illisible, méconnaissable, etc.) ou le préfixe non devant un substantif (la non-violence).

4. Éléments changeant à la forme négative

Forme affirmative	Forme négative	Exemples
un, une, des	pas un, pas une, pas de	Tu as une voiture, des skis ? Non je n'ai pas de voiture, pas de skis.
quelque(s)	aucun(e) nul(les)	Voyez-vous quelque objection ? Non, je n'en vois aucune.
quelqu'un	personne	Quelqu'un pourra t'aider ? Non, personne.
quelque chose / tout	rien / pas tout, rien	As-tu besoin de quelque chose ? Non, je n'ai besoin de rien.Tu as tout compris ? Non pas tout. En vérité je n'ai rien compris.
quelque part	nulle part	Il l'a rangé quelque part ? Je ne l'ai vu nulle part.
beaucoup	ne pas beaucoup / ne... aucun	Je fais beaucoup d'efforts, tu sais ! Mais non, tu ne fais pas beaucoup d'efforts, tu n'en fais aucun.
et....et	Pas de …ni de / ni …ni	Il a des frères et des sœurs ? Il n'a pas de frères ni de sœurs. Il n'a ni frères, ni sœurs.
moi aussi	moi non plus	Je ne suis jamais allé en Chine et vous ? Moi non plus.
déjà	ne pas encore	Il est déjà parti ? Non, pas encore.
toujours	ne …plus / ne toujours pas	Il est toujours à Lyon ? Non, il n'y est plus. Je vous le passe. Il est revenu ? Non, il n'est toujours pas revenu.
encore	ne …plus	Vous en voulez encore ? Non merci, je n'en veux plus.
souvent, quelque-fois, parfois	ne pas souvent/ ne jamais	Il est souvent malade ? Non, pas souvent, mais son frère, lui, n'est jamais malade.
avec (…et)	sans (…ni)	Tu viendras avec ton mari (…et ta fille) ? Non je viendrai sans lui (…ni elle).

Remarque
On remarquera que certaines expressions ont deux négations possibles : une négation partielle et une négation totale.

5. **Cinq verbes : cesser, daigner, oser, pouvoir et savoir** ont un fonctionnement particulier :
– En français standard, écrit ou oral ils sont marqués par les deux éléments négatifs :
Ex. : **Il n'a pas osé lui dire la vérité.**
– En français soutenu, on peut omettre pas
Ex. : **Il n'osa lui dire la vérité.**
Je ne peux lui promettre. (Je ne puis lui promettre = encore plus élégant)

4 Nature de la phrase

La nature de la phrase varie selon le type de message que l'on veut communiquer :
– Phrase déclarative ou assertion : Il dort encore. Il ne fait pas beau.
– Phrase interrogative ou question : Tu as bien compris ? Est-ce-qu'il reviendra ? Pourquoi réagis-tu de cette façon ?
– Phrase impérative ou ordre : Viens près de moi. Peux-tu fermer la fenêtre ?
– Phrase exclamative ou exclamation : Quel temps de chien !
Identifier la nature de la phrase est très important en particulier pour le passage au discours rapporté (voir p. 137)

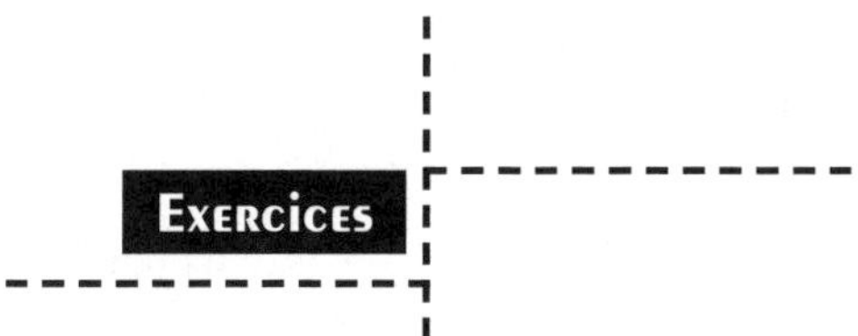

1 Introduisez les mots entre parenthèses dans les phrases suivantes – Vous les placerez d'abord à l'intérieur de la phrase puis au début :
Ex. : (Peut-être) Il fera beau dimanche. Il fera peut-être beau dimanche. Peut-être fera-t-il beau dimanche.

1. (sans doute) : Vous avez raison. — 2. (aussi) : Il est parti sans me dire au revoir. — 3. (ainsi) : Vous aurez compris la difficulté. — 4. (à plus forte raison) : Il faut qu'il soit raisonnable. — 5. (du moins) : Elle ne cherchait pas à le convaincre, (du moins) elle espérait le comprendre. — 6. (peut-être) : Il ne sait pas encore la nouvelle. — 7. (aussi) : Il a couru pour rattraper l'autobus. — 8. (ainsi) : Elle débarrassait la table. — 9. (tout au plus) : Il est malade. Il peut manger du potage. — 10. (à peine) : Il était arrivé. On lui annonçait la mauvaise nouvelle.

2 Refaites les phrases suivantes en plaçant le complément circonstanciel au début : (Ces tournures relèvent du style écrit.)
1. Un rosier pousse près du portail. — 2. Les beaux jours arriveront bientôt. — 3. Berlioz naquit en 1803 à la Côte-Saint-André. — 4. Une colombe buvait le long d'un clair ruisseau (La Fontaine). — 5. Les jours passent lentement. — 6. La conférence des ministres des Affaires étrangères s'ouvrira le 21 septembre. — 7. Un immeuble de quinze étages se

dresse au bout de la rue. — 8. Les épreuves des concours d'entrée aux grandes écoles se déroulent à la fin de l'année. — 9. L'archipel des Açores se trouve au milieu de l'océan Atlantique, à mi-chemin entre l'Europe et les États-Unis. — 10. Les Jeux olympiques auront lieu à Paris dans quelques années.

Introduisez une proposition incise dans les phrases suivantes :
Ex. : Elle dit à son mari : « Je pars au marché ». « Je pars au marché », dit-elle à son mari.

1. Il pense : « Je dois me dépêcher ». — 2. Elle dit : « Nous nous retrouverons demain ». — 3. Le docteur s'écria : « Quelle mine de papier mâché vous avez ! ». — 4. Jacques remarqua : « Nous menons en ce moment une vie de chien ». — 5. Nous pensions : « Il a agi en désespoir de cause ». — 6. Vous direz : « Ce travail a été fait en dépit du bon sens ». — 7. J'ai dit : « Ne parlez pas si fort ». — 8. Elle observa : « Ce sera une dure épreuve pour lui ». — 9. J'ai songé en le regardant : « Comme il a l'air triste ! ». — 10. Il insista : « Vous viendrez jeudi soir ».

Trouvez des interrogations pouvant amener les réponses suivantes :
Ex. : Bien sûr, Pas question.
Tu veux bien me rendre un service ?… Bien sûr
Tu es d'accord pour faire les vitres ?… Pas question !

Oui.	Non.
Bon, d'accord !	Désolé !
Avec plaisir (joie) !	Jamais (jamais de la vie) !
Cela va sans dire.	Je regrette.
C'est bien ça.	Pas question !
Entendu.	Pour qui tu me prends ?
Je veux bien.	Rien à faire.
Moi aussi.	Tu plaisantes ou quoi ?
Moi non plus.	Tu te moques de moi.
Pourquoi pas ?	Tu veux rire ?
Si tu veux.	Non, mais ça ne va pas ?
Soit !	Tu n'y es plus.
Très juste.	Tu peux toujours courir.
Volontiers.	Je suis contre.
Je suis pour.	Tu m'as bien regardé ?
Adjugé !	Non merci, j'ai terminé.
Tu as raison.	Ah ! ça non alors… Ce n'est pas pour demain.

Voici des phrases à tournure interrogative, fréquemment employées dans le langage familier. Trouvez les situations dans lesquelles elles s'insèrent ou trouvez une expression synonyme :
– Qu'est-ce que tu veux que ça me fasse ?
– Et puis quoi encore ?
– De quel droit ?
– J'aurais l'air de quoi ?
– Tu me prends pour qui ?
– Vous y êtes ?

– Qu'est-ce que cela peut faire ?
– Qu'est-ce que tu as derrière la tête ?
– Ça t'avance à quoi ?
– Où veux-tu en venir ?
– Ce qui veut dire ?
– C'est clair ?
– Tu as besoin d'un dessin ?
– Ça ne te rappelle rien ?

Travail à partir d'une photo

Quelles questions se posent ces deux-là ?
– Ils se connaissent.
– Ils ne se connaissent pas.

Répondez négativement aux questions suivantes :

1. Tu y comprends quelque chose ? — 2. Avez-vous encore quelque chose à ajouter ? — 3. A-t-il souvent des migraines ? — 4. Avez-vous quelques connaissances en astronomie ? — 5. Ont-ils déjà téléphoné ? (une demi-heure plus tard) : Alors, ils ont téléphoné ? — 6. Tu as quelque chose d'intéressant à me raconter ? — 7. Tu connais quelqu'un qui pourrait m'héberger à Londres ? — 8. Est-il toujours malade ? — 9. Pour ton gâteau, tu veux des pommes et du citron ? — 10. Je ne pourrai pas aller à cette réunion, et toi ? — 11. Y a-t-il beaucoup d'exceptions à cette règle ? — 12. Tu as trouvé l'explication quelque part ?

Trouvez une question pouvant amener les réponses suivantes.

1. Je n'y vais jamais. — 2. Il n'en prend pas souvent.— 3. Nous n'en avons acheté aucune.— 4. Je n'ai rien remarqué de tel.— 5. Non, sans leur autorisation.— 6. Personne ne l'avait avertie. — 7. Non, ils ne l'ont toujours pas retrouvé. — 8. Ils ne l'ont pas encore

obtenue de la direction.— 9. Ni son frère, ni sa sœur ne lui ont donné leur accord.— 10. Moi non plus, je n'aime pas ce comportement.

Répondez négativement aux phrases suivantes (faites des phrases complètes)

1. Est-ce que quelqu'un est venu en mon absence ?— 2. Est-elle déjà rentrée ? —3. Désirez-vous prendre encore quelque chose ? — 4. A-t-il été quelquefois impoli ? — 5. Est-il encore absent ? — 6. Aimez-vous le thé et le café ? — 7. Avez-vous trouvé quelques erreurs ? — 8. Sont-ils toujours aussi aimables ? — 9. Tu lui as souvent donné des conseils ? — 10. Irez-vous quelque part pendant ces vacances ?

10

Mettez les phrases suivantes à la forme négative (2 possibilités) :

1. J'ai tout entendu. — 2. Il fait plus chaud qu'hier. — 3. Elle est heureuse partout. — 4. Elle a peur de tout. — 5. Cela va mieux qu'hier. — 6. Tu as bu trop de vin. — 7. Je suis toujours fatigué. — 8. On la voit partout. — 9. Il a frappé à toutes les portes. — 10. Toutes les histoires la font rire.

Formez à l'aide du préfixe négatif « non », un substantif contraire et intégrez-le dans une phrase :

Ex. : La violence.— La non-violence — Gandhi a prêché la non-violence.

1. L'alignement. — 2. L'ingérence. — 3. La conformité. — 4. L'intervention. — 5. La comparution. — 6. La toxicité. — 7. L'assistance. — 8. L'observance. — 9. L'agression. — 10. La prolifération.

12

Cherchez les préfixes négatifs permettant de donner à ces substantifs un sens contraire. Établissez une liste de ces préfixes. Trouvez d'autres exemples :

1. La légalité — 2. La moralité — 3. La régularité — 4. L'adresse — 5. L'entente — 6. L'honnêteté — 7. L'approbation — 8. L'union — 9. La proportion — 10. La continuité.

Cherchez les préfixes négatifs pouvant donner à ces adjectifs un sens contraire. Utilisez dans une phrase l'adjectif ainsi constitué :

Ex. : licite
illicite
Il est illicite de quêter sur la voie publique sans autorisation préfectorale.

1. compréhensible. — 2. normal. — 3. douloureux. — 4. utile. — 5. légal. — 6. exact. — 7. suffisant. — 8. certain. — 9. facile — 10. personnel. — 11. intéressé. — 12. évalué. — 13. solidarisé. — 14. estimé. — 15. influençable. — 16. social. — 17. compétent. — 18. pitoyable. — 19. content. — 20. favorisé.

Mettez à la forme négative un mot de la phrase afin de lui donner un sens logique :

Ex. : Il est resté chez lui pour aggraver son rhume. Il est resté chez lui pour ne pas aggraver son rhume.

Exercices

1. C'est en faisant des exercices purement théoriques que tu apprendras vraiment une langue étrangère. — 2. Elle a marché sur la pointe des pieds pour perturber le sommeil des enfants. — 3. Il part en avance pour arriver en retard. — 4. C'est afin de faire des gaffes qu'il s'initie aux coutumes locales. — 5. Ils ont été punis pour avoir fait leurs devoirs. — 6. Je suis navré de rester jusqu'à la fin du film. — 7. Elle se mouchait discrètement de manière à déranger la classe. — 8. Elle se teignait les cheveux pour paraître trop âgée. — 9. Le touriste consultait souvent un guide de façon à s'égarer. — 10. De peur d'être à l'heure, elle arrivait longtemps à l'avance.

Voici des phrases négatives fréquemment utilisées dans le langage familier. Trouvez les situations dans lesquelles elles s'insèrent :

1. Il ne s'en est pas vanté.
2. Ce n'est pas la mer à boire.
3. On ne peut rien vous cacher.
4. Il n'y est pas allé de main morte.
5. Je n'en mourrai pas.
6. Cela ne se fait pas tout seul.
7. Ce n'est pas mon rayon.
8. Je n'ai rien à perdre.
9. Vous n'y pensez pas !
10. Ça n'avance à rien.
11. Je ne vous le cache pas.
12. Il n'a pas le moral.
13. Il n'y a pas de quoi faire un drame !
14. Tu n'as pas toujours dit cela.
15. Je n'en ai rien à faire.
16. Ça n'en vaut pas la peine.
17. Tu n'es pas gêné ?
18. Ce n'est pas mon problème.
19. Ce n'est pas le moment de lui marcher sur les pieds.
20. Je ne m'y vois pas du tout.
21. Je ne t'ai rien demandé.

Répondez aux questions en utilisant le verbe entre parenthèses à la forme négative complète ou incomplète selon le registre de langue de la phrase :

1. T'as fait ton travail ? (ne pas pouvoir).
2. Que lui répondit-il alors ? (ne pas daigner).
3. Pourquoi est-ce qu'il ne sortait pas ? (ne pas cesser).
4. Leur avoua-t-il ses intentions ? ne pas oser).
5. Pourquoi a-t-il dissimulé aussi longtemps la vérité à ses parents ? (ne pas savoir).
6. Que fit-il à ce moment-là ? (ne pas pouvoir s'empêcher de).
7. Pourquoi a-t-il accepté cette solution ? (ne pas oser).
8. Elle a fait son gâteau ? (ne pas savoir).
9. Vous le lui avez déjà dit ? (ne pas cesser).
10. Était-il heureux ? (ne pas savoir le dire).

Verbes transitifs et intransitifs

La construction du verbe — Chapitre 5

1 Verbes transitifs directs

A. Voix active

On appelle « verbe transitif direct » un verbe qui se construit directement avec un complément d'objet (sans l'aide d'une préposition). Ces verbes peuvent être mis à la voix passive.
Ex. : « On a cambriolé la bijouterie cette nuit » (actif).« La bijouterie a été cambriolée cette nuit » (passif).
En français parlé, on emploie surtout la voix active quand l'agent est une personne. On ne dira pas : « La porte est ouverte par Pierre », mais « Pierre ouvre la porte ». Cependant, quand l'agent n'est pas exprimé ou qu'il est indéfini, on emploie très volontiers la voix passive.

B. Voix passive

1) Dans la phrase passive, il y a inversion des rôles et de la place des mots de la phrase active :

Phrase active		Phrase passive
sujet	⟷	complément d'agent
c.o.d.	⟷	sujet

Ex. : « Des jardins entourent sa villa » « Sa villa est entourée de (par des) jardins ».

2) Toute phrase active ne peut se transformer en phrase passive. Il existe une logique interne et complexe de la langue française. Elle préfère :

a) Un sujet animé avec un complément inanimé (plutôt que l'inverse), en particulier quand le sujet de la phrase active est un pronom.
Ex. : On dira : « Pierre a ouvert la porte » et non : « La porte a été ouverte par Pierre ». « Vous dépasserez cette camionnette » et non : « cette camionnette sera dépassée par vous. »

b) Un sujet singulier avec un complément pluriel plutôt que l'inverse :
Ex. : « Le touriste a été étonné par des paysages si variés » et non : « Des paysages si variés ont étonné le touriste ».
c) Le passif est souvent utilisé dans des textes descriptifs.

Remarques

Trois verbes transitifs directs ne peuvent se mettre au passif. Comporter, présenter et comprendre lorsqu'ils sont utilisés dans un sens figuré.
Ex. Cette règle présente une série d'exceptions = tournure passive impossible
En revanche, les deux verbes, obéir et pardonner suivis d'un COI peuvent se mettre au passif.
Ex. Elle est toujours obéie. Vous serez pardonnés.

2 Verbes transitifs indirects

On appelle « verbe transitif indirect » un verbe qui se construit avec un complément d'objet précédé d'une préposition, que ce complément soit un nom ou pronom.
Ex. : Je pense à ma cousine. Je parle à ma cousine.
Je pense à elle. Je lui parle.

3 Verbes intransitifs

On appelle « verbes intransitifs » un verbe qui ne peut avoir de complément d'objet.
Ex. : Il marche

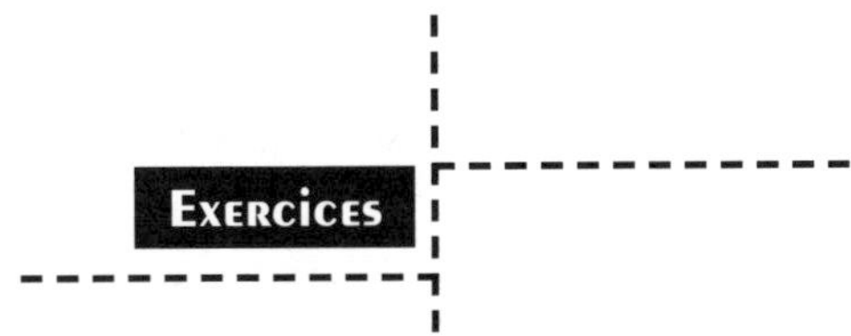

1 Voici des verbes dont la construction est intransitive, trouvez pour chacun une phrase où ils seront utilisés avec une construction transitive directe :
Ex. Il est passé hier soir (intransitif).
Il a passé de bonnes vacances (transitif direct).

1. Le temps change. — 2. À tout à l'heure, je sors. — 3. Elle ne fume plus depuis qu'elle attend un bébé. — 4. Tiens, ma montre retarde. — 5. En ce moment les jupes raccourcissent. — 6. Depuis son opération de la cataracte, elle voit. — 7. Le dollar baisse. — 8. Au printemps, les fleurs poussent. — 9. Le calmant ne fait plus d'effet et il souffre. — 10. Laisse-la tranquille, elle mange.

2 Le choix ou l'absence d'une préposition change le sens d'un verbe. Voici quelques verbes :
a) **ajoutez quand c'est nécessaire une préposition.**
b) **trouvez un verbe synonyme :**

1. Le garçon nous a servi… des rougets délicieux. — 2. Cet outil sert… couper le fil de fer. — 3. Il a servi 2 ans… chauffeur chez un ministre. — 4. Connaître le russe a beaucoup servi… la jeune fille. — 5. Il s'est servi… une tasse de café. — 6. Elle lui a servi… infirmière. — 7. Il se sert souvent … une machine à calculer. — 8. J'ai rêvé… toi cette nuit. — 9. Elle rêve… un manteau de vison. — 10. Tu ne dois pas manquer… ta parole. — 11. Il manquait… deux dictionnaires dans la vitrine. — 12. Elle manque… patience. — 13. Sylvie manque… ses parents. — 14. Pour aller à Paris, nous sommes passés… Lyon. — 15. Il est passé… moi sans me reconnaître. — 16. Si tu passes… le Palais de justice, tu pourras en admirer l'architecture. — 17. Elle est passée… garage pour voir si la voiture était prête. — 18. Elle tient… ce bijou. — 19. Elle tient… ses cheveux roux … sa grand-mère. — 20. Je le tiens… un crétin.

Voici des phrases comprenant des verbes parfois employés intransitivement. Ces phrases sont fréquemment employées dans le langage familier. Trouvez les situations dans lesquelles elles peuvent être utilisées :

1. Il déçoit beaucoup. — 2. Ah ! tu trouves ! — 3. La confiance règne ! — 4. C'est vous qui voyez. — 5. Cela laisse à désirer. — 6. Cause toujours. — 7. Tu parles ! — 8. Tu veux rire ! — 9. C'est enregistré. — 10. Tu exagères. — 11. J'admets. — 12. C'est fait, c'est fait.

Étudiez l'emploi du passif dans cet article

Relevez – les passifs complets (= sujet + verbe passif + complément d'agent)
– les passifs incomplets (= sujet + verbe passif)
– les passifs réduits aux participes passés

JUSTICE

Soumis à la procédure de la comparution immédiate

Le commando anti-IVG de Grenoble est renvoyé en correctionnelle

Libérées après six heures d'effort nécessaires pour sectionner les entraves – des antivols de motos notamment –, les enchaînant les uns aux autres, les dix personnes du commando anti-IVG qui avaient envahi, lundi 24 octobre, le bloc opératoire du centre médico-social féminin du centre hospitalier universitaire (CHU) de Grenoble ont été conduites à l'hôtel de police et placées en garde à vue par le commissaire. Mardi, en fin de matinée, le parquet de Grenoble faisait savoir que les membres du commando seraient poursuivis l'après-midi même devant une chambre correctionnelle du tribunal de grande instance de Grenoble, selon la procédure de comparution immédiate. La direction du CHU a fait savoir qu'elle se constituait partie civile. Le groupe de manifestants se réclamant du mouvement *La trêve de Dieu* est constitué notamment d'un moine et d'une étudiante inscrite en sixième année de médecine à la faculté de Grenoble.

Dans quel cas peut-on employer le passif ? l'actif ? les deux ? et pourquoi ?

1. Le garagiste est en train de gonfler les pneus. — 2. La plante est arrosée par moi. — 3. Le départ du bateau est annoncé dans cinq minutes. — 4. Du matériel agricole est fabriqué par vous. — 5. Le jardin est rempli de fleurs. — 6. L'essence m'a été vendue par le pompiste. — 7. La maison a été repeinte en blanc. — 8. Elle a été repeinte par nous. — 9. Ce journal a été acheté par mon père. — 10. La voix passive est utilisée moins souvent que la voix active.

Mettez au passif, en respectant les temps, les verbes des phrases suivantes :

1. Un galon bordait sa jupe. — 2. Un motif de fleurs entoure cette assiette. — 3. Dans quelques semaines, la neige couvrira la montagne. — 4. On avait trouvé un épagneul près de la gare. — 5. Après avoir appréhendé le voleur, on l'a mis sous les verrous. — 6. On a tricoté son chandail à la main. — 7. Des tuiles vernissées décoraient le toit. — 8. On n'emploie plus cette formule de nos jours. — 9. On a bâti cet immeuble sur pilotis. — 10. Il m'avait assuré qu'on réparerait la voiture en quelques jours.

7 **Répondez aux questions suivantes en utilisant la voix passive :**
1. On m'a annoncé que Jacques n'avait plus de travail ? — 2. La concierge est à l'hôpital ? — 3. Vraiment, le journal ne paraît plus ? — 4. On m'a assuré que l'usine avait fermé ses portes ? — 5. Ce médicament n'est plus en vente dans les pharmacies ? — 6. Tu n'as plus ton beau vase de Sèvres ? — 7. On m'a dit que les pompiers étaient devant ta cave ? — 8. Tu ne te sers plus du porte-monnaie que je t'avais offert ? — 9. Il n'y avait pas une vieille maison avec une porte cochère et une cour intérieure dans cette rue ? — 10. La façade de cet immeuble n'était-elle pas grise ? — 11. La petite école où allaient les enfants ne se trouvait-elle pas dans cette rue ? — 12. Est-ce que ton cousin travaille toujours dans ce service ?

Le passif peut s'exprimer en français autrement que par l'auxiliaire « être » ou un verbe pronominal de sens passif. « Se faire + infinitif », « se laisser + infinitif », « se voir + infinitif » sont des périphrases à sens passif.
Ex. : Il a été hué par la foule → Il s'est fait huer par la foule.
Attention : dans ce cas « se faire » n'a pas le même sens que dans « il s'est fait couper les cheveux » où le sujet du verbe est volontaire.

Remplacez les passifs contenus dans les phrases suivantes par la périphrase qui convient :
1. Le chien a été écrasé par un camion. — 2. La promesse de vendre son appartement en viager lui a été extorquée. — 3. L'entrée de l'usine a été refusée aux non-grévistes. — 4. La fillette a été renversée par un chauffard. — 5. Ce poste a été confié au responsable syndical. — 6. Elle a été sérieusement réprimandée. — 7. La sacoche du contrôleur a été volée dans le wagon-grill. — 8. Les randonneurs ont été surpris par l'orage. — 9. En quelques mois il a été acculé à la faillite. — 10. Un rein a été greffé au malade. — 11. La tâche de renflouer l'entreprise lui a été donnée. — 12. Il a été coiffé au poteau par son adversaire.

Relevez les verbes à la voix passive contenus dans cet article de journal. Racontez la même histoire en utilisant la voix active chaque fois que cela sera possible :

Quand l'irascibilité devient inacceptable

- Un adolescent de 14 ans, François Martin, a été tué jeudi soir, à Bobigny, d'un coup de carabine, par un locataire d'un immeuble voisin excédé par le bruit que faisait un groupe de jeunes motocyclistes. Le meurtrier a été appréhendé.
- Le drame s'est déroulé vers 21 h. dans un square de l'avenue Général-Leclerc où s'étaient réunis des adolescents du quartier. D'abord interpellés par le retraité, les jeunes gens lui répondirent par des insolences et redoublèrent la puissance de leurs moteurs. Excédé par le bruit, M. René Valin âgé de 70 ans a saisi une carabine 22 long rifle, s'est posté à la fenêtre et a tiré 3 coups de feu sur le groupe de jeunes motocyclistes. François Martin a été atteint d'une balle dans la tête. Transporté immédiatement à l'hôpital de Bobigny par les soins du SAMU, il a succombé dès son admission.
- M. René Valin a été mis à la disposition du commissariat de Bobigny. Une enquête va être effectuée. Elle sera chargée d'examiner les conditions de l'accident. Plusieurs témoins ont déjà été entendus par le juge chargé de l'instruction.

 **À la fin de ses *Mémoires de Guerre*, le Général de Gaulle évoque sa maison de La Boisserie à Colombey-les-Deux-Églises.**
Dans ce texte, appréciez l'utilisation fréquente de la voix active.

« … C'est ma demeure. Dans le tumulte des hommes et des événements, la solitude était ma tentation. Maintenant, elle est mon amie. De quelle autre se contenter quand on a rencontré l'Histoire ? D'ailleurs cette partie de la Champagne est tout imprégnée de calme : vastes, frustes et tristes horizons : bois, prés, cultures et friches mélancoliques ; relief d'anciennes montagnes très usées et résignées ; villages tranquilles et peu fortunés, dont rien, depuis des millénaires, n'a changé l'âme, ni la place. Ainsi, du mien. Situé haut sur le plateau, marqué d'une colline boisée, il passe les siècles au centre des terres que cultivent ses habitants. Ceux-ci, bien que je me garde de m'imposer au milieu d'eux, m'entourent d'une amitié discrète. Leurs familles, je les connais, je les estime et je les aime.

Le silence emplit ma maison. De la pièce d'angle où je passe la plupart des heures du jour, je découvre les lointains dans la direction du couchant. Au long de quinze kilomètres, aucune construction n'apparaît. Par-dessus la plaine et les bois, ma vue suit les longues pentes descendant vers la vallée de l'Aube, puis les hauteurs du versant opposé. D'un point élevé du jardin, j'embrasse les fonds sauvages où la forêt enveloppe le site, comme la mer bat le promontoire. Je vois la nuit couvrir le paysage. Ensuite, regardant les étoiles, je me pénètre de l'insignifiance des choses.

Sans doute, les lettres, la radio, les journaux, font-ils entrer dans l'ermitage les nouvelles de notre monde. Au cours de brefs passages à Paris, je reçois des visiteurs dont les propos me révèlent quel est le cheminement des âmes. Aux vacances, nos enfants, nos petits-enfants, nous entourent de leur jeunesse, à l'exception de notre fille Anne qui a quitté ce monde avant nous. Mais que d'heures s'écoulent, où lisant, écrivant, rêvant, aucune illusion n'adoucit mon amère sérénité !

Pourtant, dans le petit parc, – j'en ai fait quinze mille fois le tour ! – les arbres que le froid dépouille manquent rarement de reverdir, et les fleurs plantées par ma femme renaissent après s'être fanées. Les maisons du bourg sont vétustes ; mais il en sort, tout à coup, nombre de filles et de garçons rieurs. Quand je dirige ma promenade vers l'une des forêts voisines (…), leur sombre profondeur me submerge de nostalgie ; mais soudain, le chant d'un oiseau, le soleil sur le feuillage ou les bourgeons d'un taillis me rappellent que la vie, depuis qu'elle parut sur la terre, livre un combat qu'elle n'a jamais perdu. Alors, je me sens traversé par un réconfort secret. Puisque tout recommence toujours, ce que j'ai fait sera, tôt ou tard, une source d'ardeurs nouvelles après que j'aurai disparu. »

Charles de Gaulle
Mémoires de guerre, (III) Le Salut-Départ

Accords des participes passés des verbes transitifs et intransitifs

Chapitre 6

Verbes transitifs directs, indirects et intransitifs :
Accord des participes passés dans les formes composées

1 Employés avec « être »

1. Le participe passé d'un verbe passif (comme l'adjectif) s'accorde avec le sujet.
   Ex. : Elle est aimée de tous.

2. Aux temps composés du passé, certains verbes se conjuguent avec l'auxiliaire être : le participe passé s'accorde avec le sujet.
   Ex. : **Elle est partie.**

   a) Verbes utilisant toujours « être » aux temps composés :
   La plupart des verbes de mouvement ou les verbes exprimant un état :

aller ; arriver ; choir ; décéder ; déchoir ; devenir ; échoir ; éclore ; entrer ; mourir ; naître ; partir.

   b) Quelques verbes intransitifs se conjuguent soit avec « avoir » lorsqu'ils expriment une action, soit avec « être » lorsqu'ils définissent un état ou un résultat :

accourir ; apparaître ; cesser ; changer ; demeurer ; disparaître ; diminuer ; échapper ; échouer ; expirer ; passer.

   Ex. : Dès que la sonnerie a retenti, les enfants ont accouru
   Elle regarda dans le jardin; tous les enfants étaient accourus pour le goûter.

   Attention : 6 verbes de mouvement peuvent être suivis d'un complément d'objet direct et, dans ce cas, se conjuguent au passé avec avoir : **monter, descendre, rentrer, sortir, retourner, passer**
   Ex. : Ce soir, ils sont rentrés de bonne heure.
   Il commençait à pleuvoir, ils ont rentré la table.

   c) Tous les verbes pronominaux utilisent l'auxiliaire « être », mais leur accord, plus complexe, sera étudié dans un chapitre spécifique.

2 Employés avec « avoir »

1. Transitifs directs

Un verbe est transitif direct s'il engage l'objet sans préposition.
Ex. : regarder le paysage

Aux temps composés du passé, le participe passé de ces verbes s'accorde avec le complément d'objet direct (C.O.D.) et uniquement si celui-ci est placé avant le verbe :
Ex. : j'ai rencontré tes parents. Quels amis as-tu prévenus ?

Remarque : Que se passe-t-il si le C.O.D. est remplacé par un pronom ?

– Si le C.O.D. est précédé d'un article défini ou d'un adjectif possessif, démonstratif ou interrogatif, le participe passé s'accorde avec les pronoms le, la, l' ou les antéposés
Ex. : les enfants, ces enfants, tes enfants, je les ai vus

– Si le C.O.D. est précédé d'un article indéfini ou d'une expression de quantité, le participe passé ne s'accorde pas avec le pronom en antéposé
Ex. : Des pays, il en a visité ; il en a beaucoup aimé.

2. Transitifs indirects

Un verbe est transitif indirect si le complément d'objet indirect (C.O.I.) est précédé de la préposition à ou de
Ex. : Il parle à son voisin ; il parle de son voyage.

Le participe passé est, dans ce cas toujours invariable.
Ex. : Tu as écrit à ta mère? Oui, je lui ai écrit

Remarque

Attention : Les pronoms personnels antéposés me, te nous, vous, ont la même forme, qu'ils remplacent un C.O.D. ou un C.O.I. Il faut donc bien identifier la nature du verbe.
Ex. : Ils nous (= COD) ont regardés mais ils ne nous (= COI) ont pas parlé

3. Intransitifs

Les participes passés des verbes qui, par leur nature ou par le contexte, n'ont pas de complément, sont toujours invariables :
Ex. : ils ont gesticulé. Ils ont déjà mangé.

3 Accords particuliers

1. Cas des verbes impersonnels

Ce sont les quelques verbes, exprimant des phénomènes météorologiques (pleuvoir, neiger, tonner, venter...) ou les locutions faire beau, chaud, nuit, jour, du vent...et qui ne se présentent qu'à la 3e personne du singulier.

Au temps composés du passé, avec avoir, le participe passé est toujours invariable :
Ex. : Quelle chaleur il a fait hier.

2. Les verbes **courir**, **coûter**, **dormir**, **peser**, **régner**, **valoir**, **vivre**, se construisent avec un C.O.D., mais peuvent aussi avoir un complément circonstanciel introduit sans préposition.
Ex. : Les compliments que lui a valus sa réussite l'ont particulièrement touché.
mais : cette voiture ne vaut plus les millions qu'elle a valu.

3. Les participes passés dû, cru, pu, voulu sont invariables quand ils ont pour C.O.D. un infinitif sous-entendu.
Ex. : Vous n'avez pas fait tous les efforts que vous auriez dû (« **faire** » sous-entendu).

4. Le participe passé du verbe « **faire** » reste toujours invariable lorsqu'il est suivi d'un infinitif.
Ex. : Ses cheveux, elle les a fait couper.

5. Les participes passés des verbes de perception (**entendre**, **voir**, etc.) suivis d'un infinitif s'accordent avec le C.O.D. lorsque celui-ci est le sujet de l'infinitif.
Ex. : La cantatrice que j'ai entendue chanter m'a ému (c'est la cantatrice qui chante).
Les airs que j'ai entendu chanter m'ont ému (les airs sont chantés).

6. Les participes passés **attendu**, **ci-joint**, **ci-inclus**, **étant donné**, **excepté**, **passé**, **y compris**, **vu**
– sont invariables lorsqu'ils sont au début de la phrase ou précédant le nom qu'ils complètent :
Ex. : Veuillez trouver **ci-joint** la copie de mon diplôme.

– s'accordent s'ils peuvent être placés après le nom (ce qui est plus rare)
Ex. : Vous trouverez quelques photos **ci-jointes**.

7. Le participe passé **soussigné**, très utilisé dans les documents officiels, s'accorde avec le pronom le précédant :
Ex. : Nous, **soussignés**, Robert et Martin Blanc, certifions que…

Exercices

1 Mettre au passé-composé les verbes des phrases suivantes :

1. Il (**descendre**) du train beaucoup de voyageurs. — 2. Lui et moi (**aller**) aider Jean à déménager. — 3. Une foule d'ouvriers agricoles (**arriver**) pour la vendange. — 4. Vous (**devenir**) bien pâle : qu'avez-vous ma tante ? — 5. Ces boutons de roses (**éclore**) déjà. — 6. Donnez-nous une bière, nous (**mourir**) de soif ! — 7. Jeanne et son mari (**partir**) pour le salon de l'automobile. — 8. Pierre et moi (**retourner**) chaque année nous recueillir sur sa tombe. — 9. Prépare tes skis, la neige (**tomber**) toute la nuit. — 10. N'ayant pas de retraite suffisante, nos voisins, (**ne pas arriver**) à garder leur appartement.

2 Mettre au passé-composé les verbes entre parenthèses :

1. Martine (**retourner**) voir l'exposition sur l'École de Fontainebleau. — 2. Le délai (**expirer**) ; il donc (**partir**) de l'appartement qu'il occupait. — 3. Quand la nuit (**tomber**), il (**rentrer**) les chaises qui (**rester-p.q.p.**) dehors. — 4. Ils (**accourir**) tous pour le féliciter. — 5. Elle (**sortir**) pour voir ce qui avait provoqué ce bruit étrange. — 6. Nous

(passer) tant de bons moments ensemble ! — 7. Quand il a vu l'effet de sa remarque, il (demeurer) muet et consterné. — 8. Il (passer) par des hauts et des bas avant d'atteindre cette sérénité. — 9. Et bien, tu l'(échapper) belle ! — 10. Il (vite descendre) à la cave, puis (remonter) des bouteilles de champagne pour fêter l'événement.

Répondez par une phrase complète aux questions suivantes :

1. As-tu rencontré tes amies ? Oui, je les ai... — 2. Où as-tu cueilli ces fleurs ? Je les ai... — 3. As-tu acheté des livres ? — 4. As-tu vu des films américains cette année ? — 5. As-tu montré mes photos à Jacques ? — 6. As-tu confié tes clés à ta voisine ? — 7. A-t-elle arrosé tes plantes en ton absence ? — 8. Avez-vous trouvé des « coquilles » dans cette revue ? — 9. La secrétaire a-t-elle appelé Mme Durand ? — 10. A-t-il compris toutes les questions que le journaliste lui posait ?

Mettez la terminaison convenable aux verbes entre parenthèses :

1. Je ne trouve plus les oranges que j'avais (acheter). Les as-tu (manger) ? — 2. Martine a acheté des cassettes. Les as-tu (écouter) ? — 3. Où sont les bouteilles de bière ? Je ne sais pas où tu les as (ranger). — 4. Daniel va prendre deux semaines de vacances. Et toi ? As-tu déjà (prendre) les tiennes ? — 5. Il y a eu des erreurs dans l'énoncé du concours. Les épreuves ont été annulées. On ne les a pas (corriger). — 6. Son article lui a valu de nombreuses critiques qui l'ont beaucoup (affecter) — 7. Il m'a demandé énormément d'explications. Je les lui ai toutes (donner). — 8. Il y avait du verglas sur l'autoroute. Les précautions qui ont été prises n'ont pas (empêcher) les accidents. — 9. Renault a sorti une nouvelle voiture. Je ne l'ai pas (essayer) — 10. Elles ont eu des différends avec leurs employeurs. Elles les ont (porter) devant une commission paritaire.

En utilisant le passé-composé, mettez l'orthographe convenable aux participes passés contenus dans les phrases suivantes :

1. Que de patience il (falloir) pour terminer cet ouvrage. — 2. La chaleur torride qu'il (faire) toute la journée a flétri les fleurs. — 3. Les orages qu'il (y avoir), (ravager) les cultures. — 4. Sa robe, elle la (faire faire) par une couturière. — 5. Que de précautions il (falloir) pour lui annoncer la nouvelle. — 6. Il a donné à ses élèves toutes les explications qu'il (pouvoir) — 7. Les enfants ont mangé tous les bonbons qu'ils (vouloir). — 8. Catherine et Pierre ne sont jamais allés à l'école. Leur mère les (faire travailler) toujours. — 9. Les maladies qu'il (avoir) l'ont retardé dans ses études. — 10. Les explications qu'il (fournir) n'étaient pas satisfaisantes.

Faites l'accord des participes passés entre parenthèses :

1. Les dangers qu'ils ont (couru) autrefois les ont (rendu) très prudents. — 2. Jamais elle n'oubliera les cinq années qu'elle a (vécu) à Majorque. — 3. Ce tableau ne peut être vendu à une somme supérieure à celle qu'il a (coûté). — 4. Cette décision de vous expatrier, l'avez-vous bien (pesé) ? — 5. Depuis son régime, elle ne « fait » plus les 102 kilos qu'elle a (pesé). — 6. Il ne faut pas oublier tous les efforts que le tunnel du Mont-Blanc a (coûté). — 7. Les 35 années que ce roi a (régné) ont été fertiles en événements. — 8. Je vous ai fait parvenir tous les renseignements que j'ai (pu). — 9. Le crémier nous a vendu tous les fromages que nous avons (voulu). — 10. Les enfants ont acheté tous les gâteaux qu'ils ont (pu).

Exercices

Mettez au passé-composé les verbes en italique :

1. Je *fais* tous les efforts que je *peux*, mais je n'*obtiens* pas le résultat que je *veux*. (conditionnel passé) — 2. Il *fait* acheter les tableaux que le fils du peintre *fait* vendre par un commissaire-priseur. — 3. Le berger *fait* tondre les brebis qu'il *mène* paître dans les alpages. — 4. La plante sauvage que ma sœur *laisse* pousser dans son jardin est d'une couleur superbe. — 5. La somme d'argent que les contribuables *doivent* verser pour leurs impôts leur *semble* abusive. — 6. Mes amis *viennent* me voir ; ma mère les *accueille*, les *fait* entrer et les *laisse* se mettre à l'aise dans une chambre apprêtée pour eux. — 7. La sécheresse qu'*il y a* empêche toute culture. — 8. Que de soins il *faut* pour élever cet enfant ! — 9. Avec tous les orages qu'*il y a*, les vacances *sont* gâchées. — 10. La petite fortune que *coûte* cette voiture est inimaginable.

Mettez les infinitifs entre parenthèses au participe passé :

Attention : *Ex.* : La pièce de théâtre que j'ai vu jouer à la télévision hier, ne m'a pas plu. Cette actrice, que j'ai vue jouer dans *l'École des Femmes*, était assez médiocre. Les rôles que j'ai vu interpréter par ce débutant, étaient secondaires.

1. Les enfants que j'ai (voir) courir sortaient de l'école. — 2. Les coups de fusil que nous avons (entendre) tirer venaient du côté de la prison. — 3. Les airs d'opéra qu'elle a (entendre) chanter à Milan sont tirés de La Traviata. — 4. Maria Callas, que nous avons (entendre) interpréter « *la prière* » de La Tosca, nous a bouleversés. — 5. Les oiseaux que nous avons (voir) s'envoler étaient des tourterelles. — 6. Les poèmes que j'ai (entendre) réciter à la radio sont de Ronsard. — 7. La forte fièvre qu'elle a (sentir) diminuer ce soir était due à une crise de paludisme. — 8. La danseuse qu'il avait (regarder) évoluer sur scène était une égyptienne, célèbre en sa région. — 9. Les enfants que nous avons (voir) partir de la maison, non sans nostalgie, y sont revenus régulièrement par la suite. — 10. Elle s'était (voir), non sans amusement, décorer son mari du mérite agricole et des Palmes Académiques.

Mettez au temps indiqué les verbes entre parenthèses :

1. La cure thermale que ma sœur (faire ; p.c.) en Auvergne lui a été bénéfique. Elle (rencontrer ; p.c.) des personnes intéressantes qui, un jour (se promener ; p.c.) avec elle et lui (montrer ; p.c.) d'autres itinéraires qu'elle (pouvoir ; p.c.) suivre par la suite et qui (agrémenter ; p.c.) son séjour. — 2. Les chansons paillardes que les carabins (chanter ; p.c.) au bizuthage (connaître ; imp. passif) de tout le monde. Ils les (entonner ; p.c.) avec tant de conviction que tous les autres (suivre ; p.c.). Ce n'était pas par goût de la perversité mais par un fond de gauloiserie bien française. Cela nous (amuser ; p.c.) beaucoup, mais nous (ne pas retenir ; p.c.) tous les couplets. Seuls les refrains (rester ; p.c.) dans notre esprit et (contribuer ; p.c.) à créer une ambiance que personne n'(oublier ; p.c.) — 3. Les théories politiques que vous (exposer ; p.c.) sont tout de même sujettes à caution. Ce sont des points qui auraient besoin de (discuter ; infinitif passif) avec plus d'impartialité — 4. Une association sans but lucratif (se fonder ; p.c.) dans ma commune. De nombreuses personnes y (adhérer ; p.c.) et (verser ; p.c.) une cotisation. Les sommes obtenues (destiner ; présent passif) à aider ceux qui sont déshérités ou qui (ne pas pouvoir ; p.c.) obtenir une allocation de chômage. — 5. Vous n'imaginez pas tous les travaux qu'il (falloir ; p.c.) faire dans cette maison. Si nous l'(faire bâtir ; p.q.p.) elle nous (coûter ; cond. passé) moins cher. Mais c'est une maison dont nous (hériter ; p.c.)

et que nous (vouloir ; p.c.) remettre en état. — 6. Elle (opérer ; p.c. passif) par un chirurgien éminent qui lui (enlever ; p.c.) la vésicule biliaire. Elle (avoir ; p.c.) une convalescence longue car elle (se fatiguer ; p.q.p.) beaucoup avant l'opération. Elle (se surmener ; p.c.) et elle en (faire ; p.c.) les frais par la suite. — 7. Dans leur loge, avant d'entrer en scène, les comédiens (se maquiller ; p.c.) avec minutie ; puis ils (revêtir ; p.c.) les costumes que les habilleuses leur (présenter ; p.c.). Avant le lever du rideau, ils (se serrer ; p.c.) la main et se (s'embrasser) pour s'encourager et masquer leur trac. — 8. Dans les articles de journaux que je (lire ; p.c.), j'ai relevé à différentes reprises des mises en garde sévères contre les fraudes que les services fiscaux (détecter ; p.c.) dans les déclarations d'impôts des contribuables. — 9. 80 % des Français seraient d'accord pour resserrer la hiérarchie des salaires. Ce sont des chiffres qui (avancer ; p.c. passif) par la Sofres d'après des sondages récents qui (toucher ; p.c.) plusieurs milliers de personnes dans différentes catégories de population. Les sommes que les Français (dépenser ; p.c.) pour leurs loisirs cette année, tendent à prouver que la politique d'austérité les (ne pas toucher ; p.c.) tous. — 10. Pour avoir déjà connu les avanies de la polémique, le journaliste savait que les articles, qu'il (écrire ; p.q.p.) (critiquer ; cond. pres. passif) violemment. Il les (publier ; p.c.) cependant.

Verbes impersonnels

Chapitre 7

1. Les verbes impersonnels n'ont pour sujet que le pronom personnel neutre **il** ou à la rigueur **ce**.
   Ex. : **Il doit être agréable de se promener dans ces bois.**
   Ce doit être agréable de se promener dans ces bois.

   Certains verbes ne s'utilisent pratiquement qu'à la forme impersonnelle; ce sont la plupart des verbes météorologiques. *Ex :* **Il pleut**, **il grêle** et **il faut**

   La tournure impersonnelle peut être parfois une alternative plus élégante à une construction personnelle :
   Ex. : Je dois partir → **Il faut que je parte**
   → **Il me faut partir**

2. Deux constructions possibles : **Il est** / **c'est**
   Ex. : Il est probable qu'elle viendra
   Elle viendra, c'est probable

   Dans le premier cas (plus élégant) la tournure impersonnelle est en tête de phrase.

   Dans le deuxième cas, « c'est » est à la fois représentatif (il reprend ce qui précède) et présentatif (annonce ce qui suit):français standard.

   Mais on entend de plus en plus à l'oral un mélange des deux constructions :
   Ex. : C'est évident qu'il réussira.
   Il vaut mieux garder ce choix pour la langue parlée familière.

Remarque

Le participe passé des verbes impersonnels est toujours invariable, l'accord se faisant toujours avec le sujet apparent il et non avec le sujet réel qui suit.
Ex. : Il est arrivé une catastrophe.

Exercices

Répondez aux questions suivantes en utilisant le tour impersonnel :

1. Quel temps faisait-il hier à Paris ? — 2. Qu'y a-t-il sur la table lorsqu'on met le couvert ? — 3. Qu'est-il nécessaire d'emporter pour camper ? — 4. Que faut-il acheter pour faire des crêpes ? — 5. Comment faut-il s'habiller pour cette soirée ? — 6. Vous avez lu « Mme Bovary ». De quoi s'agit-il dans ce roman ? — 7. Que s'agit-il de faire ce matin ? — 8. Qu'est-il indispensable de planter dans un jardin potager ? — 9. Que faut-il utiliser pour avoir de beaux cheveux ? — 10. Qu'est-il traditionnel de dire le 31 décembre à minuit ?

Remplacez une construction par l'autre :

1. Il est souhaitable que vous assistiez à la cérémonie. — 2. Il est évident qu'il réussira. — 3. Pour un skieur débutant, il est difficile de descendre cette pente sans tomber. — 4. Il est normal de commettre des impairs quand on ne connaît pas les habitudes d'un pays. — 5. Il n'est pas toujours possible de répondre de but en blanc à des questions embarrassantes. — 6. Quand on veut vivre en bonne harmonie avec son entourage, il est indispensable de ne pas jeter de l'huile sur le feu, pour un « oui » ou pour un « non ». — 7. Il est gentil de téléphoner à ses amis de temps en temps pour prendre de leurs nouvelles. — 8. À notre époque, il est très utile d'avoir plusieurs cordes à son arc. — 9. Il est habituel de faire la grasse matinée les jours où l'on ne travaille pas. — 10. Est-il vraiment nécessaire d'être un fin mélomane pour apprécier la musique polyphonique ?

Même exercice :

1. Il n'est pas rare de confondre des champignons vénéneux, voire mortels, avec des champignons comestibles. — 2. Quand on est intéressé ou curieux, il est fréquent de faire l'âne pour avoir du son. — 3. N'est-il pas naturel d'aimer rencontrer les personnes avec lesquelles on a le plus d'affinités ? — 4. Est-il indispensable de connaître le nom des étoiles pour aimer regarder le ciel ? — 5. Il est difficile de prouver qu'elle est volage. — 6. Il est courant de dire : « menteur comme un arracheur de dents », mais il n'est pas toujours facile de savoir si c'est une plaisanterie. — 7. Il est impensable de t'engager en affaire avec lui car il est de notoriété publique que c'est un escroc. — 8. Il est sûr que vous attraperez une contravention si vous stationnez sur le passage protégé. — 9. Il est certain que le professeur a prêché dans le désert : les élèves pensaient aux vacances. — 10. Il est évident que vous êtes au 36e dessous avec tout ce qui vous est arrivé ; mais il est nécessaire que vous repreniez rapidement le dessus.

Transformez les phrases suivantes d'après le modèle (style parlé) :

Ex. : Il est excellent de faire de la gymnastique tous les matins
C'est excellent de …

1. Il est obligatoire de signer votre police d'assurance. — 2. Il est fastidieux de faire un travail répétitif. — 3. Il est instructif de voyager. — 4. Il est agréable de se détendre à la campagne. — 5. Il est fâcheux d'être trop indécis. — 6. Il est pesant d'avoir un travail trop astreignant. — 7. Il est exclu que vous puissiez prendre le train de 18 h. — 8. Il me paraît indispensable que vous vous inscriviez pour ce stage. — 9. Il est aberrant de vouloir faire partie d'une mutuelle si tu ne veux pas payer ta cotisation. — 10. Il est impensable que tu oses lui proposer une somme aussi dérisoire.

Exercices

Exercice de transformation (style écrit). Attention aux modes :
Ex. : Apprendre une langue nouvelle, c'est difficile.
Il est difficile d'apprendre une langue nouvelle.

1. Savoir nager, c'est utile. — 2. Arriver à l'heure, c'est impossible. — 3. Ne rien faire de la journée, c'est regrettable. — 4. Elle viendra nous voir, c'est probable. — 5. Il échouera à l'examen ; c'est certain. — 6. Il y aura un changement de gouvernement ; c'est indubitable. — 7. Vos amis vous écriront ? C'est peu probable. — 8. Tu n'as rien compris, c'est évident. — 9. Il pleuvra ; c'est prévisible. — 10. Tu dois travailler ; c'est urgent.

Trouvez la préposition convenable, en distinguant bien les deux structures :
a) **tournure impersonnelle** : « Il est bien difficile de vous contenter ».
b) **l'infinitif complément de l'adjectif** : « Vous êtes une personne bien difficile à contenter ».

1. C'est un point facile … comprendre. Il est facile … comprendre cette situation. — 2. Il est aisé … faire des critiques. Votre position est aisée … définir. — 3. C'est une règle convenable … appliquer. Il n'est pas convenable … quitter la table sans s'excuser. — 4. Cette histoire est effroyable … dire. Il est effroyable… voir les images sur la faim dans le monde. — 5. Il est triste … se quitter ainsi. C'est une vieille affaire triste … raconter. — 6. Il est utile … faire des exercices de prononciation. Ces exercices de prononciation sont utiles … faire. — 7. Il est difficile … faire la planche en eau douce. Ces mouvements de natation sont difficiles … apprendre. 8. Le dentiste avait prévenu son patient : « c'est un petit moment désagréable … passer ». Il est désagréable … aller chez le dentiste. 9. L'air pur des montagnes est excellent … respirer. Il est excellent … faire au moins une heure de marche par jour — 10. Deux doigts d'armagnac sont délicieux … déguster après le café. Il est délicieux … déguster deux doigts d'armagnac après le café.

Mise en relief par « c'est », « ce sont », des mots en italique :
Ex. : Elle a appris la nouvelle par le journal.
C'est par le journal qu'elle a appris la nouvelle.

1. Elle prend ses vacances *au mois d'août.* — 2. Il prend toujours l'autobus *aux heures de pointe.* — 3. Ils résident *à l'étranger.* — 4. On apprend son métier *à force de travailler.* — 5. Il a occupé sa matinée *à bricoler.* — 6. Elles ont passé leur soirée *à se chamailler.* — 7. Il vise *une situation inaccessible* pour lui avec son niveau d'études. — 8. L'enfant avait un retard scolaire *à cause de sa dyslexie.* — 9. Le concert de demain soir est reporté *à jeudi.* — 10. J'ai gardé ce souvenir *au fin fond de ma mémoire.*

Même exercice :
1. Nous avons fait ce travail, *bénévolement.* — 2. J'ai retrouvé l'erreur *dans mon relevé de compte.* — 3. Il a *des ennuis pécuniaires,* mais pas de soucis de santé. — 4. Il a attiré les soupçons sur lui *par son mutisme.* — 5. Il a été renvoyé *à cause de son incompétence.* — 6. Le député a été élu *à l'unanimité* dans sa circonscription. — 7. *Les biographies* me plaisent. — 8. Il lui a répondu *par une réplique cinglante.* — 9. Il a agi *avec défiance* et cela nous a peinés. — 10. *Au paroxysme de la colère,* il a dit des paroles qui restent indélébiles dans mon esprit.

9 Transformez les phrases à l'aide de l'expression : « ce qui… c'est de… » selon l'exemple suivant :

Ex. : Il est triste de *mourir si jeune*. Ce qui est triste, c'est de mourir si jeune.

1. Il m'amuse de *vous entendre parler avec cet accent.* — 2. Il est amusant *d'aller sur les manèges dans les foires.* — 3. Il me plaît de *faire mon marché moi-même.* — 4. Il est souhaitable de *terminer cet exercice avant midi.* — 5. Il est juste de *répartir de façon égale les responsabilités.* — 6. Il est affligeant de *lire tant de nouvelles catastrophiques.* — 7. Il est équitable de *donner à chaque parti une représentation proportionnelle.* — 8. Il est extravagant de *prétendre diriger un orchestre quand on est à moitié sourd.* — 9. Il est fantastique de se *plonger dans les plus récentes découvertes de l'astronomie.* — 10. Il est intéressant de *comparer les techniques* littéraires et cinématographiques en assistant à la projection d'un film adapté d'un roman célèbre. — 11. Il est vain de *chercher à la sortir de sa torpeur.* — 12. Il est inutile de *me déranger* si vous n'avez pas d'élément nouveau à m'apporter.

10 Énoncez des règlements à la forme impersonnelle :

1. Vous êtes directeur d'une maison de jeunes. Vous rédigez un règlement en dix points.
2. Vous êtes étudiant étranger, en France depuis un an. Vous entrez dans une classe de nouveaux arrivés et vous leur donnez tous les conseils possibles pour leur bonne adaptation en France afin de leur éviter toutes vos mésaventures. Rédigez le plus possible d'annonces publicitaires humoristiques en utilisant la forme impersonnelle.

11 Trouvez la situation ou la phrase correspondant aux réponses suivantes :

Remercier
C'est très gentil de votre part.
Cela me fait vraiment (très) plaisir.

Féliciter
Il y a de quoi être fier.
C'est bien (formidable, terrible, génial, etc.)

Excuser
Il n'y a pas de mal.
Ça ne fait rien.
Ce n'est rien.
Il n'y a pas de quoi faire un drame.
Ça va pour cette fois.
Ce n'est pas grave.

Critiquer
Ce n'est pas fameux (terrible, etc.)
C'est un peu léger.
Il ne fallait pas faire comme cela.
C'est un peu juste.
Ce n'est ni fait ni à faire.

Reprocher
C'est inadmissible (impardonnable, scandaleux…)
Il ne fallait pas.

Proposer
Si cela peut vous rendre service…
Si cela peut vous être utile, (agréable, etc.)
Ça me dirait (d'aller au cinéma)

Suggérer
Il faudrait peut-être que (tu lui en parles)
Ça vaudrait peut-être le coup de lui (en parler)

Donner un ordre
Il va falloir que je te demande si … (de)
Il faudrait que (…)

Interdire
Il n'est pas question que … (de)

Préférer
Il vaut mieux (inf.) que …
Il est préférable (de + inf.)

Verbes pronominaux

Chapitre 8

Les verbes pronominaux sont toujours accompagnés d'un pronom personnel représentant le même sujet.
Ex. : Pierre se promène. Nous nous promenons.
Aux temps composés du passé, ils sont conjugués avec l'auxiliaire être.

1 Verbes pronominaux non réfléchis

Dans ce cas se est considéré comme une particule inséparable du verbe (qui peut avoir pour synonyme un verbe non pronominal *Ex. :* s'évanouir = perdre connaissance)

1. Verbes essentiellement pronominaux

s'absenter s'abstenir s'accouder s'accroupir s'acharner s'adonner s'affairer s'agenouiller *s'agriffer* s'amouracher s'arroger	se blottir se démener *se désendetter* se désister s'ébahir s'ébattre s'ébrouer s'écrier s'écrouler s'efforcer *s'égosiller*	s'emparer s'empresser s'énamourer s'encorder s'enfuir s'enquérir s'envoler s'éprendre s'esclaffer s'évader s'évanouir	s'évertuer s'exclamer s'extasier se fier se formaliser se gargariser se gendarmer s'infiltrer s'ingénier s'insurger *s'invétérer*	se lamenter se méfier se méprendre se morfondre se mutiner s'obstiner se parjurer se pavaner se prélasser se raviser se rebeller	se rebiffer se récrier se réfugier se rengorger se repentir se scléroser se soucier se souvenir se suicider *se tapir* *se targuer*

Remarque : les verbes en italiques sont peu utilisés.

2. Verbes accidentellement pronominaux, prenant avec le pronom un sens différent

Ex. : s'apercevoir n'a pas le même sens qu'apercevoir

s'apercevoir(de) s'attaquer(à) s'attendre(à) s'aviser(de) se douter(de) s'échapper	se figurer s'en aller s'ennuyer s'imaginer se moquer	se passer(de) se permettre(de) se plaindre(de) se plaire(à) se prévaloir(de) se rappeler	se refuser(à) se rendre(= aller) se rendre compte se ressentir(de) se rire(de)	se ruer(sur) se saisir(de) se sentir(de) se servir(de) se taire

Accord : Tous les participes passés de ces deux catégories de verbes s'accordent avec le sujet.
Ex. : Elle s'est évanouie. Ils se sont tus.

Sauf : – *s'arroger, se rappeler, s'imaginer* et *se figurer* peuvent s'accorder avec un COD placé avant.
– *se rendre compte, se rire, se plaire , se complaire, s'en prendre, s'y prendre* sont invariables.

2 Verbes pronominaux de sens passif

Les sujets de ces verbes sont le plus souvent inanimés
Ex. : La maison s'est facilement vendue.

Si le sujet est animé, les verbes sont peu nombreux : s'entendre, se faire, se laisser, se voir.
Ex. : Il s'est vu mettre à la porte après vingt ans de fidèle collaboration.

Accord
Les participes passés s'accordent toujours avec le sujet
Ex. : La porte s'est ouverte
Cette forme est préférée à celle du verbe non pronominal correspondant au passif (la porte a été ouverte).
Mais la langue parlée utilise volontiers le verbe actif précédé de on :
Ex. : On a ouvert la porte

3 Verbes pronominaux réfléchis

Ex. : **se laver**
Pour ces verbes, le pronom a une fonction; il peut être COD (*elle se regarde*) ou COI (*elle se récite son poème*)

Accord
Les participes passés s'accordent avec le COD s'il est placé avant l'auxiliaire être qui fonctionne dans ce cas comme avoir.
Ex. : Elle s'est lavée (elle a lavé qui ? se = elle = COD avant → accord)
Elle s'est lavé les mains (elle a lavé qui ou quoi ? les mains = COD après → pas d'accord se = à elle COI)

4 Verbes pronominaux réciproques

Ex. : **s'embrasser**
Dans ce cas l'action ne s'effectue par sur le sujet mais sur une autre personne

Accord
Les participes passés s'accordent avec le COD, s'il est placé avant l'auxiliaire. Même fonctionnement qu'avec les verbes réfléchis:

Ex. : Ils se sont embrassés	se = COD
Ils se sont montré leurs photos	se = COI ; photos = COD
Ils se sont parlé	se = COI pas de COD

Exercices

1 **Mettez au temps voulu les infinitifs entre parenthèses :**

1. Je (*ne pas se casser*) la jambe – (futur). — 2. Tu (*se laver*) les cheveux – (imparfait). — 3. Nous (*se souvenir*) de ce beau voyage – (présent). — 4. Elle (*s'efforcer*) de répondre poliment – (futur). — 5. Le moineau (*s'envoler*) chaque fois qu'on approchait – (imparfait). — 6. Il (*se démener*) comme un pauvre diable pour se tirer d'affaire – (présent). — 7. La pluie venant, vous (*se réfugier*) dans une cabane de berger – (imparfait). — 8. (*S'abstenir*) de fumer quand vous avez mal à la gorge – (impératif). — 9. (*Se rappeler*) que tu dois me rapporter ce disque avant le 25 janvier – (impératif). — 10. Elles (*se maquiller*) avec grand soin – (futur). — 11. (*Ne pas se moquer*) de moi, s'il te plaît – (impératif).

 **Mettez au temps voulu les infinitifs entre parenthèses :**

1. Elle (*se promettre* – plus-que-parfait) de réussir quoi qu'il advienne. — 2. Les deux filles (*se prendre* – passé-composé) par la main. — 3. Leurs robes (*se prendre* – passé-composé) aux buissons. — 4. Elles (*s'y prendre mal* – plus-que-parfait) pour ouvrir le portail. — 5. Les jours (*s'allonger* – passé-composé) depuis janvier. — 6. L'étudiante (*s'excuser* – passé-composé) de son retard. — 7. Nous (*se rappeler* – plus-que-parfait) que nous n'avions pas payé nos impôts. — 8. Elles (*s'imaginer* – plus-que-parfait) qu'on les avait suivies. — 9. Mes amis (*s'envoyer* – passé-composé) leurs vœux pour la nouvelle année. — 10. Elle (*se figurer* – plus-que-parfait) que c'était arrivé (l. parlé).

 **Même exercice :**

1. Le gouvernement (*se donner* – passé-composé) beaucoup de mal. — 2. Les photos qu'ils (*se montrer* – passé-composé) étaient bien réussies. — 3. La pièce « Knock » (*se jouer* – passé-composé) plus de mille fois et son intrigue peut se résumer ainsi … — 4. La salle de réunion (*se remplir* – plus-que-parfait) en un clin d'œil et une atmosphère survoltée (*se créer* – plus-que-parfait) aussitôt. — 5. Savez-vous ce qui (*se répondre* – cond. passé) en pareil cas ? — 6. Quand il a mis le courant, l'ampoule électrique (*s'allumer* – passé-composé). — 7. Les jeunes gens (*se rencontrer* – passé-composé) mais ils (*ne pas se plaire* – passé-composé). — 8. Une ornière (*se creuser* – plus-que-parfait) de chaque côté de la route. — 9. Les souvenirs qu'elle (*se rappeler* – passé-composé) l'ont émue aux larmes. — 10. Dans la queue, les clients pressés (*se pousser* – passé-composé) et certains (*s'injurier* – passé-composé).

 **Même exercice :**

1. Les persiennes (*s'ouvrir* – plus-que-parfait) sur un paysage ensoleillé. — 2. Elle (*se servir* – plus-que-parfait) d'une poêle pour faire les crêpes de la Chandeleur. — 3. Ces crêpes (*se servir* – passé-composé) chaudes. — 4. Elle (*se laver* – plus-que-parfait) les cheveux, puis les (*se sécher* – plus-que-parfait) avec un casque. — 5. Les deux sœurs (*se réciter* – passé-composé) leur leçon. — 6. Le professeur et les débutants (*se parler* – passé-composé) longuement. — 7. Votre concierge, Mme Michu, (*ne pas se souvenir* – passé-composé) de mon nom. — 8. Elle (*se creuser* – passé-composé) la tête pour en inventer un, mais ses hésitations (*se multiplier* – passé-composé). — 9. Des académiciens (*se tromper* – conditionnel passé) dans l'accord des participes. — 10. Toutes ces commères (*se répéter* – plus-que-parfait) un secret de polichinelle.

Exercices

5 **Certains verbes changent de sens en devenant pronominaux. Employez les verbes suivants dans des phrases. Dans chaque cas vous mettrez en évidence les sens que prennent ces verbes :**

- produire — se produire
- douter — se douter que
- rendre compte à (quelqu'un) — se rendre compte de (que + ind.)
- rappeler quelque chose à quelqu'un — se rappeler quelque chose
- attendre quelqu'un ou quelque chose — s'attendre à
- rendre quelque chose — se rendre à (+ un lieu ou une personne)
- servir — se servir de
- prendre — s'y prendre bien (fam.) — s'en prendre à (quelqu'un)
- agir comme — il s'agit de
- tromper — se tromper

Remplacez les verbes suivants par le verbe pronominal de sens passif correspondant : (cette tournure est de plus en plus employée dans le français parlé actuel).

1. On voit le mont Blanc depuis la lucarne de mon grenier. — 2. On n'entend pas le train de chez toi. — 3. On mange la choucroute avec de la bière. — 4. On boit toujours les vins de Bordeaux chambrés. — 5. En France on sert souvent le fromage à la fin du repas. — 6. Le chalet préfabriqué a été construit en quelques jours. — 7. Les patois sont de moins en moins employés dans les campagnes. — 8. Les poèmes de Brassens sont souvent chantés avec un accompagnement de guitare. — 9. Les timbres français sont vendus uniquement dans les bureaux de tabac ou à la poste. — 10. La Volkswagen est appelée « coccinelle ».

Remplacez les verbes pronominaux en italique par des verbes transitifs ou intransitifs :

Ex. : Il s'est enfui dès qu'il a su qu'on le recherchait :
Il a pris la fuite dès qu'il a su...

1. Elle *s'est* enfin *décidée* à passer un concours. — 2. Je me *suis servi* d'un canif pour décapsuler la canette de bière. — 3. L'étudiant *s'est planté* en faisant l'exercice. (fam.) — 4. Ce livre *se vend* à la librairie centrale. — 5. Elle *s'est mariée* avec un divorcé. — 6. Mes amis *se sont aperçus* de leur maladresse. — 7. Il *s'y connaît* en électricité. — 8. Vous *vous repentirez* de n'être pas allé voir ce film. — 9. L'ennemi *s'est emparé* de la place-forte. — 10. Le coureur olympique *s'est écroulé* en atteignant le but. — 11. Elle sait *se taire* quand il le faut. — 12. Les enfants *se sont enfuis* à toutes jambes. — 13. Nous *nous sommes baignés* dans la rivière. — 14. Elle *s'est mise* à rire en l'entendant parler. — 15. Il *s'est reproché* de lui avoir dit des méchancetés.

Remplacez les verbes en italique par des verbes pronominaux de même sens : (attention aux constructions qui peuvent être différentes)

1. Dans « Thérèse Desqueyroux », il *est question* d'une femme malheureuse en mariage. — 2. Elle a *perdu connaissance* en apprenant la mort de sa mère. — 3. Ce roman *traite* de

la vie bourgeoise dans les Landes. — 4. « Comme vous êtes gentil ! » a-t-elle *dit*... — 5. À bout de forces, il *est tombé* au pied d'un arbre. — 6. Les prisonniers avaient sans doute un complice, car ils *ont fait le mur* (fam.) — 7. Je n'ai pas eu le temps de le saluer et il en *a été vexé*. — 8. Le sculpteur *consacrait tout son temps de loisir* à son violon d'Ingres : la philatélie. — 9. Les troupes ennemies *ont pris* la ville. — 10. La nuit tombe. *Rentrons*. Il est tard.

Même exercice :

1. Il faut *accepter* l'idée de la mort. — 2. Avec le recul du temps, on *oublie* les mauvais moments. — 3. La joie *rayonnait* sur son visage. — 4. La nouvelle *a été* rapidement *répandue* dans toute la ville. — 5. Je *suis incertain* quant à mon avenir. — 6. Il *n'aime pas* être avec les autres. Il est toujours seul. — 7. Je *ne veux pas* faire cela. — 8. Un discours ne peut *être fait au pied levé*. — 9. Il *a des remords* d'avoir trop parlé. — 10. Il fait trop de choses. Il *est débordé et dépasse les limites de ses forces*.

Voici des phrases pronominales fréquemment employées dans le langage familier. Trouvez les situations dans lesquelles elles peuvent être utilisées.

- Ça peut se faire.
- Ça se peut.
- Je ne m'en remettrai pas.
- Il s'est levé du pied gauche.
- Je ne m'en vante pas.
- Ça ne se fait pas tout seul.
- Je me le demande.
- Tu te prends pour qui ?
- Tu te contentes de peu !
- Il ne s'est pas gêné pour...
- Je me sens de mauvais poil.

Adjectif verbal – participe présent gérondif

Chapitre 9

1 Adjectif verbal

À la valeur d'un adjectif qualificatif. Donc il s'accorde avec le nom.
Ex. : Elle avait des yeux brillants.

2 Participe présent

Forme verbale marquant une action. Il est invariable.
Ex. : Elle avait des yeux brillant de fièvre.

3 Gérondif

Forme verbale précédée de EN ; a une valeur de complément circonstanciel (temps, cause, condition, etc). Il est invariable.
Ex. : Il est tombé en courant. Deux sens :
Parce qu'il courait (*cause*).
Alors qu'il courait (*temps*).

Attention : Le sujet du gérondif **doit** être aussi celui du verbe principal.
Ex. : Ne pas confondre :
« J'ai rencontré Jacqueline en faisant des courses ». (= C'est moi qui fais des courses) avec : « J'ai rencontré Jacqueline faisant des courses ». (= C'est Jacqueline qui fait des courses)

Remarques orthographiques
L'orthographe de certains verbes change s'ils sont adjectif verbal ou participe. Une analyse préalable du mot est donc nécessaire.

Liste des principaux verbes

Verbes	Participe présent	Adjectif verbal
1°	ANT	ENT
Adhérer	adhérant	adhérent
Affluer	affluant	affluent
Coïncider	coïncidant	coïncident
Converger	convergeant	convergent
Déterger	détergeant	détergent
Différer	différant	différent
Diverger	divergeant	divergent
Émerger	émergeant	émergent
Équivaloir	équivalant	équivalent
Exceller	excellant	excellent
Influer	influant	influent
Négliger	négligeant	négligent
Précéder	précédant	prédédent
Somnoler	somnolant	somnolent
2°	quant	cant
Communiquer	communiquant	communicant
Convaincre	convainquant	convaincant
Provoquer	provoquant	provocant
Suffoquer	suffoquant	suffocant
Vaquer	vaquant	vacant
3°	guant	gant
Extravaguer	extravaguant	extravagant
Fatiguer	fatiguant	fatigant
Fringuer	*fringuant*	fringant
Intriguer	intriguant	intrigant
Naviguer	naviguant	navigant

Remarque : Les termes en italiques sont peu utilisés.

Exercices

Mettez à la forme voulue les infinitifs entre parenthèses :

1. Il a été renversé par une voiture (*traverser*) le passage clouté. — 2. C'était une fillette douce et (*obéir*), (*parler*) peu, mais (*se proposer*) toujours pour rendre service. — 3. Cette vendeuse n'est pas très (*sourire*). — 4. Ce n'est pas (*broyer du noir*) que vous ferez quelque chose de constructif (l. parlé). — 5. La pluie (*ne pas s'arrêter*) de tomber, la voiture s'est embourbée. — 6. (*Pouffer de rire*), les spectateurs regardaient le prestidigitateur sortir une cigarette du nez d'une grosse dame. — 7. La neige (*fondre*), nous sommes partis cueillir des jonquilles. — 8. C'est (*forger*) qu'on devient forgeron. — 9. Madame, vous avez été surprise (*doubler*) dans un tournant. — 10. (*S'allonger*) sur mon lit, je me suis assoupie. — 11. (*Se reprendre*) vous avez enfin pu faire un choix valable.

Mettez à la forme voulue les infinitifs entre parenthèses. Attention aux deux orthographes :

1. À l'hôtel ils ont retenu deux chambres (*communiquer*). — 2. (*Diverger*) de points de vue, ils n'ont pu se mettre d'accord. — 3. Cette jeune fille a des attitudes (*provoquer*). — 4. L'orateur (*communiquer*) sa gaieté, toute la salle riait aux éclats. — 5. (*Suffoquer*) de rage parce qu'on les avait traités de « poulets », les gendarmes ont conduit les garçons au poste dans « le panier à salade » (fam.) — 6. Quelle est, en kilomètres, la longueur (*équivaloir*) à une lieue ? — 7. Les réunions politiques (*provoquer*) des échauffourées ont été interdites par la préfecture. — 8. Il fait une chaleur (*suffoquer*). — 9. Passer ses vacances sur une plage à se dorer au soleil, ce n'est pas trop (*fatiguer*). — 10. Ils ne travaillent pas dans la même branche, mais ils ont des trains de vie (*équivaloir*).

Même exercice :

1. La semaine (*précéder*), elle était alitée avec une angine. — 2. Les enfants (*fatiguer*) leur mère ont été mis à la cantine scolaire. — 3. Méfiez-vous d'elle, c'est une fille (*intriguer*). — 4. La journée (*précéder*) la rentrée des classes est souvent consacrée à l'achat des cartables et des souliers neufs. — 5. Ce sont des enfants très (*négliger*), ils n'essuient jamais leurs pieds avant d'entrer. — 6. (*Intriguer*) auprès du chef du personnel, il a pu obtenir un congé. — 7. (*Négliger*) de prendre un billet plusieurs semaines à l'avance, elle n'aura pas de place sur le bateau. — 8. (*Adhérer*) à une association, je dois payer ma cotisation chaque année. — 9. Tout en (*vaquer*) à ses occupations, elle écoute son poste de radio. — 10. Sachant qu'il y avait un poste (*vaquer*), il a posé sa candidature.

Appréciez chacun des énoncés suivants et dites s'il est correct. Corrigez-le chaque fois que cela vous paraîtra nécessaire :

1. Partant en voyage la semaine prochaine, sa lettre ne me parviendra pas. — 2. L'essence augmentant, Pierre ne prend plus sa voiture. — 3. Vous remerciant à l'avance, veuillez agréer, Monsieur, l'expression de mes salutations distinguées. — 4. Suivant un cours de français, le professeur enseigne la grammaire aux étudiants étrangers. — 5. Redoutant une infection, la plaie a été nettoyée avec beaucoup de soin. — 6. Quittant la France, il

faut aussi quitter tous ses amis. — 7. Craignant d'arriver en retard, j'ai pris ma voiture. — 8. Criant des slogans dans la rue, des touristes se sont arrêtés pour regarder les manifestants. — 9. Ne connaissant pas votre numéro de téléphone, j'ai dû le demander aux renseignements. — 10. Louant un appartement, on ne sait pas à l'avance s'il sera bruyant.

5 **Répondez aux questions suivantes, d'abord par un gérondif et ensuite par la proposition subordonnée équivalente :**

1. Comment a-t-il pris froid ? — 2. Quand a-t-il pris froid ? — 3. À quel moment avez-vous rencontré votre camarade ? — 4. Dans quelle circonstance avez-vous entendu parler pour la première fois de Camus ? — 5. Comment ton ami s'est-il cassé la jambe ? — 6. Par quels moyens peut-on faire des progrès en français ? — 7. Comment ces gens ont-ils pu s'acheter cette villa ? — 8. Quand avez-vous appris la démission du gouvernement ? — 9. Quand t'es-tu rendu compte que tu avais perdu tes clés ? — 10. Comment les cambrioleurs ont-ils emporté tous ces meubles sans se faire remarquer ?

6 **Remplacez le gérondif par une proposition subordonnée de même sens :**

1. En roulant trop vite, tu peux provoquer un accident. — 2. En reconnaissant ses torts, elle s'est fait pardonner. — 3. En arrivant au sommet, nous étions au-dessus de la mer de nuages. — 4. Il a réussi à son examen en ayant bien peu travaillé. — 5. Elle a acquis une fortune en faisant des bénéfices sur le dos des autres clients. — 6. Elle lave les vitres en écoutant la radio. — 7. Continue tes gammes ; en persévérant tu obtiendras de bons résultats. — 8. En marchant dans la nuit, nous avons vu une étoile filante. — 9. En criant si fort, tu as ameuté tout le quartier. — 10. En allant très lentement, la tortue est quand même arrivée avant le lièvre.

Infinitif

Chapitre 10

Quelques précisions

1. Les verbes croire, espérer, estimer, penser, s'imaginer sont suivis d'une construction infinitive, que le sujet du verbe principal soit ou non le même que celui du verbe complément :
Ex. : Je crois être capable de résoudre ce problème.
Je pense Pierre être capable de résoudre ce problème.

Si les deux sujets sont les mêmes, l'infinitif est nécessaire avec les verbes : accepter, attendre, désirer, refuser, souhaiter, vouloir (qui peuvent aussi se construire avec que + subjonctif).
Ex. : Je souhaite partir.
(Je souhaite que tu partes est possible ; je souhaite que je parte est impossible.)

2. L'infinitif passé est volontiers utilisé, à l'écrit en particulier, après **après que** et **sans que** pour éviter des formes composées passées de l'indicatif ou du subjonctif un peu lourdes:
Ex. : Après avoir lu ce livre, il voulut le prêter à un ami.

Il est obligatoire après **pour** exprimant la cause :
Ex. : Il a été puni pour avoir brutalisé un enfant.

3. L'infinitif interrogatif peut être employé comme procédé d'animation ou pour éviter la monotonie.
Ex. : J'étais angoissé en arrivant dans cette grande ville où je ne connaissais personne. Que faire ? Où aller ? À qui m'adresser ?

4. L'infinitif peut se construire après un verbe :

a) sans préposition
Ex. : J'avoue ne pas savoir cette nouvelle.

b) avec la préposition à (en général quand le verbe marque un effort, une aspiration,)
Ex. : Il s'applique à comprendre.

c) avec la préposition de (comme complément d'un grand nombre de verbes transitifs ou pronominaux).
Ex. : Il affecte de ne pas comprendre.

d) certains verbes ont la particularité de posséder deux constructions différentes selon qu'ils sont ou non à la forme pronominale.

Ex. :	
Il refuse *de*	Il se refuse *à*
Il risque *de*	Il se risque *à*
Il essaye *de*	Il s'essaye *à*
Il attend *de*	Il s'attend *à*
Il résout *de*	Il se résout *à*
Il décide *de*	Il se décide *à*

Ex. : Voir la différence de sens entre :
Il risque de venir.
Il se risque à venir.

La forme pronominale indique souvent qu'un temps d'hésitation a précédé le refus, la décision.

Exercices

Utilisez l'infinitif passé. Attention à l'orthographe :

1. Après (*se reposer*) quelques instants, elles se mirent au travail. — 2. Après (*bavarder*), ils allèrent se coucher. — 3. Elles ont choisi la même robe sans (*se concerter*). — 4. Les professeurs pensent (*terminer*) leur programme avant la fin de l'année. — 5. Elles ont quitté Paris sans (*se revoir*). — 6. Cette pièce de théâtre m'a beaucoup plu. Après la (*voir*), j'ai voulu la lire. — 7. Après (*débattre*) ce projet avec l'architecte, on le mit à exécution. — 8. Je ne retrouve plus mes clés. Je crains de les (*laisser*) sur le comptoir de l'épicerie. — 9. Après (*suivre*) rigoureusement les prescriptions du médecin, vous éprouverez une amélioration rapide de votre état. — 10. Sans (*se rencontrer*), ils se connaissaient déjà par personne interposée.

2 **Trouvez la préposition convenable et terminez la phrase selon votre imagination en utilisant l'infinitif :**

1. Il refuse…
2. Je me refuse…
3. Nous nous décidons…
4. Ne risque-t-il pas…
5. Je m'attends…
6. Je me souviens…
7. Nous désespérons…
8. Les enfants s'amusent…
9. Ne vous dispensez-pas…
10. Risquez-vous…

Utilisez dans des phrases :

1. S'occuper à ; s'occuper de — 2. Prendre garde à ; prendre garde de — 3. Se résoudre à ; résoudre de — 4. S'attendre à ; attendre de — 5. Se rappeler ; se souvenir de — 6. Tarder à ; tarder de — 7. Se décider à ; décider de — 8. S'essayer à ; essayer de — 9. Demander à ; demander de — 10. Commencer à ; commencer de.

La substitution de l'infinitif à la forme verbale est-elle obligatoire ? possible ? ou simplement plus élégante ?

1. Je crois que j'ai oublié ma carte d'identité. — 2. Il pense qu'il sera indemnisé par sa compagnie d'assurances. — 3. Ne croyez-vous pas que vous aurez l'occasion de le lui redire ? — 4. Il veut toujours qu'il ait raison. — 5. Elles supposent qu'elles auront leur passeport à temps pour partir en voyage. — 6. Il a pensé qu'il avait eu tort de partir si vite. — 7. Nous avons estimé d'un commun accord que nous ne pouvions pas accepter un avenant à notre contrat. — 8. Elle désire qu'elle consulte ses collègues avant de prendre sa décision. — 9. Elle n'avait pas dit qu'elle voulait partir aux États-Unis. — 10. Vous n'aviez pas pensé que vous seriez invité ce soir-là.

Terminez les phrases suivantes à l'aide des informations entre crochets :

1. Il désire… [Il voyage.] — 2. Nous avons pensé… [Nous préparerons une fête en son honneur.] — 3. J'ai préféré… [Je lui ai dit que non.] — 4. Jacques a cru… [Il aurait le temps de prendre le train.] — 5. J'ai attendu… [J'ai étudié la question avant d'intervenir.] — 6. Il a accepté… [Je n'ai pas choisi le livre avec lui.] — 7. Nous souhaitons… [Nous vous rencontrerons bientôt.] — 8. Vous voulez… [Vous serez accompagnées.] — 9. Elle s'imagine… [Elle a été très malade.] — 10. Je refuse… [je ne reçois pas cette personne.]

L'infinitif précédé de la préposition à entre dans des locutions fréquentes en langage parlé : (idée de supposition).

À le voir… ; à l'entendre… ; à supposer que… ; à tout prendre… ; à y regarder de près… ; à en juger par… ; à l'en croire… ;

Cherchez le sens des locutions précédentes et introduisez les dans les phrases suivantes :

1. … son train de vie, il doit gagner des cents et des mille. — 2. … ce serait le plus malheureux des hommes. — 3. … on ne croirait pas qu'il est si malade. — 4. … sa belle-sœur serait une garce (fam.). — 5. … il est encore un des meilleurs sur l'échiquier. — 6. … on s'aperçoit vite qu'il nous mène en bateau. — 7. … que ce qu'il dit soit vrai, il n'y aurait pas de quoi en faire une histoire. — 8. … il aurait toutes les maladies du monde ! — 9. … le prévenu ne soit pas coupable, ce serait injurieux de le faire passer comme tel. — 10. … je crois que ma situation est encore bien plus heureuse que celle de beaucoup d'autres.

7

Voici les ingrédients permettant de faire quelques plats typiquement français. Élaborez la recette en mettant les verbes à l'infinitif :

1. La mayonnaise
- 1 œuf
- 200 g d'huile d'arachide
- sel, poivre
- 1 cuillerée de moutarde.

2. La pâte brisée
- 250 g de farine
- 125 g de beurre
- sel et eau.

3. La quiche lorraine
- 300 g de pâte brisée
- 3 œufs
- 1 petit bol de crème fraîche
- 250 g de lard maigre
- sel et poivre.

Texte : l'infinitif est un mode vivant. Appréciez l'usage qu'en fait Marguerite Yourcenar dans cet extrait.

(Au IIe siècle de notre ère, l'empereur romain Hadrien évoque son activité de constructeur de villes et de monuments.)

« *Construire*, c'est *collaborer* avec la terre ; c'est *mettre* une marque humaine sur un paysage qui en sera modifié à jamais ; c'est *contribuer* aussi à ce lent changement qui est la vie des villes. Que de soins pour *trouver* l'emplacement exact d'un pont ou d'une fontaine, pour *donner* à une route de montagne cette courbe la plus économique qui est en même temps la plus pure… *Élever* des fortifications était en somme la même chose que *construire* des digues : c'était *trouver* la ligne sur laquelle une berge ou un empire peut *être défendu*, le point où l'assaut des vagues ou celui des barbares sera contenu, arrêté, brisé. *Creuser* des ports, c'était *féconder* la beauté des golfes. *Fonder* des bibliothèques, c'était encore *construire* des greniers publics, *amasser* des réserves contre un hiver de l'esprit qu'à certains signes, malgré moi, je vois *venir*. J'ai beaucoup reconstruit : c'est *collaborer* avec le temps sous son aspect de passé, en *saisir* ou en *modifier* l'esprit, lui *servir* de relais vers un plus long avenir ; c'est *retrouver* sous les pierres le secret des sources. »

Marguerite Yourcenar
Mémoires d'Hadrien

Texte :
1) Dans ce texte relevez deux propositions infinitives.
2) Quelles remarques pouvez-vous faire sur la longueur des deux paragraphes et la brièveté des deux passés-simples qui les terminent ?

Les Nourritures Terrestres

Nathanaël, je te parlerai des attentes. J'ai vu la plaine, pendant l'été, attendre ; attendre un peu de pluie. La poussière des routes était devenue trop légère et chaque souffle la soulevait. Ce n'était même plus un désir ; c'était une appréhension. La terre se gerçait de sécheresse comme pour plus d'accueil de l'eau. Les parfums des fleurs de la lande devenaient presque intolérables. Sous le soleil tout se pâmait. Nous allions chaque après-midi nous reposer sous la terrasse, abrités un peu de l'extraordinaire éclat du jour. C'était le temps où les arbres à cônes, chargés de pollen, agitent aisément leurs branches pour répandre au loin leur fécondation. Le ciel s'était chargé d'orage et toute la nature attendait. L'instant était d'une solennité trop oppressante, car tous les oiseaux s'étaient tus. Il monta de la terre un souffle si brûlant que l'on sentit tout défaillir ; le pollen des conifères sortit comme une fumée d'or des branches. – Puis il plut.

J'ai vu le ciel frémir de l'attente de l'aube. Une à une les étoiles se fanaient. Les prés étaient inondés de rosée ; l'air n'avait que des caresses glaciales. Il sembla quelque temps que l'indistincte vie voulût s'attarder au sommeil, et ma tête encore lassée s'emplissait de torpeur. Je montai jusqu'à la lisière du bois ; je m'assis ; chaque bête reprit son travail et sa joie dans la certitude que le jour va venir, et le mystère de la vie recommença de s'ébruiter par chaque échancrure des feuilles. – Puis le jour vint.

André Gide
Les Nourritures Terrestres I, 3

L'adjectif

Chapitre 11

1 Place de l'adjectif

1. L'adjectif est placé après le nom

a) si l'adjectif est monosyllabique ainsi que le nom qu'il qualifie.
Ex. : Un film court.

b) si l'adjectif est polysyllabique et le nom monosyllabique.
Ex. : Un fait incroyable.

c) si l'adjectif exprime une forme, une qualité physique, une couleur.
Ex. : Une cour carrée. Une écharpe rouge.
(Cependant quand l'adjectif de couleur est pris dans un sens moral, il ne suit pas cette règle. On dira : « de noirs desseins, une verte semonce, faire grise mine, etc.)

d) si l'adjectif est suivi par un complément ou complété par un adverbe.
Ex. : Un appartement semblable au nôtre. Une aventure absolument incroyable.

e) si l'adjectif a la forme d'un participe ou d'un adjectif verbal.
Ex. : Une histoire amusante. Une histoire compliquée.

f) si l'adjectif marque une appartenance nationale, religieuse, géographique, historique, sociale.
Ex. : Une province française. L'architecture médiévale. La condition ouvrière.

2. L'adjectif est placé avant le nom

a) si c'est un adjectif numéral
Ex. : La première neige. La troisième fois.

b) si c'est un adjectif monosyllabique qui qualifie un nom polysyllabique.
Ex. : Un gros dictionnaire.

c) s'il est au comparatif ou au superlatif (il peut aussi être placé après)
Ex. : Le plus gros dictionnaire.

d) si c'est un adjectif courant qui comporte une appréciation morale ou esthétique.
Ex. : Une mauvaise copie. Une sale mine.

2 Prononciation de l'adjectif

1. L'adjectif est placé après le nom

L'accentuation se fait sur l'adjectif qui garde ainsi son individualité
Ex. : Une aventure imprévisible.

2. L'adjectif est placé avant le nom

Dans ce cas il se combine en quelque sorte avec le substantif pour constituer avec lui une désignation globale :
Ex. : Une superbe femme

De plus, lorsque le nom commence par une voyelle, il y a enchaînement entre l'adjectif et le substantif :
Ex. : Un tragique accident

3. Cas particuliers

Les adjectifs bon, certain, plein, vilain, moyen, et divin se prononcent comme l'adjectif féminin lorsqu'ils précèdent un nom masculin commençant par une voyelle ou un h muet. La voyelle nasale de l'adjectif est dénasalisée.
Ex. : En plein air ; un bon ami ; le Moyen Âge.

3 Particularités orthographiques

Cinq adjectifs ont une forme spéciale quand ils précèdent un nom masculin commençant par une voyelle.

beau → bel — un bel enfant
fou → fol — un fol orgueil
mou → mol — un mol oreiller
nouveau → nouvel — le nouvel an
vieux → vieil — un vieil ami

4 Changements de sens de l'adjectif

Certains adjectifs changent de sens selon qu'ils sont placés avant ou après le nom. Mais cette possibilité est limitée à quelques adjectifs et ceci en présence de certains substantifs seulement. Voici les plus courants :

ancien	un ancien couvent	un couvent ancien	maigre	un maigre repas	un repas maigre
bon	un bonhomme	un homme bon	pauvre	une pauvre femme	une femme pauvre
brave	un brave garçon	un garçon brave	petit	un petit ami	un ami petit
certain	un certain âge	un âge certain	propre	mon propre lit	mon lit propre
curieux	une curieuse fille	une fille curieuse	sacré	une sacrée musique	la musique sacrée
dernier	la dernière année	l'année dernière	triste	un triste individu	un individu triste
fier	une fière allure	une allure fière	unique	un unique cas	un cas unique
grand	un grand homme	un homme grand	vague	une vague idée	une idée vague
jeune	un jeune homme	un homme jeune	vilain	un vilain enfant	un enfant vilain

Exercices

Donnez des synonymes aux adjectifs suivants :

1. Une curieuse histoire ; un enfant curieux. — 2. Une fille simple ; une robe simple ; un simple soldat ; un simple geste. — 3. Une ancienne usine ; une usine ancienne ; son ancien mari. — 4. La même année ; l'année même de sa naissance ; la simplicité même. — 5. Son cher enfant ; il vend les légumes cher ; sa chère liberté. — 6. De pauvres habits ; la pauvre fille ! Une famille pauvre ; un sol pauvre ; un esprit pauvre ; un cœur pauvre. — 7. Un vague parent ; un souvenir vague de cette époque. — 8. Ton sacré travail ; une tâche sacrée ; sacré coquin. — 9. Un drôle d'individu ; un film drôle ; une drôle de chaleur (fam.). — 10. Un vilain enfant ; le vilain temps ; un enfant vilain.

Donnez des synonymes aux adjectifs suivants :

1. D'honnêtes résultats ; un honnête homme ; un magistrat honnête. — 2. Un grand immeuble ; un homme grand ; un grand homme. — 3. De maigres économies ; une femme maigre ; une viande maigre. — 4. Un certain courage ; un courage certain ; certaines personnes ; il en est certain. — 5. Du linge propre ; mes propres draps ; c'est le mot propre ; ce sont ses propres mots. — 6. Une méchante affaire ; un méchant garçon ; un chien méchant ; une méchante paillasse. — 7. Une seule femme ; seule une femme ; une femme seule. — 8. Un fier imbécile ; un homme fier ; une fière allure. — 9. Une copie nulle ; nulle envie ; un match nul. — 10. Le dernier été ; l'été dernier ; à la dernière mode. — 11. Un triste résultat ; un film triste ; un triste individu ; une triste histoire.

Il existe différentes manières d'atténuer le sens d'un adjectif (ou d'un participe pris comme adjectif). Dans la liste suivante, choisissez l'expression qui convient :

En quelque sorte ; à peu près ; pour ainsi dire ; presque ; pas tout à fait ; légèrement ; si j'ose dire ; à peine ; comme ; + le suffixe *âtre* à la fin d'un adjectif de couleur.

1. Il était dans une situation (...) cornélienne, c'est-à-dire partagé entre son devoir et ses sentiments. — 2. L'enfant était (...) fasciné par le spectacle du cirque. — 3. La chambre est (...) éclairée par une veilleuse qui vacille au moindre souffle. — 4. Après avoir eu de très grosses épreuves dans sa vie, elle était devenue (...) insensible aux souffrances des autres. — 5. Il semblait qu'il ne reconnaissait plus son chemin. Il était (...) désorienté dans ce quartier qui avait été le sien. — 6. Ce grenier était (...) proustien tant chaque objet désuet était chargé d'un souvenir particulier. — 7. La vue s'étendait sur la plaine recouverte, ce jour-là, d'une brume bleue (...) — 8. Il est devenu (...) paralysé, incapable de faire un mouvement ou de dire une parole quand il s'est retrouvé en face de son ami qu'il n'avait pas vu depuis vingt ans. — 9. Son fils est (...) grippé depuis trois jours. — 10. Il n'est pas (...) remis de son accident.

Texte :
Remarquez le nombre d'adjectifs utilisés dans ce texte.
Quelle valeur donnent-ils au texte ?

Saisons d'autrefois

Il y avait dans ce temps-là de grands hivers, de brûlants étés. J'ai connu, depuis, des étés dont la couleur, si je ferme les yeux, est celle de la terre ocreuse, fendillée entre les tiges du blé et sous la géante ombelle du panais sauvage, celle de la mer grise ou bleue. Mais aucun été, sauf ceux de mon enfance, ne commémore le géranium écarlate et la hampe enflammée des digitales. Aucun hiver n'est plus d'un blanc pur à la base d'un ciel bourré de nues ardoisées, qui présageaient une tempête de flocons plus épais, puis un dégel illuminé de mille gouttes d'eau et de bourgeons lancéolés… Ce ciel pesait sur le toit chargé de neige des greniers à fourrages, le noyer nu, la girouette, et pliait les oreilles des chattes… La calme et verticale chute de neige devenait oblique, un faible ronflement de mer lointaine se levait sur ma tête encapuchonnée, tandis que j'arpentais le jardin, happant la neige volante… Avertie par ses antennes, ma mère s'avançait sur la terrasse, goûtait le temps, me jetait un cri :

— La bourrasque d'Ouest ! Cours ! Ferme les lucarnes du grenier !… La porte de la remise aux voitures !… Et la fenêtre de la chambre du fond !

Mousse exalté du navire natal, je m'élançais, claquant des sabots, enthousiasmée si du fond de la mêlée blanche et bleu-noir, sifflante, un vif éclair, un bref roulement de foudre, enfants d'Ouest et de Février, comblaient tous deux un des abîmes du ciel… Je tâchais de trembler, de croire à la fin du monde.

Mais dans le pire du fracas, ma mère, l'œil sur une grosse loupe cerclée de cuivre, s'émerveillait, comptait les cristaux ramifiés d'une poignée de neige qu'elle venait de cueillir aux mains mêmes de l'Ouest rué sur notre jardin…

Colette, *Sido*, © Hachette, 1961

Le même exercice peut être fait avec les textes des pages 189, 190 et 212.

Texte :
Quelles remarques pouvez-vous faire sur la place des adjectifs ?
Pourquoi certains verbes sont-ils au présent et d'autres au passé simple ?

Le saumon

Sur un plat d'argent à l'achat duquel trois générations ont contribué, le saumon arrive, glacé dans sa forme native. Habillé de noir, ganté de blanc, un homme le porte, tel un enfant de roi, et le présente à chacun dans le silence du dîner commençant. Il est bienséant de ne pas en parler.

[…] Le saumon passe de l'un à l'autre suivant un rituel que rien ne trouble, sinon la peur cachée de chacun que tant de perfection tout à coup ne se brise ou ne s'entache d'une trop évidente absurdité.

[…] Des femmes, à la cuisine, achèvent de parfaire la suite, la sueur au front, l'honneur à vif, elles écorchent un canard mort dans son linceul d'oranges. Cependant que rose, mielleux, mais déjà déformé par le temps très court qui vient de se passer, le saumon des eaux libres de l'océan continue sa marche inéluctable vers sa totale disparition.

[…] Lentement, la digestion commence de ce qui fut un saumon. Son osmose à cette espèce qui le mangea fut rituellement parfaite. Rien n'en troubla la gravité.

[…] Le saumon repasse dans une forme encore amoindrie. Les femmes le dévoreront jusqu'au bout. Leurs épaules nues ont la luisance et la fermeté d'une société fondée, dans ses assises, sur la certitude de son droit et elles furent choisies à la convenance de celle-ci. La rigueur de leur éducation exige que leurs excès soient tempérés par le souci majeur de leur entretien. De celui-ci on leur inculqua, jadis, la conscience. Elle se pourlèchent de mayonnaise, verte, comme il se doit, s'y retrouvent, y trouvent leur compte. Des hommes les regardent et se rappellent qu'elles font leur bonheur.

Marguerite Duras, *Moderato Cantabile,* © Éditions de Minuit, 1958.

6 Leçon de paysage : un pont de Paris - Marquet

Appréciez dans ce texte l'analyse précise et nuancée du tableau de Marquet. (Reportez-vous au tableau figurant sur la couverture)

Albert Marquet (1875-1947) est, avec son ami Matisse, un disciple de Gustave Moreau. Il fait partie de la génération du post-impressionnisme qui, au début du XXe siècle, invente des voies nouvelles. C'est ainsi qu'il participe en 1905 à l'exposition des « Fauves » qui fait scandale par une vision brutale des formes et des couleurs. Il abandonne plus tard cette manière pour la recherche d'une harmonie tonale. Un de ses sujets favoris est la représentation de la Seine et des quais.

Son *Pont-Neuf* montre un souci d'équilibre des lignes et des formes. La longue courbe du fleuve est coupée par les horizontales du pont, dans un dessin simplifié, réalisant une synthèse entre statique et dynamique. Le paysage, avant de représenter des éléments identifiables – c'est le Pont-Neuf et non un autre, sur les quais se reconnaissent les boutiques des bouquinistes, le fleuve porte des remorqueurs, les fiacres du premier plan datent la scène – suggère d'abord une atmosphère, celle de la ville – distincte de la campagne ou des jardins impressionnistes à la Monet – et qui s'accorde parfaitement avec la poésie du temps, celle d'*Alcools* de Guillaume Apollinaire. Les tons nuancés, fondus, sourds, sont éveillés par le soulignement des traits noirs et de quelques notes vives. Nous sommes là dans une peinture figurative, mais dont les principaux éléments nous conduisent insensiblement à une abstraction tempérée.

7 Décrivez ces deux photos, les personnages, le paysage, l'atmosphère en utilisant les adjectifs appropriés.

Mots invariables

Chapitre 12

Afin d'éviter des fautes d'orthographe, il est facile d'apprendre à écrire définitivement les mots invariables.

1 Adverbes

1. Adverbes de manière

Ils se forment la plupart du temps en ajoutant ment à l'adjectif féminin.
Ex. : doux, douce, doucement.
sauf : vraiment, aisément, poliment, gaîment etc.
Les adjectifs en *ant* et *ent* donnent un adverbe un a ou e.
Ex. : vaillant. vaillamment.
prudent. prudemment (dans ce dernier cas, le « *e* » se prononce [a]).

2. Liste des adverbes les plus courants

dont vous devez connaître l'orthographe.

ainsi	impromptu	volontiers	désormais
debout	incognito	guère	entre-temps
exprès	pis	davantage	aujourd'hui
franco	plutôt	auparavant	
gratis	aussitôt	dorénavant	

3. Remarques

- Attention à l'orthographe de certains adverbes : brièvement, gentiment, traîtreusement.
- Certains adverbes en « emment » ou « amment » ne correspondent pas à des adjectifs en « ent » ou « ant » : notamment, précipitamment, nuitamment, sciemment.

2 Quelques autres mots invariables d'usage courant

- Les prépositions (cf chapitre spécial)
- Les conjonctions (cf chapitres spéciaux)
- quelques autres : parmi, vis-à-vis de, quant à (moi), quitte à, à pied, au pied de, ailleurs, excepté si, moyennant quoi, malgré, etc.

Vous compléterez cette liste au fur et à mesure que vous apprendrez l'orthographe de nouveaux mots invariables.

Exercices

À partir de l'adjectif entre parenthèses, formez l'adverbe de manière :

1. Elle a répondu trop (vif) pour que j'aie le temps de réagir.
2. Il dormait (tranquille) à l'ombre des peupliers.
3. Le physicien, au cours de sa conférence de presse, répondait (savant) aux questions des journalistes.
4. J'ai lu votre lettre un peu (bref).
5. Le sujet a été traité (succinct).
6. Il ne peut (décent) accepter une invitation chez cet homme qui lui a fait tant de tort.
7. Il a claqué la porte (violent).
8. L'enfant écoutait la musique si (intense) qu'il n'entendait plus ce qui se passait autour de lui.
9. Avec le régime de retraite actuel, les personnes âgées, sans vivre (aisé), peuvent vivre (décent).
10. Je n'ai (vrai) pas pu accepter votre proposition.
11. C'est (précis) ce que je lui ai dit.
12. Elle parle (courant) le portugais.

Intégrez à leur place les adverbes proposés dans les phrases suivantes. Plusieurs possibilités sont parfois acceptables. Indiquez-les.

1. Elle est trop impressionnable pour aller voir un film violent. (aussi, beaucoup)
2. Manger est le secret d'une bonne santé. (certes, modérément)
3. Ce temps changeant la fatigue. (beaucoup, brusquement)
4. En voyant ce spectacle, il s'est arrêté, paralysé par la peur. (comme)
5. Ce document était compromettant ; l'avocat lui a conseillé de ne pas le produire ce qu'il a accepté. (immédiatement, très, sur-le-champ)
6. Il avait envie de lui faire plaisir, mais ses efforts étaient couronnés de succès. (rarement, très, souvent)
7. Être parti lui a permis de gagner du temps dans son travail. (bien sûr, plus tôt)
8. Avoir présumé de ses forces est l'explication de son malaise. (probablement, trop)
9. Il l'a poussée dans l'escalier ce qui justifie son renvoi immédiat de l'école. (amplement, exprès)
10. Ils étaient débordés ; on leur a conseillé de faire appel à une aide extérieure. (aussi, complètement)

Les articles

Chapitre 13

Les articles sont des déterminants qui servent à actualiser le nom qu'ils précèdent et auquel ils empruntent le genre et le nombre. Le français dispose de trois catégories d'articles :
– articles définis
– articles indéfinis
– articles partitifs

1 Articles définis

1. Formes

- simples : le, la, l', les
- contractées : au, aux, du, des

2. Valeurs

- généralité

Ex. : l'homme est mortel, les hommes préfèrent les blondes

- unicité

Ex. : la lune, le soleil, 30 euros le kilo

- sélectivité

Ex. : il est allé chez le boucher.

Devant des noms propres

Ex. : le Paris du Moyen Âge
la Marie (populaire)

→ l'article défini a le plus souvent une valeur *anaphorique* puisqu'il renvoie à une préinformation contextuelle ou situationnelle.

Ex. : Pierre entra ; le jeune homme paraissait embarrassé.

Remarque

Pour la règle concernant le genre des noms de villes, d'îles et de pays, voir *l'Exercisier* (PUG)

2 Articles indéfinis

1. Formes

un, une, des, de, d'

2. Valeurs

- généralité

Ex. : un homme ne pleure pas.

■ unicité : – numérique *ex. :* il a un frère
– exemplaire *ex. :* prendre un bain
– sélectivité *ex. :* il a une voiture blanche

→ l'article indéfini a le plus souvent une valeur *cataphorique* : le référent n'est pas encore connu et c'est le contexte qui suit qui apportera l'information.

Ex. : une vieille dame qui traversait la rue a été renversée par une moto.

Remarque

On trouve souvent les articles définis et indéfinis devant des noms *comptables.*

3 Articles partitifs

1. Formes

du, de la, des (*cf.* art. indéfini)

2. Valeurs

l'article partitif sert à actualiser et à quantifier

Ex. : boire du vin, avoir du courage, faire du tennis.

Remarques

1) Lorsque les articles indéfinis ou partitifs sont précédés
– d'une négation
– d'un adverbe de quantité (sauf bien, encore et des expressions comme la plupart, le plus gros, le plus clair, la majorité) l'article de, des devient d'.

Ex. : Je n'ai pas eu de pommes ; par contre j'ai eu beaucoup d'abricots.
Il n'a pas eu de chance.

2) Lorsque l'article indéfini des est suivi d'un adjectif, il devient de (article ou préposition).

Ex. : vous aves des enfants ? Bien sûr, nous avons même déjà de grands enfants.

4 Omission de l'article

1. Devant les noms propres
Ex. : Pierre Martin est vétérinaire. Paris est la capitale de la France.
Sauf si le nom propre est déterminé par un complément de nom ou une relative.
Ex. : David est exceptionnellement doué en piano; c'est un vrai Mozart.
Bruges est appelée la Venise du Nord.

2. Devant des noms reliés par et ou ni et formant un tout
Ex. : Ils s'entendent comme chiens et chats.
Pour son départ, il ne veut ni fête ni cadeau.

3. Devant les noms formant une énumération, spécialement lorsque celle-ci est résumée par tout ou tous :
Ex. : Éléphants, girafes, lions, tigres, oiseaux, tous entrèrent dans l'arche.

4. Devant les noms faisant partie d'une petite annonce, autrefois d'un télégramme, d'une étiquette, d'un titre, d'un panneau d'affichage, d'un dictionnaire.

Ex : Attention, école ; cherche femme de ménage ; produit dangereux ; dictionnaire bilingue ; manche est un substantif polysémique .

5. Devant un nom mis en apostrophe, une apposition ou un attribut :
Ex. : Garçon, l'addition !
Sa femme, maîtresse de maison accomplie, leur avait préparé un vrai festin.
Elle a été désignée secrétaire de séance.
Mais, dans les deux derniers cas, comme pour les noms propres, si le nom est déterminé, on peut mettre un article défini ou indéfini.
Ex. : Le concierge, un homme en qui j'ai toute confiance, a un trousseau de mes clés.

6. Dans un grand nombre d'expressions lexicalisées ou idiomatiques :
Ex. : Avoir faim, soif, envie, honte, pitié
Prendre part, feu , parti, connaissance

7. Après un nom, un verbe ou un adjectif se construisant avec la préposition **de**, l'article indéfini ou partitif **du**, **de la**, **des** disparaît :
Ex. : Il a des mains *de* (des) filles.
Elle avait envie *de* (des) fraises , *de* (du) calme, *de* (de la) tranquiliité.
Ils viennent tous *d'*(des) universités étrangères.

8. Les compléments de noms se construisant avec les prépositions **à**, **après**, **avant**, **avec**, **de**, **en**, **par**, **sous**, **sur** n'ont souvent pas d'article.
Ex. : un manche *à* balai, il est né *après/avant* guerre, elle est sortie *sans* chapeau, il m'a regardé *avec* méfiance, c'est un emballage *sous* vide, un professeur *de* mathématiques, le transport *sur* rails.

1 **Répondez aux questions suivantes par une phrase complète :**

1. Vous reste-t-il du vin de table dans votre cave ?
Non….
2. As-tu acheté du fromage de Cantal ?
Non….
3. Avez-vous trouvé des articles en solde au marché ?
Non….
4. Faut-il emporter du matériel de camping pour trois jours ?
Non….
5. Faites-vous des progrès dans la pratique de cette langue ?
Non….
6. Y a-t-il des étudiants allemands dans votre classe ?
Non….
7. Vous semble-t-il qu'on puisse trouver des solutions à ce problème ?
Non….

8. Avez-vous rencontré des chevaux dans l'allée forestière ?
Non....
9. As-tu acheté des croissants chauds pour le petit déjeuner ?
Non....
10. Avez-vous lu des critiques théâtrales dans la presse de cette semaine ?
Non....

Transformez les affirmations suivantes en négations :

Ex. : J'ai des difficultés à vous comprendre.
Je n'ai pas de difficultés à vous comprendre.

1. Mes amis éprouvent des scrupules à me déranger tard le soir. — 2. L'étranger faisait des efforts pour s'exprimer. — 3. Jacqueline a encore des problèmes d'argent. — 4. Vous avez des responsabilités dans cet accident. — 5. Si vous avez des suggestions à faire, écrivez-les. — 6. Avez-vous des vacances pour Pâques ? Non je n'ai pas ... — 7. On mange souvent des nouilles dans ce pays. — 8. J'ai mis des verres sur la table. — 9. Il y a des bouteilles pleines à la cave. — 10. On voit des étoiles dans le ciel ce soir.

Remplacez les points de suspension par l'article qui convient :

Ex. : Il a acheté beaucoup ... magazines pour lire dans le train.
Il a acheté beaucoup de magazines pour lire dans le train.

1. Voulez-vous ... vin ? Non, merci, ... eau me suffira. — 2. Y a-t-il ... gibier dans votre région ? — 3. Elle fait encore beaucoup ... fautes d'orthographe. — 4. Vous ne m'avez jamais fait... peine. — 5. Je n'aime pas tes souliers, mais tu en as... autres. — 6. Il a renoncé à son idée sans faire... difficultés. — 7. Peu... gens savent faire ... piqûres intraveineuses. — 8. Ce métier offre bien peu ... avantages, et par contre beaucoup ... inconvénients. — 9. Votre analyse de la situation reflète trop ... points de vue particuliers, et pas assez ... conceptions générales. — 10. Il a, avec son père, bien ... ressemblances ; mais la plupart ... traits de son caractère le rapprochent de sa mère.

Articles définis ? Articles indéfinis ? Articles partitifs ?
Mettez l'article qui convient. Vous indiquerez lorsque plusieurs articles sont possibles et lorsqu'il n'en faut pas.

Parties du corps

1. D'après ... portrait-robot de ... police, ... suspect aurait ... yeux marron, ... grand front, ... tempes dégarnies et ... nez aquilin. — 2. Cet enfant a ... yeux de son père mais il a ... nez en trompette et ... teint mat comme sa mère. — 3. Il est sorti de ... bagarre avec ... œil au beurre noir et ... menton tuméfié. — 4. Fais attention, je t'ai à ... œil !. — 5. Elle avait dû pleurer car elle avait ... yeux rouges et ... voix tremblante. — 6. À la vue de ce spectacle j'en ai eu ... chair de poule et ... jambes coupées. — 7. Elle avait ... yeux immenses, ... bleu lavande extraordinaire. — 8. As-tu remarqué que cette adolescente a ... cheveux blancs ? — 9. Pour ... bal masqué, il s'est fait ... tête de Frankenstein. — 10. Il a vraiment ... bonne tête ! — 11. Elle n'a pas accepté ses remarques et lui a fait ... tête pendant toute ... soirée. — 12. Sur ... cou démesuré se dressait ... tête effrayante qui attirait tous ... regards. — 13. Le verre lui a échappé ... mains. — 14. Je ne peux plus mettre ... pied devant ... autre. — 15. Il a fait ... pieds et ... mains pour obtenir ... rendez-vous avec ... directeur. — 16. Mon garçon, tu as ... yeux plus gros que

... ventre. — 17. Il avait ... nez bourbonien qui ne manquait pas de noblesse. — 18. Tu as vu cet homme avec ... oreilles décollées et ... nuque de taureau, tu ne lui trouves pas ... air bizarre ? — 19. Non, il a ... air dans ... lune, c'est tout. — 20. Il faut aller voir ... dentiste, vous avez ... dents dans ... état épouvantable.

Même exercice

Qualités, sports et autres cas

1. Il a eu ... courage de lui dire ce qu'il pensait. — 2. Elle a répondu avec ... impertinence qui a scandalisé tout ... monde. — 3. Il a réagi avec ... légèreté qui le caractérise. — 4. Elle a eu ... courage pour lui faire cette réponse ! — 5. Il a fait preuve (de) ... courage de lion. — 6. Il a montré à cette occasion ... courage de ... lion. — 7. Elle a reçu ... invitation et elle a répondu pour ... forme. — 8. C'est ... affaire de ... plus grande importance. — 9. La peinture, c'est ... affaire de goût. — 10. Patiente, c'est ... affaire de quelques minutes. — 11. Il aime bien ... ski mais il préfère ... planche à voile. — 12. Il pratique ... tennis depuis quelques mois. — 13. Autrefois il faisait ... ping-pong tous les jours.

Même exercice

Noms de pays

1. Nous revenons de ... Suède. — 2. Il a écrit sa thèse sur ... Finlande. — 3. ... royaume ... France s'est étendu considérablement à cette époque. — 4. Pour la première fois, ... gouvernement de ... France a été confié à une femme. — 5. Ils vont retourner en ... Thaïlande. — 6. Ils repartent pour ... Turquie. — 7. Les armées avaient envahi le sol de ... France. — 8. Les frontières de ... France n'ont plus été modifiées à partir de cette année. — 9. Elle s'est fiancée au Duc de ... Savoie. — 10. Le climat de ... France méridionale est plus clément que celui du Nord.

À votre tour, décrivez quelqu'un

- Votre grand-mère à laquelle vous étiez très attaché(e)s (portrait physique et moral)
- Quelqu'un qui vous faisait peur lorsque vous étiez petit.
- Un personnage comique

Réponses à une question. Attention, l'article peut changer

1. **Dans une boulangerie-patisserie**

– Que voulez-vous, Madame, ... pain ou ...... gâteaux?

– D'abord ...... pain :

...... baguette et puis ...... pain en forme de marguerite qui est en devanture. Ensuite ...... tarte ...... noix ; ...... baba ...... rhum et trois tartes ...... frangipane.

2. **Deux amies discutent**

– Pourrais-tu m'indiquer ...... bon professeur de mathématiques ? Simon a vraiment besoin ...... cours particuliers. Tu me rendrais ...... grand service.

– Bien sûr, j'en connais ...... excellent ; tu sais ...... étudiant qui avait fait faire ...... progrès spectaculaires à Martine ...... année dernière. C'est ...... jeune homme sérieux et de plus avec ...... qualités pédagogiques surprenantes chez ...... garçon qui n'a pas encore passé ...... concours.

3. **Discussion sur un mariage**
Comment était ...... mariée ? Charmante ; elle portait ...... robe en organdi blanc mi-longue et dont ...... bustier, très ajusté, avait ...... petites bretelles.
Elle avait ...... un voile ? Ce n'était pas ...... voile, mais ...... voilette. Le marié, lui, était moins classique : il portait ...... pantalon blanc et ...... chemise assortie avec ...... espadrilles!
Pas ...... cravate mais ...... béret rouge ; sans doute .... souvenir de leurs dernières vacances ...... Pays basque !

Ajoutez un article quand vous le jugez nécessaire et justifiez votre choix.

1. Lyon, qu'on appelle parfois ...... capitale des Gaules n'est pas ...... capitale de ......France.
2. Elle avait un teint livide qui faisait ...... peur.
3. Ils avaient pris ...... part active au débat.
4. Son oncle est ...... homéopathe-acupuncteur ; c'est ...... médecin qui obtient des résultats extraordinaires; en fait il est ...... médecin de toute la famille.
5. ...... gâteaux, ... jus de fruits, ... vins divers, ... apéritifs, ... friandises : tout avait été acheté pour la fête.
6. En arrivant en pleine nuit, sans ...... avertissement, il nous a fait ...... peur bleue.
7. ...... adresse s'écrit avec un seul « d », contrairement au mot anglais.
8. Il a pris ...... part à la discussion à la grande surprise de tous.
9. Vous avez ...... intérêt à signaler rapidement ce défaut de ...... fabrication.
10. Il a été nommé ...... vice-président à l'unanimité.

Les indéfinis

Chapitre 14

Pronoms ne se joignant jamais à un nom	Pronoms reprenant un nom	Adjectifs
Autrui n'importe qui on personne ne quelque chose quelqu'un quiconque rien ne	aucun(e) ne (un(e)/l'/les/d') autre(s) certain(e)s chacun(e) (le/la/les)même(s) nul ne plusieurs quelques-un(e)s (un(e) tel(le) tout (l')un(e) (pas) un(e) ne	aucun(e) autre(s) certain(es) chaque (le/la/un/une/les même(s) nul(le) plusieurs quelconque(après le nom) (un,une, de)tel(les) tout

Un outil tres utile : tout

1 Nom masculin

Ex. : Je prendrai le tout.

2 Pronom indéfini

se prononce [tu] devant consonne – [tut] devant voyelle
Tout (neutre). *Ex. :* Tout va bien.
Tous (masculin pluriel) remplace un nom pluriel déjà cité ou accompagne un nom ou un pronom.
Ex. : Les élèves avaient travaillé : tous ont réussi.
Les élèves ont tous réussi : ils ont tous réussi.
Remarque phonétique : La prononciation du « s » [tus] est obligatoire.
Toutes (fém. plur.) *Ex. :* Les fillettes arrivaient ; toutes étaient vêtues de blanc.

3 Adjectif

■ faisant fonction d'article.
• singulier = *n'importe quel ; chaque. Ex. :* Tout travail mérite salaire.
= *seul. Ex. :* Pour toute consolation, elle avait la musique.
= *total ; complet. Ex. :* En toute franchise.
• pluriel = *n'importe quel. Ex. :* En toutes circonstances.

■ déterminatif complémentaire suivi d'un article ou autre déterminant sauf les indéfinis.
• singulier
= *entier*. *Ex.* : Toute la maison est en deuil.
= *seul*. *Ex.* : Toute la difficulté...
• pluriel
= *dans la totalité*. *Ex.* : Tous mes amis sont partis.
= *idée de périodicité*. *Ex.* : Toutes les deux heures...

4 Adverbe

Tout se prononce [tu] devant consonne.
[tut] devant voyelle ou *h* muet.
= tout à fait, très.

Il peut compléter :

■ un autre adverbe :
Ex. : Viens *tout* près de moi.

■ un adjectif :
Il est invariable devant un adjectif masculin singulier ou pluriel, féminin singulier ou pluriel commençant par une voyelle ou h muet.
Ex. : Il est *tout* pâle.
Elle est *tout* heureuse.
Ils sont *tout* pâles.
Il s'accorde en genre et en nombre devant un adjectif féminin singulier ou pluriel commençant par une consonne ou un *h* aspiré.
Ex. : Elle est toute pâle.
Remarque : L'arrêté du 9 février 1977 autorise l'accord de « tout » devant un adjectif féminin commençant par une voyelle ou un h aspiré.
Ex. : La machine est *toute* abîmée.
Remarque : Quand *tout* est au féminin pluriel, il y a quelquefois une ambiguïté.
Ex. : Elles sont *toutes* pâles peut vouloir dire :
a) elles sont entièrement pâles
b) elles sont pâles, toutes sans exception.
Il convient de distinguer d'après le contexte.

Indéfini tout

Écrivez correctement la forme entre parenthèses :

1. Il faudrait que je lise les journaux (...) les jours. — 2. Je me demande pourquoi ils étaient (...) déconfits. — 3. De (...) parts, des cris fusaient, — 4. Ils peuvent venir à (...) moment. — 5. Écrivez votre nom en (...) lettres, s.v.p. ! — 6. Ma sœur, (...) occupée à ses affaires, ne m'a pas entendu arriver. — 7. Le coureur de Marathon est arrivé (...) d'une traite. — 8. (...) autre personne que vous n'aurait pas tenu sa promesse. — 9. Il doit apporter sa guitare (...) à l'heure. — 10. Ils étaient (...) présents pour le défilé.

Complétez :

(...) semblait lui réussir. N'avait-il pas de (...) temps conquis un auditoire ? Pourtant Hervé s'avançait (...) inquiet devant le public. Il connaissait presque (...) la salle et y reconnaissait (...) ses amis. Mais, (...) à coup, une émotion l'envahit. À quoi pouvaient bien servir (...) ces réunions ? Quelle force le contraignait à se commettre ainsi devant (...) ces gens ? La magie se produirait bientôt, (...) ses soucis, (...) ses angoisses, (...) ses hésitations seraient balayés.

3 **Remplacez tout par un mot ou une expression de même sens :**

1. Ils vont *tous* les dimanches se promener. — 2. *Toute* vérité n'est pas bonne à dire. — 3. Ta nièce, c'est *tout* le portrait de son père. — 4. Il n'a pas donné la réponse exacte mais il était *tout* près de la vérité. — 5. Ce manteau coûte cher parce qu'il est fait dans un tissu *tout* laine. — 6. *Tout* le secret de ce gâteau est dans sa cuisson. — 7. *Tout* malin qu'il est, il n'a pas su répondre à ta question. — 8. Pour *toute* réponse, elle se leva et sortit en claquant la porte. — 9. Nous allons en vacances au bord de la mer *tous* les deux ans. — 10. Dans *toute* autre circonstance je serais venue, mais maintenant cela m'est impossible. — 11. *Toute* la maison a brûlé. — 12. *Tout* en étant fatigant, ce travail est passionnant. — 13. *En toute franchise*, je ne suis pas du tout d'accord avec vous. — 14. Je t'assure que mes intentions étaient *tout autres*. — 15. Nous avons *tous* nos défauts. — 16. *Tout* en marchant, elle pensait aux courses qu'elle avait à faire. — 17. « Vous pouvez venir, votre voiture est *toute* prête » lui a dit le garagiste. — 18. Sur la porte du café était collée l'inscription « ouvert à *toute* heure » — 19. Son travail nous a donné *toute* satisfaction. — 20. Elle va *tous* les ans faire une cure à Vichy.

« Tout » entre dans de nombreuses locutions : c'est tout dire ; somme toute ; tout bien considéré ; tout compris ; à tout prendre ; en tout et pour tout ; tout compte fait ; c'est tout comme ; du tout au tout ; après tout.
Cherchez le sens de ces locutions et introduisez-les dans les phrases suivantes :

1. À son repas, il a mangé ... un œuf. — 2. ... il préfère rester indépendant dans cette affaire. — 3. J'ai payé pour la peinture, la tapisserie et la main-d'œuvre, 500 euros ... — 4. S'il ne veut pas tenir compte de ton avis, c'est son affaire ; ... il est majeur. — 5. ... nos vacances ne se sont pas si mal passées ! — 6. Il ne l'a pas injurié, mais c'était ... — 7. Ils n'ont pas un point commun, ils diffèrent ... — 8. Elle était belle, intelligente, efficace ; ... elle n'avait que des qualités. — 9. C'est une voiture confortable ; j'en rêve ... — 10. ... j'aimerais mieux rester dans cet appartement qui est petit que de déménager.

Autres indéfinis

Remplacez les points de suspension par « tout le monde » ou « le monde entier » :

1. (…) ne sait pas que la SNCF accorde des réductions à ceux qui se groupent pour voyager. — 2. Quand un étudiant étranger vient faire des études à Paris, il repart avec des amis dans (…) — 3. Il a pris l'habitude de raconter sa vie à (…) — 4. Comme il avait beaucoup d'amis étrangers, il a reçu des cartes du (…) au moment du Jour de l'An.

Même exercice avec « personne » et « une personne » :

1. Il a des soucis importants mais il n'en parle jamais à (…) — 2. Avant de choisir un chirurgien, il a voulu demander des conseils à (…) qui avait été opérée l'année précédente. — 3. (…) ne l'a vu depuis trois jours. — 4. Je n'ai jamais rencontré de ma vie (…) aussi mal élevée — 5. Je ne connais (…) d'aussi mal élevé.

Même exercice avec « quelqu'un » et « quelques-uns » :

1. (…) m'a demandé si je n'avais pas un sosie. — 2. J'ai réuni hier (…) de mes amis pour fêter l'anniversaire de l'un d'entre eux. — 3. Je ne sais pas si je peux faire confiance à (…) au point de lui donner une procuration générale. — 4. Il ne connaît pas tous ses collègues de bureau. Il n'en connaît que (…).

Remplacez les points de suspension par « chaque » (adjectif toujours suivi d'un nom) ou « chacun » (pronom employé seul ou suivi de la préposition « de » + nom) : (Attention : l'orthographe est différente)

1. Devant (…) immeuble, il est prévu un emplacement pour garer les vélos. — 2. Le professeur donne une note à (…) étudiant. — 3. Il y avait de nombreux voiliers sur la mer ; (…) avait une voile de couleur différente. — 4. La jeune mère a donné une part de gâteau à (…) de ses enfants. — 5. (…) fois qu'il vient chez moi, il oublie quelque chose. — 6. (…) sait combien il est difficile d'apprendre une langue étrangère. — 7. Depuis son accident, sa jambe le fait souffrir à (…) pas. — 8. Il a une bibliothèque énorme et pourtant il sait où se trouve (…) de ses livres. — 9. Dans cette exposition (…) tableau provoquait un véritable ravissement. — 10. Il a toute une meute de chiens chez lui dont (…) répond à un nom anglais.

On, un pronom indéfini qui ne manque pas de personnalité(s)

On est un pronom indéfini de plus en plus utilisé en français.

■ Le plus souvent, à l'oral surtout, il remplace ou complète nous :

Ex. : Vous n'avez pas aimé ? Nous, on a adoré !

■ Dans les proverbes ou les dictons, c'est un vrai indéfini avec le sens de tout le monde ou quelqu'un.

Ex. : On ne sait jamais.

Mais selon le contexte et la situation de communication, il a d'autres significations : je, tu, vous, ils.

Par quels mots ou expressions pourriez-vous remplacer « on » ? L'emploi de « on » ajoute-t-il une intention de mépris, de familiarité ? « On » désigne-t-il une ou plusieurs personnes ?

1. M. Durand, rentrant de travail à sa femme : « Est-ce qu'on m'a appelé ? »
2. Le vieux monsieur du troisième à la petite Martine : « Alors, ma mignonne, on a été gâtée par le Père Noël ? »
3. John Smith à sa logeuse, madame Dupont : « C'est vrai qu'en France on mange des pattes de grenouilles ? »
4. Madame Dupont : « On ne dit pas "pattes" de grenouilles mais "cuisses" de grenouilles. On les accompagne d'ail et de persil ; c'est délicieux ».
5. N'oublie pas, c'est dans le besoin qu'on connaît ses véritables amis.
6. On s'est vraiment amusé(s) à cette fête.
7. Maintenant, on se calme !
8. On n'a pas pu me renseigner.
9. Tu aimes les peintures de Bonnard ? On a les mêmes goûts !
10. L'orateur : « en conclusion, on peut dire que … »
11. Alors, on ne dit plus bonjour, on fait le fier !
12. On a découvert du pétrole en mer du Nord.
13. Un conférencier, lors de son discours : « On pourra bien sûr me reprocher d'avoir laissé de côté cet aspect du problème ».
14. On n'est jamais si bien servi que par soi-même.
15. « On a sonné ; peux-tu aller ouvrir ? »
16. Le professeur de gymnastique ; « Allez, on lève les bras bien haut. »

Personne(s)/Gens

Classez chaque expression suivante dans l'une ou l'autre partie du tableau ou les deux lorsque c'est possible :

les — des — ces — chaque — quelques — certain(e)s — beaucoup de — peu de — trop de — différent(e)s — un tas de — la plupart des — plusieurs — les premières — les dernières — trois cents — des milliers.

personne(s)	gens

Les pronoms personnels

Chapitre 15

Pronom tonique Emploi disjoint	Sujet	Réfléchi	Complément d'objet direct
moi *toi* *lui* *elle* *nous* *vous* *eux* *elles*	*je* *tu* *il* *elle* *on* *nous* *vous* *ils* *elles*	*me* *te* *se* *se* *se* *nous* *vous* *se* *se*	*me* *te* *le* *la* *nous* *vous* *les* *les*

1 Formes conjointes des pronoms personnels

1. Le verbe est à l'indicatif, au conditionnel, au subjonctif et à l'impératif négatif.

Sujet *(ne)*	*me* *te* *nous* *vous* *se*	*le* *la* *les* *le* (neutre)	*lui* *leur* *y*	*en*	verbe *(pas)*

Ex. : Je le lave. — Nous les regardons. — Vous y pensez. — Tu ne te retournes pas. — Il n'en a pas demandé.

2. Le verbe est à l'impératif positif.

Verbe	*le* *la* *les* *le* (neutre)	*nous* *vous* *lui* *leur* *m'* *t'* *moi* *toi*	y	*en*

Note : [1]
Ex. : donne-le-lui ; pensez-y ; vas-y ; donne-m'en

1. *Cf. Grammaire Larousse du Français Contemporain.*

Remarques

Pour les verbes ne se construisant qu'avec un complément d'objet indirect), deux possibilités
a) Certains se construisent avec le pronom conjoint (placé avant le verbe) :
appartenir, faire confiance, nuire, obéir, parler, plaire, renoncer, réfléchir, ressembler, sourire, succéder...
Ex. : Il lui plaît.

b) D'autres se construisent avec le pronom disjoint (placé après le verbe) quand celui-ci remplace une personne et avec le pronom *y* (placé avant le verbe) quand celui-ci remplace une notion ou une chose :
croire, penser, recourir, renoncer, rêver, songer, tenir...
Ex. : je pense à mon père → je pense à lui.
je pense à mes projets → j'y pense.

c) Les verbes pronominaux suivis de la préposition à se construisent tous avec le pronom disjoint (en remplacement d'une personne) et avec le pronom y pour un complément inanimé: *se joindre, se rendre, s'opposer, se fier*, etc.
Ex. : Je me joins à mes amis → je me joins à eux
Je m'oppose à cette décision→ je m'y oppose.

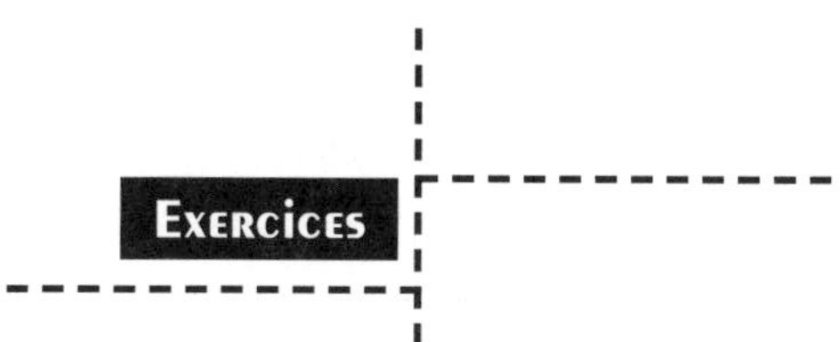

1 **Mettez les verbes entre parenthèses à la personne convenable :**
1. Lui et moi (aller – futur) au Canada l'an prochain. — 2. Toi et moi (former) une équipe de joyeux lurons. — 3. Elle et lui (être brouillés) depuis fort longtemps. — 4. Lui et nous (se donner beaucoup de mal – passé composé) pour le dissuader d'agir ainsi. — 5. Nous et vous (désirer) en avoir le cœur net. — 6. Eux et nous (faire faux bond – passé composé) à nos hôtes. — 7. Le censeur et vous (faire) la pluie et le beau temps au lycée. — 8. Ma mère et moi (s'être mis) en quatre pour accueillir dignement nos invités. — 9. Toi et les enfants (commencer – impératif) à vous installer dans la voiture ; j'arrive ! — 10. Mes collègues et moi (avoir décidé) de nous absenter pendant quelques jours. — 11. Vous et moi (être persuadé) du bien-fondé de son intervention. — 12. C'est merveilleux : ton frère et toi (être) toujours du même avis. — 13. (Venir) donc passer la soirée chez nous, ta femme et toi ! — 14. La foire est arrivée : toi et nous (pouvoir) aller sur le grand huit. — 15. Toi et vous (être d'accord – condit. présent) pour faire une excursion dimanche ?

2 **Mettez en relief le mot en italique par l'expression c'est + pronom tonique qui...ou c'est + pronom tonique que...**
Ex. : Monique ira chercher les enfants à l''école → *C'est elle qui* ira chercher les enfants à l'école

1. *Nous* réserverons les places. — 2. *Elle* a oublié de vous prévenir. — 3. *Je* suis désolée. — 4. *Pierre* vous reconduira. — 5. *Tu* es trop sévère. — 6. *Les policiers* ont retrouvé

l'enfant. — 7. Je rentrerai *avec mes cousines.* — 8. Nous parlons *de Gustave.* — 9. Monique est partie *sans ses enfants.* — 10. Je fais des efforts *pour mon oncle.*

Jeu de devinettes. Qui suis-je ? Que suis-je ?

Ex. : Les Français l'aiment beaucoup et en achètent souvent. On en trouve des qualités très variées. J'aime en manger le matin. J'essaye de ne pas en manger trop aux repas. Qu'est-ce que c'est ? Du pain

À votre tour faites deviner une personne ou un objet à vos camarades.

Complétez par EN ou Y, selon le cas :

Ex. : « Des villes, j'en ai tant visité !

1. Des pauvres, il y … aura toujours. — 2. J'ai trouvé ce pays au-dessous de la description qu'on … avait faite. — 3. Cette récompense, elle … a droit. — 4. Ce gâteau est trop sucré, je ne veux pas … toucher. — 5. De ces romans policiers, combien … avez-vous lu ? — 6. Ce vase est cassé, je vais … faire recoller une anse. — 7. Des morceaux de sucre, j'… mets deux dans mon café. — 8. Il m'a écrit quand je n'… pensais plus. — 9. Il … a tant rêvé, de ces paysages ! — 10. Le temps passe, pensez … !

Répondez en utilisant un pronom au lieu d'un nom :

Ex. : « Obéissez-vous à vos parents ? » — « Oui je leur obéis ».

1. « Voulez-vous un peu de bière ? » — Oui, … — 2. « Aimez-vous les caramels ? » — Oui … — 3. « Avez-vous téléphoné à votre sœur ? » non … — 4. « Souhaitez-vous d'autres explications ? » non … — 5. « As-tu lu la lettre de ton frère ? » non … — 6. « Vos parents ont-ils écouté la retransmission du concert ? » — 7. « Le professeur a-t-il rendu les devoirs de mathématiques ? » — 8. « Le bûcheron a-t-il coupé tous les arbres de la forêt ? » … — 9. « As-tu écrit à ton amie ? » — 10. « As-tu rendu tes livres à la bibliothécaire ? »

Remplacez dans les phrases suivantes les noms compléments par les pronoms convenables :

1. Elle a donné sa gourmette à sa cousine. — 2. Pour leurs noces d'argent, il avait apporté des roses à sa femme. — 3. Offre des petits fours à tes voisins. — 4. Les enfants ont cueilli ces narcisses pour l'institutrice. — 5. Porte ces livres au relieur. — 6. J'ai rendu le passe-partout au serrurier. — 7. Il amènera sa correspondante anglaise à l'école. — 8. Il a présenté sa fiancée à sa famille. — 9. J'ai payé ma dette au buraliste. — 10. Pour cette soirée, confiez vos enfants à une étudiante.

7

Même travail :

1. En attendant mon retour, tu réciteras tes leçons à ta sœur. — 2. Transmettez mes amitiés à votre marraine. — 3. L'agent a proposé à l'aveugle de l'aider à traverser. — 4. Pour la Saint-Sylvestre elle avait acheté des huîtres à un marchand de coquillages. — 5. Le dessinateur a soumis son projet à l'architecte. — 6. Elle prêtait toujours sa raquette de tennis à ses neveux. — 7. Le peintre a montré l'ébauche d'une grande toile aux visiteurs. — 8. Il a reproché à ses enfants leurs dépenses intempestives. — 9. Pierre distribuait les cartes à tous les joueurs. — 10. Il a offert une robe à sa fille.

Attention : deux verbes ont un sens semblable et ont deux constructions différentes : se rappeler (quelque chose ou quelqu'un) se souvenir de (quelque chose ou de quelqu'un)

Ex. : Je me rappelle mon séjour chez vous … Je me le rappelle.
Je me souviens de mon séjour chez vous… Je m'en souviens.

Répondez aux questions suivantes :

1. Tu te souviens de nos vacances ? — 2. Tu te rappelles notre périple en Italie ? — 3. Vous vous souvenez de votre professeur d'anglais ? — 4. Tu te rappelles les paroles de cette chanson ? — 5. Il se souvient de sa grand-mère ? — 6. Vous vous rappelez la somme que vous me devez ? — 7. Tu te souviens de son numéro de téléphone ? — 8. Il se rappelle le nom du magasin ? — 9. Vous vous souvenez de l'émission de télévision de jeudi ? — 10. Tu te rappelles l'itinéraire que nous avions préconisé ?

Remplacez le complément par le pronom qui convient :

Ex. : « Elle parle sans cesse *de ses ennuis*. Elle *en* parle sans cesse ».

1. Nous pensons à nos prochaines vacances. — 2. Il ne se sert plus de sa bicyclette. — 3. Confierez-vous votre enfant à cette personne ? — 4. J'ai réfléchi à ce que vous m'avez dit. — 5. Prenez-vous du sucre avec votre café ? — 6. Elle ne se souvient plus de ses grands-parents. — 7. Je ne me rappelle plus la robe que tu portais à cette occasion. — 8. Malgré sa colère, il a pardonné à sa fille ses paroles blessantes. — 9. Pensez-vous à toutes les personnes qui se sont donné du mal pour vous ? — 10. M. Seguin avait attaché sa chèvre à un pieu.

Même travail :

1. Ma mère a fait réparer l'horloge. — 2. Elle s'est aperçue trop tard de sa méprise. — 3. Nous nous plaignons de nos voisins. — 4. Pendant le cours, l'étudiant s'est violemment heurté à son professeur. — 5. Il s'efforce à parler le plus clairement possible. — 6. J'attends sous peu l'arrivée d'un mandat. — 7. Étant donné les événements, il s'attendait au pire. — 8. Ne te moque pas de ton travail. — 9. Je transmettrai votre demande. — 10. Ne connaissez-vous pas cet auteur ? — 11. N'achetez pas ce tapis : c'est une imitation. — 12. Elle ressemble de plus en plus à sa mère. — 13. Elle écrit à son fiancé de venir la voir. — 14. Si vous êtes en difficulté, adressez-vous à mon amie. — 15. Il a besoin de votre aide.

Transformez les phrases suivantes, en utilisant la forme affirmative, puis la forme négative, d'après le modèle :

Donne un bonbon à ta sœur. Donne-lui en un. Ne lui en donne pas.

1. Passez-moi un verre d'eau. — 2. Prépare-lui un sandwich pour dîner. — 3. Demandez une chambre à deux lits. — 4. Laissez une clé à la femme de chambre de l'hôtel. — 5. Préparez un goûter pour les enfants. — 6. Changez de robe pour cette soirée. — 7. Envoyez de l'argent à Pierre. — 8. Prêtez-moi de l'argent. — 9. Préparez une corbeille de fruits. — 10. Laissez des arrhes à votre vendeur.

Répondez affirmativement ou négativement aux questions suivantes en utilisant le pronom personnel correct :

Ex. : Il a honte d'avoir agi ainsi ? Oui, il en a honte/Non, il n'en a même pas honte.

– Que remarquez-vous ?
– Comment expliquez-vous cette difficulté ?

1. A-t-elle besoin de maigrir ? — 2. Avez-vous envie de partir ? — 3. Apprécie-t-elle d'avoir été choisie ? — 4. Est-ce qu'il est capable d'assumer cette responsabilité ? — 5. Envisagez-vous de déménager ? — 6. Est-ce que vous lui avez dit de revenir ? — 7. Est-il certain d'obtenir sa mutation ? — 8. Vous avez peur de lui dire la vérité ? — 9. Tu te passerais de fumer ? — 10. Est-ce qu'elle mérite d'être récompensée ? — 11. Regrettez-vous d'avoir acheté cette voiture ? — 12. Est-ce que Jean a obtenu d'être remboursé ? — 13. Craignez-vous d'être expulsé ? — 14. Tu es sûr de lui avoir confirmé ta visite ? — 15. Admettez-vous de ne pas être reçue chez ces gens ? — 16. Est-elle contente d'avoir été élue déléguée ? — 17. Lui as-tu vraiment conseillé de déménager ? — 18. Est-ce que vous vous souvenez d'avoir entendu des cris cette nuit-là ? — 19. Est-ce que vous lui avez demandé de présenter sa candidature ? — 20. Tu supporterais, toi, d'être traitée de cette façon ?

Voici des phrases comprenant le pronom « en » employé dans des sens particuliers. Ces phrases relèvent du langage familier. Trouvez les situations dans lesquelles elles s'insèrent :

— J'en ai vu d'autres.
— J'en ai eu pour mon argent.
— J'en ai bavé.
— Où veux-tu en venir ?
— Les bras m'en tombent.
— Tu en fais une tête !
— Je n'en ai rien à faire.
— Je m'en moque, m'en fous, m'en fiche (fam.).
— Je n'en suis pas mort.
— Ne t'en fais pas.
— Il n'en est pas question.
— Je ne veux pas m'en mêler.
— Il t'en faut peu.

Texte sur Paris

Vous, l'étranger qui arrivez à Paris, votre premier objectif sera sans doute d'aller voir la tour Eiffel de vos propres yeux ou mieux de monter le plus haut possible vers son sommet. Car Paris, c'est avant tout la tour Eiffel et ceci est vrai pour les habitants du monde entier ! Pour eux, quand ils arrivent le soir et qu'ils la voient tout illuminée dans sa splendide robe dentelée d'or, c'est d'abord un éblouissement. Cependant ils s'apercevront bien vite qu'ils ne sont pas les seuls à en rêver. La file d'attente pour accéder aux guichets s'étire longuement entre des barres sinueuses. Il faut déjà s'y habituer! Mais, après tout quand on a fait un long voyage pour venir de Tokyo ou de Chicago, on peut encore s'en accommoder…

Exercices

La visite de la capitale en bateau-mouche sera toujours pour vous une récompense et une détente heureuse. Glisser doucement sur la Seine dans laquelle se reflètent le grand ciel toujours changeant de Paris, les couleurs dorées de monuments et les frondaisons des arbres plantés harmonieusement le long des quais, permet de contempler la beauté d'un tableau que tant de peintres ont aimé exprimer. Ce sont eux qui ont su apporter sur les cimaises des musées de tous les continents les contours les plus familiers de Paris. Si vous êtes là aujourd'hui, c'est sans doute grâce à eux.

Les Champs-Elysées sont, dit-on, la plus belle avenue du monde. Leur largeur, leurs perspectives sur l'Arc de Triomphe et la Grande Arche de la Défense, leurs illuminations, leurs magasins de luxe ne cachent pas les longues pages d'histoire tracées invisiblement sur leurs pavés qui gardent en eux tous les événements du passé de la France.

Notre-Dame de Paris, la grande cathédrale de l'Ile de la Cité, attire chaque année des millions de visiteurs. Les centaines d'années qu'il a fallu pour la construire, les innombrables heures de travail et de vies humaines sacrifiées, sa beauté de pierre, ses rosaces, son immensité, la rendent attachante. C'est à Notre-Dame que bat toujours le cœur de Paris lors des grands événements de la vie nationale. Pour mieux s'imprégner de l'âme de Notre-Dame, il faut en avoir quelques-uns à l'esprit afin de pouvoir s'y référer. En effet, ce que l'on voit avec le cœur a autant d'importance que ce que l'on voit avec les yeux.

On marche beaucoup à Paris. Les visiteurs sont souvent épuisés ; mais Paris est aussi la ville des jardins et des parcs ; une halte sur un banc des Tuileries ou du Luxembourg face au grand bassin est toujours un moment exaltant, reposant, un hâvre de paix et de douceur. On peut aussi ralentir son rythme en flânant sur les quais où les bouquinistes étalent des gravures et des livres : « Si vous en prenez trois, monsieur, je vous les donne pour six cents euros ». Comment ne pas s'y laisser prendre !

Visiter Paris représente des moments de découvertes sans cesse renouvelés si on sait les voir et en découvrir le charme. Charme des petits restaurants, des boutiques surannées de certains quartiers, des grands magasins éclatants de lumière, des galeries marchandes vitrées, des petits théâtres rouge et or, des galeries de peinture, de la marchande de fleurs au coin du Palais-Royal, de l'orgue de Barbarie sur le pont de l'Ile Saint-Louis et de tant d'autres coins que vous saurez apprécier par vous-mêmes.

Toi, le jeune étudiant, et vous les étrangers qui arrivez à Paris vous ne serez pas déçus, soyez-en persuadés. Cependant vous découvrirez vite que la visite d' une grande ville exige un dynamisme intérieur et une curiosité sans cesse renouvelée. Pensez-y avant de partir ! Au cas où vous l'auriez oublié, sachez qu' il existe de nombreux livres tout à fait capables de vous redonner l'appétit de vous lancer dans une exploration passionnante. Vous en serez enthousiasmés !

– Relevez tous les pronoms personnels de ce texte.
– Quelle est la valeur du « l' » dans la phrase: « ce que l'on voit avec le cœur… »
– Après avoir lu ce texte, citez cinq endroits de Paris évoqués. Les connaissez-vous ? En avez-vous vu des photos ? Avez-vous lu des livres ou des guides à ce sujet ?
- Écrivez une lettre à la première personne en invitant un de vos amis ou quelqu'un de votre famille à venir visiter Paris avec vous.

Les pronoms démonstratifs cela/ça et ça/ce

Chapitre 16

Remarques

1. Cela (qui s'oppose traditionnellement à ceci) remplace normalement une notion ou le contenu notionnel de la phrase qui précède :
Ex. : Comme son père, Alain était au service de la famille Michelon ; cela lui paraissait naturel.

2. Dans la langue courante, on observe une utilisation de plus en plus fréquente de ça à la place de cela même en français non familier :

■ Pour le même usage que cela :
Ex. : Alors, vivre à la campagne, ça vous plaît ? (cela, dans ce cas paraîtrait affecté)

■ Pour remplacer un substantif
Inanimé : *Les cheveux courts, ça vous va à merveille.*
Une personne : *Votre mère, comment ça va ? Ça, un homme !* (connotation de mépris)
Un pronom personnel : *Ah, ça fait le malin !* (= tu ou vous)

■ Il s'ajoute souvent à des termes interrogatifs
Qui ça ? Où ça ? Quand ça ? Pourquoi ça ? Comment ça ?

3. Nous avons vu que dans les tournures impersonnelles, on trouve les deux constructions : il est facile de… et c'est facile de…
Dans certains cas, on a une alternative entre ce et çà : le choix de ce donne un style plus élégant à la phrase, mais c'est possible uniquement :

■ Avec le verbe être lorsqu'il est à un temps qui donne une forme commençant par une consonne ou à tous les temps à la forme négative :
Ex. : Ce serait une bonne solution. // Ça serait une bonne solution

■ Avec les verbes pouvoir et devoir
Ex. : Ça doit être rudement agréable d'aller se baigner en plein hiver (familier)
Ce doit être plaisant de se baigner en plein hiver dans une eau aussi chaude (élégant)

Exercice

Voici une série de phrases fréquemment utilisées employant ça. Précisez son emploi et sa signification. Trouvez le contexte dans lequel elles ont pu être prononcées.

1. Ça suffit comme ça !
2. Comme ça vous va bien cette couleur.
3. Ça t'avance à quoi ?
4. La liberté, ça n'a pas de prix.
5. Votre père, ça va mieux ?
6. Ça, ça m'étonnerait bien !
7. Ça, alors !
8. Qu'est-ce-que c'est que ça ?
9. Ça commence à bien faire !
10. Elle n'est pas si jolie que ça.
11. Ça m'intéresse.
12. Vous valez mieux que ça.
13. Ça y est.
14. Ça ne fait rien.

Les pronoms relatifs

Chapitre 17

Pronoms	Fonctions	Antécédent
Qui Lequel Laquelle lesquels (les)	Sujet	animé/non animé
Que + rare { Lequel Laquelle Lesquel(le)s }	Complément d'objet direct/attribut	animé/non animé
Prép. + qui auquel, à laquelle, auxquels, auxquelles	Complément d'objet indirect	animé animé/non animé
Dont, de qui duquel, de laquelle, desquel(le)s	Complément d'objet indirect Complément de nom Complément de l'adjectif	animé/non animé
Où dans lequel, etc.	Complément de lieu Complément de temps	non animé
Prép. + quoi	Complément d'objet indirect	indéfini

Remarques :

On préfère la plupart du temps le pronom relatif simple au pronom relatif composé. Cependant **dont** est obligatoirement remplacé par **de qui** ou **duquel** quand le pronom relatif est complément d'un nom, lui-même précédé d'une préposition.
Ex. : La rivière **sur** les bords **de laquelle** nous nous promenions, était très haute à cause de la fonte des neiges.

Lorsque l'antécédent est une phrase complète, les pronoms relatifs **qui**, **que**, **dont**, seront précédés de **ce**.
Ex. : Il ne lui répondit pas, **ce qui** visiblement l'étonna beaucoup.

Exercices

Mettez le pronom relatif correct (qui-que-quoi-dont-où) :

1. C'est bien la maison … je cherche. — 2. Le scooter … a été renversé ne lui appartient pas. — 3. L'écrivain … il nous a parlé est russe. — 4. L'endroit … le prisonnier est retenu n'a pas été divulgué dans la presse. — 5. Je me demande en … est faite cette jupe. — 6. Nous ne pouvons plus nous rappeler l'année … il était Premier Ministre. — 7. L'ouvrage … il a fait la traduction est vraiment mineur par rapport à ses autres livres. — 8. Il t'a fermé la porte au nez ? Après votre dispute c'est à … il fallait s'attendre. — 9. C'est le moment … il a choisi pour lui avouer … il avait décidé. — 10. Il a téléphoné juste au moment … nous partions.

Complétez avec une préposition (choisie dans la liste ci-dessous) et le pronom relatif correct : qui, que, quoi, dont, où, lequel, auquel, duquel, etc.
En – de – auprès de – selon – pendant – parmi – derrière – chez – grâce – contre – sous – sans – sur – avec – par – au moyen de.

1. Le chirurgien … j'ai été opérée est ton cousin. — 2. Le meuble … est posée la lampe de chevet est une table de nuit. — 3. La jeune femme… il est assis a un profil ravissant. — 4. C'est l'outil… tu pourras le plus facilement couper du fil de fer. — 5. Elle ne connaît pas la personne … nous logeons. — 6. Le philosophe … le doute doit être méthodique est Descartes. — 7. Son oncle était le P.-D.G. de l'entreprise, … il a obtenu facilement une place. — 8. Les amis … tu m'as rencontré t'ont trouvé très sympathique et souhaiteraient te revoir. — 9. Le mur … la maison est construite est en mauvais état, il faudra le consolider. — 10. Au cinéma, la dame … il était assis avait un si grand chapeau qu'il ne voyait rien. — 11. C'est un médecin … j'ai toute confiance. — 12. Les semaines … il a été malade lui ont paru bien longues. — 13. Les candidats … il faut faire un choix ont tous un excellent niveau.

Trouvez le pronom relatif convenable :

1. Voici le portrait de ma cousine pour (…) j'ai une grande affection. — 2. J'ai vu dans une vitrine des petits vases de porcelaine pour (…) je ferais des folies (l. parlé). — 3. Sa spontanéité, c'est (…) me plaît en elle. — 4. Peux-tu me rappeler le nom de la personne à (…) tu parlais tout à l'heure ? — 5. Prenez votre carte d'identité, faute de (…) on pourrait ne pas accepter un paiement par chèque. — 6. Il vient de subir un coup dur pour (…) il n'était pas préparé. — 7. C'est une maison très gaie avec des fenêtres sur le bord (…) il y a des bacs de fleurs. — 8. Nous avons acheté un poste de radio (…) nous avions envie depuis très longtemps. — 9. Qu'il soit une fripouille, c'est (…) je suis persuadé. — 10. C'est une sale histoire dans (…) ont trempé des personnalités politiques.

Même exercice :

1. Vous pouvez aller de ma part chez ce docteur en (…) j'ai toute confiance. — 2. Faire ce déménagement tout seul, ça ne sera pas folichon ! (fam.) ; oui, c'est (…) je pensais. — 3. Il va suivre quelques cours de recyclage, moyennant (…) il pourra accéder à un poste plus élevé. — 4. Ce n'est pas la première fois (…) Henri pose sa candidature à ce poste. — 5. Ne laisse pas traîner les objets (…) tu tiens. — 6. Je te prête ma valise (…) tu peux avoir besoin. — 7. Vous ne savez pas encore (…) vous avez à faire. — 8. C'est un petit trou de campagne (…) nous allons passer nos vacances chaque année. — 9. Voici le genre de discussions (…) il aime participer. — 10. Je n'irai pas à ce rendez-vous. C'est une heure à (…) il m'est impossible de me libérer.

Remplacez le pronom personnel par un pronom relatif :
Ex. : « Ce tableau est au-dessus du guéridon ; il a été peint par Corot. »
« Ce tableau, qui a été peint par Corot, est au-dessus du guéridon. »

1. Ce débat était passionnant ; il a été suivi d'un film sur l'objection de conscience. — 2. Ce bateau faisait sa première traversée : tu l'as pris pour aller au Maroc. — 3. L'ébéniste est tout à fait compétent : je te l'ai recommandé. — 4. Cette jeune fille est le professeur de violoncelle de Marie ; elle s'avance vers nous. — 5. Ce livre m'a intéressé ; tu y tiens. — 6. La clairière était ensoleillée ; nous y avons fait un pique-nique. — 7. Le parfum était n° 5 de Chanel : tu me l'as offert. — 8. Ces personnes sont des connaissances de fraîche date : vous avez fait allusion à elles. — 9. Ce collier me vient de ma grand-mère ; j'y tiens énormément. — 10. Cette garde-malade est très dévouée : vous l'avez fait venir.

Remplacez « en » ou l'adjectif possessif par le pronom relatif « dont » :
Ex. : « Il a une voiture ; sa carrosserie a besoin d'être repeinte.
Il a une voiture dont la carrosserie a besoin d'être repeinte ».

1. J'ai acheté une jupe ; sa couleur est gaie. — 2. Le potier a fait une cruche ; sa forme est élégante. — 3. Pour la cérémonie, vous comptez mettre ces gants ; leur couleur ne convient pas à votre costume. — 4. Vous auriez besoin de prendre quelques jours de repos à la montagne : son climat vous conviendra. — 5. Je te montrerai des photos : je t'en ai parlé. — 6. Nous n'irons pas voir ce film : son sujet ne nous intéresse guère. — 7. Elle déteste sa bru : son caractère la blesse. — 8. Il a acheté une guitare : il en avait envie. — 9. J'aime les soirées d'été : leur luminosité est douce. — 10. Tu as eu du mérite à réussir cet examen : sa difficulté est bien connue.

Même exercice :
1. Ne bourrez pas trop votre valise : son poids vous gênerait pour traverser la ville. — 2. Passe-moi tes ciseaux : j'en ai besoin (l. parlé). — 3. Vous trouvez cette jeune fille charmante : sa gaieté et sa bonne humeur vous séduisent. — 4. Il veut aller voir ces nouveaux ballets : il en a entendu parler. — 5. Cela m'amuse d'entendre parler les méridionaux : leur accent est chantant. — 6. Le peintre veut recommencer son aquarelle ; il n'en est pas satisfait. — 7. L'Ile-de-France est une région magnifique ; ses forêts sont immenses. — 8. C'est un chef-cuisinier réputé ; son pâté de grive est particulièrement apprécié des gourmets. — 9. J'aime ces fleurs : leur finesse est remarquable. — 10. Elle fait des réflexions amusantes ; leur humour me fait rire.

8 **Allongez les phrases suivantes à partir des mots en italique comme sur le modèle :**
Ex. : La voisine promène son chien.
Le chien que la voisine promène est encore tout jeune.

Attention
• Le mot doit garder dans la relative la fonction qu'il a dans la phrase de départ.
• Les déterminants peuvent changer.

1. Pierre tient à *ce bibelot*.
2. Il est né dans *un village de Provence*.

3. Elle a posé ses clés *sur le guéridon.*
4. L'événement a eu lieu à *cette époque.*
5. Il a réussi grâce *au contremaître.*
6. Il ne s'attendait pas *à cette réponse.*
7. Elles regardaient *le coucher de soleil.*
8. J'ai besoin de *cet outil.*
9. Elle est allée chez *le fleuriste.*
10. J'ai toute confiance en *ce médecin.*
11. Il a bousculé *un passant.*
12. Nous habitons dans *une rue piétonne.*
13. Elle s'est évanouie à l'annonce de *cette nouvelle.*
14. Tu as fait allusion à *une lettre.*
15. Il nous a proposé *une autre solution.*

Remplacez l'adjectif possessif par le pronom relatif convenable : Attention : la proposition subordonnée est incise.

Ex. : « Cette maison est à vendre ; sa toiture est en mauvais état ».
« Cette maison, dont la toiture est en mauvais état, est à vendre ».

1. Ce poignard a une grande valeur : son manche est ciselé. — 2. Cet étudiant réussira certainement : sa capacité de travail est assez rare. — 3. Ces petites filles sont des jumelles : leur ressemblance est surprenante. — 4. Il a acheté ce fauteuil chez un brocanteur : ses couleurs sont toutes passées. — 5. Ce malade est à la dernière extrémité : son pouls et sa tension baissent rapidement. — 6. Il me semble que cette mansarde a beaucoup de charme : ses poutres sont apparentes. — 7. Ces fleurs sentent merveilleusement bon ; j'ai oublié leur nom. — 8. Cette chanson est obsédante : son refrain me vient sans arrêt à l'esprit. — 9. Ce clavecin est un merveilleux instrument : nous avons pu apprécier sa sonorité. — 10. Ce buisson est tout blanc de fleurs au printemps ; ses baies sont rouges en automne. — 11. Savez-vous que les hommes préhistoriques vivaient dans des cavernes ? Leurs traces ont été retrouvées. — 12. J'ai cueilli un bouquet de lavande : son odeur parfumera mon linge dans l'armoire. — 13. Cette vieille dame va tous les jours chez le vétérinaire : son chien est son unique souci.

Reliez les propositions suivantes par les pronoms relatifs composés corrects :

Ex. : L'avenue a été rétrécie ; on a construit des immeubles de chaque côté. L'avenue, de chaque côté de laquelle on a construit des immeubles, a été rétrécie.

1. Il aime sa chambre ; il y a des gravures assez rares sur ses murs. — 2. Nous avons visité un château en ruines ; du lierre poussait sur ses murailles. — 3. Elles ont apporté un parasol sur la plage ; elles ont pu se reposer à son ombre. — 4. Pour ton anniversaire, tu as reçu une carte postale ; tout le monde a signé au bas. — 5. Elle peut s'appuyer sur son père : elle trouve une grande compréhension auprès de lui. — 6. Voici l'adresse de l'agence immobilière ; vous aviez visité une villa avec son directeur. — 7. Le pêcheur se dirigeait vers la rivière ; il avait amarré sa barque sur ses bords. — 8. À la conférence nous avons reconnu tes parents ; nous nous sommes assis à côté d'eux. — 9. Ces arbres étaient des chênes centenaires ; nous nous sommes abrités sous leurs branches. — 10. Les policiers ont cerné la maison : les cambrioleurs ne s'attendaient pas à leur arrivée.

Reliez les propositions suivantes par le pronom relatif convenable.
1. Je vais souvent dans un restaurant ; au menu, il y a des truites meunière délicieuses. — 2. Voici des livres : à l'intérieur, tu trouveras des fleurs séchées. — 3. Il a traversé à la nage une rivière ; sur ses bords poussaient des roseaux. — 4. J'habite dans une rue ; sur les trottoirs on a planté des platanes. — 5. Elle a pris de jolies photos ; on te voit dessus en train de rire à gorge déployée. — 6. Il a acheté chez un bouquiniste des livres anciens ; sur leur couverture sont gravées des initiales dorées. — 7. Le médecin a d'abord fait faire une radio ; on a pu déceler une tumeur ensuite (à la suite). — 8. C'est une façon de vivre ; je n'y suis pas encore habitué. — 9. C'est un texte bien hermétique ; je n'y comprends rien. — 10. Vous êtes invité à un banquet ; à cette occasion vous ferez sans doute un petit discours chaleureux et amusant.

12 À votre tour maintenant ; terminez ces phrases :

1. C'est un homme qui ....
que ....
pour qui ....
sur qui ....

2. Voilà le produit d'entretien que ....
grâce auquel ....
sans lequel ....
et qui ....

3. Je vous présente les amis dont ....
par qui ....
avec lesquels ....
pour lesquels ....

4. N'oubliez d'emporter de bonnes chaussures que ....
qui ....
dont ....
sans lesquelles ....

5. Stendhal est un écrivain qui ....
que ....
dont ....
chez lequel ....

Les prépositions

Chapitre 18

L'emploi des prépositions étant varié et complexe en français, il est presque impossible de donner des règles générales sur l'utilisation de chacune d'elles.

Les verbes sont fréquemment suivis de prépositions, chacune introduisant une nuance ou même un sens différent.

Ex. : « Hésiter » à partir.
dans ses réponses.
sur le choix de son habitation.
entre deux voitures.
en répondant au professeur.

On peut toutefois souligner quelques constructions très employées :

à

toujours accompagnée d'un accent grave.

- *Lieu* : « Je suis à Paris ». « Je vais à Paris » (ville).
- *L'heure* : « Il part à huit heures ».
- *Attribution* : « Donne ce livre à Pierre ».
- *Destination* : « Une tasse à café ».
- *Prix* : « Des pamplemousses à 1 € pièce ».

de

- *Possession* : « Le livre de Claude ».
- *Origine* : « Il vient de Paris ».
- *Agent* : « Il est respecté de tous ».
- *Matière* : « Un verre de cristal ».
- *Prix* : « Une robe de 30 euros ».
- *Contenu* : « Une tasse de café ».

en

- *Lieu* : « Il est en France » (pays).
- *Durée* : « Il est venu en trois heures ».
- *Matière* : « Un verre en cristal ».
- *Moyen* : « Il est venu en avion ».
- *État* : « Il est en pyjama ».
- *Gérondif* : « en arrivant… ».

dans

- *Lieu* : « Il s'est perdu dans Paris ».
- *Temps* : « Il revient dans cinq jours ».

Remarque : « **En** » et « **dans** ». Devant un nom déterminé on emploie plutôt la préposition « **dans** ».
Ex. : « Je vais dans la ville où je suis né ».
« Je vais en ville ».

par

- *Agent* : « Il est remplacé par un collègue ».
- *Lieu* : « Il est arrivé par Lyon » (le lieu par où l'on passe).
- *Moyen* : « Envoyer une lettre par avion ».
- *Unité* : « Une orange par personne ».

pour

- *Destination* : « Partir pour Paris ».
- *Durée* : « Partir pour huit jours ».
- *But* : « Se soigner pour guérir ».
- *Prix :* « Il a eu cette maison pour cinq millions ».

sur

- *Lieu* : « Le vase est sur la table ».
- *Âge* : « Il va sur ses quarante ans ».

Les autres prépositions : avec, chez, contre, derrière, devant, entre, malgré, parmi, sous, vers etc sont moins utilisées.
Il existe par ailleurs un grand nombre de locutions prépositives pour exprimer le temps, la localisation dans l'espace, la manière, le but, la conséquence, l'opposition, le moyen, etc. : près de, au milieu de, aux environs de, en face de, à côté de, au moyen de, afin de, en dépit de, de manière à…

Remarque

Pour l'emploi des prépositions devant les noms de villes, de régions et de pays voir *l'Exercisier* (PUG).

Exercices

1 **Prépositions et noms de villes, de régions et de pays. Ajoutez la préposition (et si c'est nécessaire l'article) qui convient.**

1. Il revient ...... États-Unis
2. Pour aller ...... Dijon, vous pouvez passer ...... Lyon ou ...... Bourg en Bresse.
3. Ils ont trouvé un très bel appartement ...... Paris, ... le cinquième arrondissement, ... jardin ...... Luxembourg.
4. Il y a bien longtemps, ... France, plus précisément ...... Auvergne, il y avait des volcans.
5. Sa fille part s'installer ...... Australie ; son fils vit ...... Brésil. Pour elle qui réside ...... Berlin, ce ne sera pas facile de voir ses petits enfants !
6. Il a passé ses vacances ...... Cambodge et ...... Thaïlande.
7. Après être resté quatre années ...... Martinique, il retourne ...... Québec ; ça va le changer de climat !
8. Ils vivent ...... Pays-Bas, ... d'Amsterdam.
9. Malgré le monde au moment du festival, ils ont préféré réserver une chambre d'hôtel ...... Aix en Provence, plutôt que de camper ...... Marseille ...... bord de mer.
10. Si vous voulez voir de beaux oiseaux, allez ...... Camargue, ... le delta du Rhône.

2 **Trouvez la préposition qui convient :**

1. Je vais ... les Alpes ... faire du ski. — 2. Il est allé ... ville ... bicyclette. — 3. Elle fait ... l'escalade ... ses risques et périls. — 4. ... force ... mentir, il ne se fait plus respecter ... personne. — 5. Il connaît sa grammaire ... A ... Z. — 6. Elle est restée ... Toronto ... Canada ... six ans. — 7. ... accident, nous arriverons ... l'heure ... la gare. — 8. L'étudiant a échoué ... l'examen et a cédé ... découragement. — 9. Il est rentré ... voyage ... avion. — 10. Tout le monde veut aller ... bord ... la mer, mais très peu de gens ... la campagne.

3 **Trouvez la préposition convenable :**

1. Il cherche (...) atteindre le but. — 2. Il est difficile (...) vous contenter. — 3. Elle est partie (...) la Grèce. — 4. Elle est partie (...) Grèce. — 5. Elle est partie (...) Paris. — 6. Cette hypothèse n'est pas facile (...) vérifier. — 7. Ce service ne relève pas (...) mes compétences. — 8. Les asperges étant trop chères, je me suis rabattue (...) les artichauts. — 9. Réagissez (...) votre tendance (...) la dépression. — 10. Il résulte (...) notre discussion que tout est (...) reprendre. — 11. Ne vous reposez pas (...) vos lauriers. — 12. Réconciliez-vous (...) votre belle-mère. — 13. Il s'est retranché (...) des arguments sans valeur. — 14. Il manque (...) patience. — 15. Vous manquez (...) tous vos devoirs. — 16. Je penche (...) cette dernière solution.

4 **Même travail :**

1. Ils en ont été quittes (...) la peur. — 2. Elle faisait étalage (...) ses connaissances. — 3. Soyez vigilant : votre père a trop (...) emprise (...) vous. — 4. Ce soir-là, elle était (...) veine (...) confidences. — 5. Ne couvez pas trop votre enfant : il est (...) taille (...) se défendre. — 6. La difficulté consiste (...) trouver la bonne prépositon. — 7. Le domaine consiste (...) une maison de maître et des communs. — 8. Il y avait cent (...) cent cinquante personnes (...) la salle (...) cinéma (...) la séance de 21 heures. — 9. Les deux frères étaient (...) connivence (...) leur sœur (...) sortir le soir (...) l'insu (...) leurs parents. — 10. Elle est tombée (...) la coupe (...) un drôle d'individu.

5

Même travail

1. Mettez-vous (...) relation (...) un éditeur. — 2. Il avait jeté son dévolu (...) le poste (...) gérant (...) la coopérative. — 3. Ne rejetez pas tout (...) le dos (...) autres. — 4. J'ai toujours gardé une dent (...) mon notaire parce qu'il m'a induit (...) erreur. — 5. L'huissier l'a mis (...) demeure (...) quitter les lieux (...) les plus brefs délais. — 6. Je me suis longtemps mordu les doigts (...) n'avoir pas su tenir ma langue (...) temps voulu (l. parlé). — 7. On m'en a dit (...) toutes les couleurs (...) votre compte (l. parlé). — 8. Il n'était pas (...) le coup, mais il s'est mis facilement (...) le bain (l. parlé). — 9. Dimanche, j'irai (...) montagne. — 10. Il s'est marié (...) l'église, (...) la plus stricte intimité.

Même travail :

1. On ne trouve pas facilement grâce (...) ses yeux. — 2. Elle a mis le grappin (...) lui (fam.) — 3. Nous étions (...) mille lieues (...) comprendre sa détresse. — 4. L'atmosphère est (...) l'orage depuis qu'elle est (...) couteaux tirés (...) son gendre (l. parlé). — 5. Il se défendait (...) la calomnie mais il ne se défendait pas (...) avoir été tenté (...) commettre une indélicatesse. — 6. Diderot fut longtemps (...) correspondance (...) Catherine II de Russie. — 7. Quel âge a votre enfant ? Il va (...) ses quatre ans. — 8. Nous nous sommes cassé la tête (...) cette énigme. — 9. Il était (...) bout de nerfs et m'en a dit des vertes et des pas mûres (fam.) — 10. Ma mère n'est plus (...) âge (...) grimper (...) une échelle. — 11. Il est toujours en bisbille (...) ses voisins à propos de riens (l. parlé). — 12. Vous êtes (...) beaucoup (...) sa réussite. — 13. Il a hésité longtemps (...) le choix d'une profession. — 14. Je suis encore (...) le coup de notre prise (...) bec d'hier (l. parlé). — 15. Elle n'a que faire (...) votre sollicitude. — 16. Il est très bien élevé : il ne se permettrait jamais une familiarité (...) quiconque.

Même travail :

1. Le tremblement (...) terre (...) Agadir a eu lieu (...) 1960. J'en mettrais ma main (...) feu (fam.) — 2. Il a fini (...) comprendre son erreur. — 3. La fête a fini (...) beauté. — 4. La fermière a fini (...) traire la vache. — 5. Adressez-vous (...) qui (...) droit. — 6. Elle y est allée (...) sa petite larme (fam.). — 7. Elle s'est résignée (...) occuper ce poste (...) subalterne. — 8. Il n'est pas qualifié (...) ce genre de recherches. — 9. Il n'est pas question (...) laisser mon travail (...) plan. — 10. Je me fais une fête (...) vous revoir (...) quelques jours. — 11. Il s'arrange (...) ne pas prêter le flanc (...) la critique. — 12. Je me fais fort (...) avoir la franchise (...) mettre cartes (...) table. — 13. Ils se sont rencontrés (...) la représentation (...) Parsifal au Festival d'Orange.

Même travail :

1. (...) mon enfance, j'ai vécu des jours heureux. — 2. Il a fait le trajet (...) trois heures, après quoi il est entré (...) la ville. — 3. J'habite (...) Avignon, (...) le Vaucluse, (...) France. — 4. L'accident s'est produit (...) pleine rue. — 5. Il reviendra (...) deux jours. — 6. Je l'ai rencontré (...) la rue. — 7. Il faut mettre (...) terre les oignons de jacinthe (...) automne, au plus tard, (...) novembre. — 8. Ça va chercher (...) les cents euros. (fam.) — 9. Vous avez l'air (...) avoir des projets (...) tête. — 10. Au printemps, il y a des jonquilles (...) les prés. — 11. Il fait une telle chaleur qu'on se croirait (...) enfer. — 12. Il habite (...) Paris et non (...) Toulouse. Et (...) Paris, c'est rue Lepic qu'il habite. — 13. Il s'est mis (...) son trente et un (...) l'honneur (...) sa fiancée (l. parlé). — 14. (...)

l'espace de quelques semaines, la campagne a reverdi. — 15. Elle avait remis sa maison (...) état, (...) deux jours. — 16. (...) à votre procuration, je signe (...) mon nom et (...) vôtre.

Même travail :

1. Un Français (...) cent va (...) cinéma une fois (...) semaine. — 2. C'est un peintre (...) bâtiment ; (...) deux heures il a abattu un travail fantastique. — 3. Elle va plus souvent (...) le coiffeur que (...) le dentiste. — 4. Sa fille était insolente ; il l'a remise (...) sa place. — 5. Sa chambre était à ranger; il a remis (...) place les étagères (...) sa bibliothèque. — 6. (...) sa salle à manger, il y avait une magnifique cheminée (...) marbre, polie (...) la perfection. — 7. J'ai acheté une douzaine de tasses (...) café — 8. Voulez-vous un petit verre (...) liqueur ? — 9. Sa fille était assise (...) un fauteuil ; (...) le canapé était posée sa robe (...) chambre. — 10. Il a été confié (...) l'Assistance publique. — 11. Le réfugié politique ne se confiait pas (...) hasard, mais (...) la justice française. — 12. Il s'y connaît (...) peinture mieux que le conservateur, ceci dit (...) parenthèse. — 13. Il s'en est fallu (...) peu qu'il n'entre en collision (...) le camion. — 14. J'hésite (...) plusieurs alternatives. — 15. Il hésitait (...) lui demander ce service. — 16. Il est chez nous (...) une semaine encore.

10 **Certains verbes peuvent subir une transformation de construction selon la structure de la phrase. Dans les phrases suivantes, mettez la préposition convenable :**

Ex. : Je me plais à faire de la bonne cuisine (langage soutenu).
Cela me plaît de faire de la bonne cuisine (plus familier).

1. Je me fatigue (...) travailler ainsi. — 2. Cela me tue (...) répéter toujours la même chose. — 3. Cela m'éreinte (...) descendre la poubelle. — 4. Je m'énerve (...) les attendre. — 5. Cela me lasse (...) recommencer toujours les mêmes travaux. — 6. Je me passionne (...) regarder les westerns. — 7. Cela m'ennuie (...) écouter toujours la même musique. — 8. Je m'épuise (...) rapporter de gros sacs du marché. — 9. Cela m'affole (...) l'imaginer seul dans un pays inconnu et lointain. — 10. Je m'abrutis (...) veiller si tard pour travailler.

Les verbes qui peuvent subir cette transformation sont, en général, des verbes qui expriment un sentiment.

Remplacez les points de suspension par l'expression qui conviendra :

En passe de = sur le point de
En contrepartie de = en échange de
À l'encontre de = à l'opposé de
À l'avenant = en conformité, en rapport.
À l'instar de = comme
De pair avec = ensemble

1. Les négociations sur la flexibilité de l'emploi sont ... d'aboutir. — 2. Toutes les idées qu'il exposait allaient ... de celles de ses amis. — 3. Nous allons bien ; il fait beau ; les vacances sont merveilleuses et l'humeur ... — 4. C'est une jeune fille hollandaise qui habite avec une famille française ; elle va chercher les enfants le soir à l'école et les surveille pendant qu'ils font leur devoir ; ... on parle le français avec elle et on lui

explique ses fautes. — 5. Elle voulait toujours être très élégante, … de sa mère. — 6. C'est un écolier qui est toujours en retard, sa chambre est toujours en désordre, il oublie tout, son travail n'est jamais fait : tout cela va … — 7. Les jeunes joueurs de tennis portent tous un bandeau sur le front … des champions. — 8. Sa culture va … avec son intelligence. — 9. « Je ne voudrais pas aller … de ce que vient de dire mon confrère, cependant je pense qu'il faudra choisir d'autres voies. » — 10. C'est un jeune metteur en scène … de devenir célèbre.

Qu'exprime la préposition « pour » dans les phrases suivantes ? (but, cause, conséquence, temps, etc.).

1. *Pour* avoir participé aux jeux Olympiques, il a obtenu une médaille d'argent. — 2. Il est sorti *pour* faire des courses. — 3. Il a été récompensé *pour* son courage et son opiniâtreté. — 4. Il a eu une contravention *pour* avoir garé sa voiture devant la caserne des pompiers. — 5. J'aime cet enfant *pour* sa gaîté et sa spontanéité. — 6. Cette ville n'est pas assez grande *pour* avoir deux théâtres. — 7. Il a prévu de louer un pavillon au bord de la mer *pour* ses prochaines vacances. — 8. Je reste trop peu de temps *pour* aller voir tous mes amis. — 9. Je ne te ferai pas de reproche *pour* cette fois-ci, mais ne t'avise pas de recommencer. — 10. Il a mis un disque *pour* se détendre. — 11. J'ai acheté ces roses *pour* leur couleur. — 12. Je les ai eues *pour* 20 €. — 13. Mon royaume *pour* un cheval. — 14. Il part *pour* une semaine à Majorque.

À vous :

1. … pour … (cause) ;
2. … pour (conséquence) ;
3. … pour … (but) ;
4. … pour (+ nom) ;
5. … pour (+ infinitif) ;
6. … pour (+ infinitif passé) ;
7. … pour … (temps) ;
8. … pour … (prix) ;

Certains verbes peuvent se construire sans prépositions ou avec différentes prépositions en changeant de sens. Mettez en évidence ces sens différents en faisant des phrases avec chacun de ces verbes.

■ Finir
finir + COD
finir à
finir de
finir par
finir en + verbe

■ Tenir
tenir + COD
tenir à
tenir de
tenir pour

■ Passer
passer + COD
passer à
passer par
passer pour
passer en + nom

■ Venir
venir de + infinitif
venir de + nom
venir à + infinitif
venir à + nom
venir en + nom

14 Deux publicités. Trouvez les prépositions qui manquent.

En voiture c'est la visibilité qui compte

La visibilité c'est bien sûr … le bon conducteur le souci … ne pas encombrer inutilement sa lunette arrière … tout ce qui peut être rangé … le coffre ou … un vide-poche … exemple. C'est encore … avoir un pare-brise très propre … permanence exactement comme les verres de phares qui eux aussi ont le droit … votre attention. Mais … fond, tout cela, c'est un peu le b-a-ba. Les exigences … la visibilité dépassent ces soucis courants … rejoindre un des plus grands problèmes posés … conducteur : celui … l'appréciation … la vitesse. Physiologiquement, l'homme est peu armé … apprécier la vitesse.

Il dispose bien … un sens spécial de l'équilibre dont les récepteurs placés … l'oreille interne sont chargés … transmettre … cerveau des informations qui sont complétées, recoupées … quelque sorte … l'inertie … votre corps. Mais cette mécanique extraordinairement perfectionnée ne fonctionne que si la vitesse varie continuellement.

Sinon elle se met … sommeil … vitesse constante donc, seul l'œil accepte ce travail qui exige une visibilité irréprochable, la plus périphérique possible. … ce fait, l'habitacle … la voiture doit être une véritable tour de contrôle, dont la visibilité est primordiale. Est-ce suffisant ? Pas tout à fait. L'œil n'enregistre qu'une succession d'images. Il vous reste … les interpréter … prévoir ce qui ne se trouve pas … votre champ visuel.

Air-Dauphiné, le spécialiste du voyage

Chaque mois ou chaque trimestre, … date régulière, les 40 000 associations recensées … France se retrouvent … le même problème : où se réunir ?

… toutes ces associations … quête … nouveauté et … dépaysement, Air-Dauphiné propose des voyages … groupes … tous les pays couverts … son réseau.

Comment bénéficier … cette formule et aussi… ses tarifs préférentiels ? Dites-nous les destinations que vous aimeriez connaître, la durée et les conditions … séjour envisagées. … fonction … tous ces éléments et, bien sûr, … vos possibilités … trésorerie, nous vous proposerons le voyage exactement adapté … votre groupement. … mesure, … quelque sorte.

Ainsi, … 10 personnes, nous offrons, … exemple, 9 jours … New-York, … 800 € … membre. Voyage … Air-Dauphiné et hôtel inclus. (lic. 583).

Quand vous chercherez un endroit où vous réunir, n'oubliez pas qu'Air-Dauphiné vous propose le monde entier. … avoir des renseignements plus détaillés, consultez les agences … voyages agréées … Air-Dauphiné ou écrivez … notre service « Voyages » qui vous fera contacter … un spécialiste … votre région (liste … agences … sur demande).

15 Même travail

On aborda devant un bois … sapins. … le débarcadère, les passagers durent attendre un instant, serrés les uns … les autres, qu'un des bateliers eût ouvert le cadenas de la barrière. … quel émoi Meaulnes se rappelait … la suite cette minute où, … le bord de l'étang, il avait eu très … sien le visage désormais perdu de la jeune fille. Il avait regardé ce profil si pur, … tous ses yeux jusqu'à ce qu'ils fussent près de s'emplir … larmes.

À terre, tout s'arrangea comme … un rêve. Tandis que les enfants couraient … des cris de joie, Meaulnes s'avança … une allée où, … dix pas … lui, marchait la jeune fille. Il se trouva près d'elle … avoir eu le temps … réfléchir.

« Vous êtes belle », dit-il simplement.

Alain Fournier
Le Grand Meaulnes (Fayard)

Le « ne » explétif

Chapitre 19

Il s'agit d'une particule qui renforce une idée d'antériorité, de crainte ou d'inégalité.
À ne pas confondre avec le « ne » négatif employé seul (voir leçon sur la négation).
Ex. : Je ne peux vous répondre.

Le ne explétif est un indice de langue soutenue.
Il s'emploie :

1. **Après certaines conjonctions**
avant que, à moins que
Ex. : Travaillez avant qu'il ne soit trop tard
Je sortirai ce soir à moins qu'il ne pleuve

2. **Après les expressions de crainte ou d'empêchement**
– Les conjonctions *de crainte que, de peur que*
– Les verbes *craindre que, avoir peur que, redouter que, trembler que, empêcher que, éviter que*
Ex. : Je crains que vous ne soyez fatiguée après ce long voyage.
L'hôtesse de l'air répéte les consigne de sécurité pour éviter que les passagers ne les oublient

3. **Devant un verbe, après une comparaison d'inégalité** (plus, moins, autre) « ne » renforce alors l'idée d'inégalité.)
Ex. : Vous parlez plus que vous n'agissez.
Elle se dissipe beaucoup moins qu'on ne le croit.

4. **Après les adverbes de doute et de négation** employés à la forme négative pour exprimer une idée positive.
Ex. : Je ne doute pas que vous ne fassiez des progrès.
Nul doute qu'elle n'ait compris (il est certain qu'elle a compris.)
Vous ne niez pas que vous n'ayez déjà vu l'assassin présumé.

Exercices

1 Complétez les phrases suivantes :

1. Sortez, avant que … — 2. Il veut changer de voiture de peur que … — 3. L'inspecteur de police ne doute pas que le notaire … — 4. Le contrebandier a franchi la frontière sans que le douanier … — 5. Nous irons ce soir au restaurant chinois à moins que … — 6. Son mari est un impulsif, je crains qu'il … — 7. Je dispose de beaucoup moins de temps que l'on … — 8. Si vous êtes reçu à ce concours, je ne nie pas que … — 9. Il y aura un conflit dans les prochaines années à moins que … — 10. Ne doutez-vous pas, si l'inflation est jugulée qu'une récession…

2 Complétez en tenant compte du contexte, de façon à introduire un « ne » explétif.

Ex. : Travaillez avant que…

→ Travaillez avant qu'il ne soit trop tard.

1. Les médecins craignent que le traitement … et que le patient … — 2. Marguerite a peur que son fiancé … — 3. Les écologistes redoutent que … — 4. La police tente d'empêcher que les trafiquant de drogue … — 5. Bien des mères voudraient éviter que leurs enfants … — 6. Je ne doute pas que vos diplômes …, mais … — 7. L'inculpé ne niait pas que … — 8. Le moniteur de ski avait interdit l'accès à la piste de crainte qu'on … — 9. Je me prépare de bon matin à sa visite parce que je redoute qu'il … — 10. Il traîne le soir dans les boites de nuit plus qu'il ….

3 Complétez les phrases suivantes en utilisant les verbes proposés.

Ex. : Il est plus âgé qu'on (croire)

→ Il est plus âgé qu'on ne le croirait.

1. Elle travaillait moins qu'il … (le sembler). — 2. Les choses se sont terminées autrement qu'ils … (le prévoir). — 3. Ce livre est meilleur que je … (le penser à première vue). — 4. Le moteur a mieux fonctionné que le mécanicien … (prévoir). — 5. L'inflation était pire cette année-là qu'on … (annoncer). — 6. Son influence est moindre que ses collègues … (le croire). — 7. C'est encore pire que je … (l'imaginer). — 8. Elle s'était amusée plus qu'elle … (travailler). — 9. Il lui arracha la lettre plutôt qu'il … (prendre). — 10. Ce malheureux pays sera écrasé à moins qu'il … (se soumettre). — 11. Tout était déjà en place avant qu'il … (prendre le pouvoir). — 12. Il faudrait que nous rentrions avant que l'orage … (éclater).

L'expression de la réalité du concret

Le présent Chapitre 20

1 Sens courant

Action ou état en train de se produire
Ex. : J'écris au tableau.
Le livre est sur la table.

2 Sens particuliers

1. **Vérité générale ou définition**
   Ex. : L'eau bout à 100°.
2. **Habitude**
   Ex. : Nous partons tous les ans en vacances au mois d'août.
3. **Passé récent ou futur proche**
   Ex. : Je sors à l'instant du bureau du directeur.
   Nous partons tout à l'heure en montagne.
4. **Après « si » conjonction de condition, exprime une possibilité**
   Ex. : S'il fait beau demain, nous irons à la pêche.
5. **Au passif, le présent peut exprimer le résultat actuel d'une action passée**
   Ex. : La terre est labourée.
6. **Présent de narration**
   Ex. : Hier, j'étais au marché et tout à coup j'entends qu'on m'appelle.
7. Un résumé de film, de roman ou de pièce de théâtre, une biographie, une critique littéraire seront exprimés au présent.

Exercices

Quel est le sens des présents employés dans les phrases suivantes :

1. Il sursaute au moindre bruit. — 2. En marchant, il fredonne une chanson. — 3. Donnez-vous votre langue au chat ? — 4. Le fer est bon conducteur de la chaleur. — 5. Il est dans ses petits souliers depuis ce matin car il rencontre son directeur cet après-midi à 3 heures. — 6. Chaque matin il ne fait qu'aller et venir pendant deux heures avant de se décider à travailler. — 7. Une parole désobligeante de plus, et je suis obligé de m'en aller. — 8. Il est confus de savoir qu'il vous a tant dérangé. — 9. Nous courions dans la forêt ; nous nous amusions follement. Tout à coup nous entendons des bruits qui nous paraissent étranges. — 10. Dans toute la vallée, la moisson est faite depuis le mois de juin.

Mettez au présent les infinitifs entre parenthèses. Attention : plusieurs de ces verbes sont irréguliers.

1. Pendant que son père (parler), elle (finir) son rang de tricot. — 2. Lorsqu'elle (vouloir) travailler, elle (fermer) la porte de sa chambre à clé. — 3. Pourquoi ne vous (s'asseoir) pas ? — 4. Depuis qu'il (travailler) dans cette usine, il (acquérir) une meilleure compétence dans sa spécialité. — 5. Vous (se distraire) souvent. — 6. Je (lire) souvent avec intérêt le livre que vous m'avez prêté. — 7. Dans le train, tu (lier) conversation avec tes voisins. — 8. Tu (moudre) du café tous les matins. — 9. Les cris des petits enfants (égayer) la vieille maison. — 10. Ils (nettoyer) souvent leurs bicyclettes. — 11. Jacques (recevoir) rarement des lettres de ses amis. — 12. Il souffre tellement qu'il (geindre) de temps en temps. — 13. Quand les montagnards (atteindre) le sommet, une joie les (étreindre). — 14. Dans *L'Étranger*, Meursault (tuer) un Arabe et (aller) en prison.

Même travail :

1. La poule (pondre) des œufs. — 2. Il vous (rejoindre) dans 5 minutes. — 3. Vous (teindre) en bleu votre robe blanche. — 4. Le sculpteur (ciseler) une statue en pierre. — 5. Tu (répéter) la leçon avant de la réciter. — 6. Quelques petits garçons (jeter) du pain aux cygnes. — 7. Nous (se rappeler) très bien tout ce que vous nous avez enseigné. — 8. Nous (crier) de joie. — 9. Pourquoi (fuir) vous la compagnie de vos amis ?

Donnez les définitions des mots suivants en utilisant les structures :

- **qui sert à**
- **qu'on utilise pour**
- **qu'on obtient en**
- **dont on se sert pour**
- **utilisé en + nom**
- **servant à + inf. etc.**

et en précisant la catégorie générale à laquelle appartient le mot à définir.

Ex. : une passoire : c'est un *ustensile* de cuisine *dont on se sert pour* égoutter des légumes.

1. une gomme — 2. une chaise-longue — 3. une pince à ongles — 4. une brouette — 5. un taxi — 6. un compas — 7. de l'alcool à 90° — 8. un marteau — 9. un aspirateur — 10. une mayonnaise.

5 Posez les questions correspondant aux réponses ci-dessous : (langage parlé)

1. Non, je n'ai pas le temps de m'asseoir, même un instant. — 2. Oh non, cela ne coûte pas une fortune ! — 3. La moitié du verre seulement. Je vous remercie. — 4. Oui, car ils ne viennent pas avant six heures. — 5. Parce que je n'y crois pas. — 6. Non, ils mangent de la vache enragée. — 7. Non, ça ne vaut pas le coup. — 8. Non, nous ne le connaissons

ni d'Eve ni d'Adam. — 9. Mais si, je suis d'accord. — 10. Oui, tant qu'à faire, c'est une bonne idée !

6 **Trouvez pour chaque personnage huit activités qui le caractérisent :**
1. Le fermier au printemps. — 2. L'étudiant au début de l'année scolaire. — 3. La maîtresse de maison. — 4. L'ouvrier. — 5. L'agent de police. — 6. L'employé des postes. — 7. Le boulanger. — 8. Le journaliste. — 9. Le vacancier. — 10. Le coiffeur.

7 **Les proverbes et les dictons ayant une valeur de vérité générale, ils sont le plus souvent exprimés au présent.**
Ex. : « Je viens te rembourser ce que je te dois ».
Réponse : « Merci. Les bons comptes font les bons amis ».
Trouvez dans la liste de proverbes qui suit le proverbe qui convient aux dix situations proposées.
À votre tour imaginez un contexte où les proverbes que vous n'avez pas utilisés pourraient s'utiliser.

Tel qui rit vendredi, dimanche pleurera.
Pas de nouvelles, bonnes nouvelles.
Quand le chat n'est pas là, les souris dansent.
À chaque jour suffit sa peine
Il faut se méfier de l'eau qui dort.
La nuit porte conseil.
Mieux vaut tenir que courir.
Mieux vaut tard que jamais.
Au royaume des aveugles, les borgnes sont rois.
Les cordonniers sont les plus mal chaussés.
Chose promise, chose due.
L'habit ne fait pas le moine.
Il ne faut pas se fier aux apparences.
Qui ne dit mot,consent.
Tout est bien qui finit bien.
Il n'y a que le premier pas qui coûte.
Il n'y a que la vérité qui blesse.
Plus on est de fous, plus on rit.

1. « Je me demande quelle décision prendre. Est-ce que je donne ma réponse ce soir ? »
Réponse : « Attends donc demain matin, … ».
2. « Je te rapporte enfin les livres que tu m'as prêtés il y a au moins six mois ».
Réponse : « Enfin ! Merci, … ».
3. « C'est incroyable, mon médecin est malade et il n'a même pas le temps de se soigner ! »
Réponse : « Eh oui, c'est souvent comme cela, … ».
4. « N'oublie pas que tu m'a promis un beau cadeau pour mon anniversaire ».
Réponse : « Mais non, je n'oublie pas, … ».
5. « Le nouveau comptable a l'air très honnête. Ce n'est peut-être pas la peine de lui demander des références ? »
Réponse : « Oh, ce n'est pas certain, … ».

6. « Je n'ai toujours pas de nouvelles de Jean-Marc. Je commence à m'inquiéter. »
Réponse : « Mais non, … ».
7. « Est-ce que je peux amener mes cousins à ta fête ? Nous serons déjà bien nombreux. »
Réponse : « Bien sûr. Venez tous, … ».
8. « Après tant de péripéties nous sommes enfin rentrés chez nous ».
Réponse : « Tant mieux ! … ».
9. « Je n'ose pas faire un exposé parce que je n'aime pas prendre la parole en public ».
Réponse : « Pourtant, il faut le faire. Vas-y. Tu sais, … ».
10. « Je me demande ce que je ferais si mon propriétaire me mettait à la porte. »
Réponse : « Ne t'en fais donc pas à l'avance, … ».

À l'aide des informations suivantes, rédigez au présent les biographies de Gérard de Nerval et d'Agatha Christie.

Agatha Christie (1890-1976)

Naissance à Torquay, le 15 septembre 1890 d'Agatha Clarissa Miller ;
Excellente pianiste
Renonce à une carrière de chanteuse d'opéra (grande angoisse devant le public)
1914 Mariage avec le Capitaine Archie Christie ;
1919 Naissance de Rosalind
Travail dans un dispensaire pendant la Première Guerre Mondiale
Lecture du *Mystère de la chambre jaune* de Gaston Leroux ; origine de sa vocation
1920 Publication de son premier roman policier *La mystérieuse affaire de Styles* ; apparition d'Hercule Poirot
1926 Premier succès : *Le meurtre de Sir Roger Ackroyd*
1928 Divorce avec le capitaine
1930 Remariage avec l'archéologue Max Mallowan
Voyages avec lui en Irak et en Syrie (influence de ces paysages dans ses romans)
66 romans policiers
Une vingtaine de pièces de théâtre
Une vingtaine de recueils de nouvelles
Deux autobiographies
6 romans sentimentaux publiés sous le pseudonyme de Mary Westmacott
Décès le 12 janvier 1976

Gérard de Nerval (1808-1855)

La formation (1808-1834)
naissance à Paris ;
mort de sa mère (1810) ;
entrée au collège Charlemagne, où il se lie avec Théophile Gautier ;
publication de sa traduction de *Faust* (1827) ; participation de Nerval à la bataille d'*Hernani*, aux côtés de Théophile Gautier.

Les voyages (1834-1855)
voyage en Allemagne, avec Dumas (1838) ;
première crise ; rechute ; séjour chez le docteur Esprit Blanche à Montmartre ;
voyage en Orient ; Malte, Égypte, Syrie, Chypre, Constantinople, Naples ;
publication de *Voyage en Orient* (1851), *Les Illuminés*, *Sylvie*, *Petits châteaux de Bohême*, *Contes et facéties*, *Les Filles du feu* et *Les Chimères* (1854) ;
nouveau séjour chez le docteur Blanche ;
Aurélia ;
1855 : 26 janvier – Nerval est retrouvé pendu rue de la Vieille-Lanterne.

Résumés de romans, de pièces de théâtres, de films

Un roman

Thérèse Desqueyroux (1927) est, à juste titre, l'un des romans les plus célèbres de François Mauriac (1885-1970). Le sujet se réduit à très peu de choses : une jeune femme, mal mariée à un homme qui ne correspond guère à son idéal de jeune fille, décide de se libérer en l'empoisonnant. Il ne meurt pas mais la chasse de chez lui et elle tombe dans une profonde solitude. Ce qui est remarquable est la peinture de l'atmosphère étouffante de la vie provinciale (tout se passe dans un petit village perdu dans la forêt des Landes au sud de Bordeaux) et les tourments d'une âme à la recherche d'un impossible bonheur. Ce roman est l'un des grands classiques de la littérature du XXe siècle.

Un film

La vie est belle de Roberto Benigni 1998.

Ce film, primé à Cannes, raconte une histoire simple et touchante, qui se passe pendant la Seconde Guerre mondiale. Un Juif italien est arrêté et déporté dans un camp de concentration avec sa femme et son jeune fils. Il veut épargner à l'enfant l'horreur de la vie quotidienne concentrationnaire et lui fait croire qu'il s'agit seulement d'un jeu. Il y arrive au prix de bien des difficultés, mais il est finalement tué, tandis qu'arrive la récompense promise, le char d'assaut libérateur.

C'est remarquablement interprété, mais, même si l'on nous précise bien qu'il s'agit seulement d'une fable, et non de la réalité, on ne peut s'empêcher de penser qu'il est dangereux ... de jouer avec le feu, et que, beaucoup de jeunes spectateurs n'en retireront que des images et un jugement faussé sur des événements aussi dramatiques.

À votre tour faites le résumé au présent , seul ou en groupe, d'un roman ou d'un film en indiquant les raisons de vos critiques positives ou négatives.

Après avoir lu ce texte, expliquez pourquoi vous aimez marcher :

Les voyages à pied

Je ne conçois qu'une manière de voyager plus agréable que d'aller à cheval, c'est d'aller à pied. On part à son moment, on s'arrête à sa volonté, on fait tant et si peu d'exercice qu'on veut. On observe tout le pays ; on se détourne à droite, à gauche ; on examine tout ce qui nous flatte, on s'arrête à tous les points de vue. Aperçois-je une rivière, je la côtoie ; un bois touffu, je vais sous son ombre ; une grotte, je la visite ; une carrière, j'examine les minéraux. Partout où je me plais, j'y reste. À l'instant que je m'ennuie, je m'en vais. Je ne dépends ni des chevaux, ni du postillon. Je n'ai pas besoin de choisir des chemins tout faits, des routes commodes ; je passe partout où un homme peut passer ; je jouis de toute la liberté dont un homme peut jouir. Si le mauvais temps m'arrête et que l'ennui me gagne, alors je prends des chevaux...

Combien de plaisirs différents on rassemble par cette agréable manière de voyager ! Sans compter la santé qui s'affermit, l'humeur qui s'égaye. J'ai toujours vu ceux qui voyageaient dans de bonnes voitures bien douces, rêveurs, tristes, grondants ou souffrants ; et les piétons toujours gais, légers et contents de tout. Combien le cœur rit quand on approche du gîte ! Combien un repas grossier paraît savoureux ! Avec quel plaisir on se repose à table ! Quel bon sommeil on fait dans un mauvais lit ! Quand on ne veut qu'arriver, on peut courir en chaise de poste ; mais quand on veut voyager, il faut aller à pied.

Jean-Jacques Rousseau, *L'Émile*

Exercices

Texte :

Vacances

Pour la plupart des écoliers, l'approche des vacances se fixe sur une date-butoir attendue depuis des semaines. À côté de la date nationale officielle annoncée par tous les médias, le conseil de classe mobilise avant tout leurs spéculations. « Si je passe, ce n'est plus la peine que j'aille en classe à partir de tel jour » annonce triomphalement un petit rouquin. « Tu as de la chance ! Moi, mes parents m'obligeront à venir. Ils travaillent tous les deux ; ils ne voudront pas que je reste seul à la maison » , rétorque un autre, un peu gêné. « Les profs vont faire la classe pour trois élèves », ironise un autre.

En réalité la dernière semaine est toujours une lente débandade. C'est une page qui se tourne lentement et qui n'annonce pas forcément le commencement grisant d'une autre. Certes les cours s'arrêtent, le rythme change. On passe en quelques jours de semaines à horaires surchargés à des semaines sans cadres déterminés. Après quelques jours nécessaires au repos, on mesure combien la vie des écoliers est finalement une alternance soigneusement réglementée et datée entre la contrainte scolaire avec tout ce qu'elle implique d'immobilité, d'horaires, de repas à la cantine et une liberté dont tous n'ont pas la maîtrise.

En effet, tout le monde ne peut pas vivre les vacances comme un enchantement. Deux mois sans école ne sont pas forcément deux mois de liberté exaltante.

À côté de ceux qui ont les moyens de partir en Angleterre ou en Allemagne pour un séjour linguistique avec toute la part d'inconnu que cela représente pour un adolescent de douze ou treize ans, ou de ceux qui peuvent pratiquer un sport bénéfique, il y a tous ceux qui restent à la maison, rivés à la télé en l'absence des parents qui, eux, ne pourront les emmener en vacances que beaucoup plus tard. Pour les plus chanceux, un séjour chez les grands-parents assurera une sollicitude affective et un relais de tranquillité pour tous : pendant quelques semaines, les grands-parents seront les seuls à avoir le temps de jouer aux cartes ou au Monopoly avec eux ou d'encourager leurs efforts culinaires dans la confection de gâteaux au chocolat ou de grandes tartes ! Pour les autres il y a les « colos », les centres aérés où l'on retrouve des copains avec des activités autres que celles de l'école. Pour d'autres enfin, il n'y a que la rue, la cour de l'immeuble, avec les ressources du voisinage. Tous ne possèdent pas forcément de trottinettes ou de rollers pour se distraire… Alors, que peuvent-ils faire ?

Quelle que soit la situation, la plupart du temps les vacances sont deux mois de vacuité intellectuelle. Deux mois pour oublier beaucoup de connaissances acquises difficilement dans l'année scolaire et même s'en vanter: « Oh, j'ai tout oublié ce qu 'on avait appris l'année dernière » dit-on en paradant le jour de la rentrée ! Et pendant des semaines, les professeurs devront patiemment remettre dans les esprits les acquisitions oubliées de l'année précédente avant d'entreprendre les nouveautés du programme.

En réalité c'est surtout pendant les vacances que se mesure la disparité entre les chances dans la vie des uns et des autres. Pour les uns, la culture, les voyages, la richesse des conversations familiales, les découvertes, la lecture, les jeux qui développent les facultés intellectuelles ou les sports variés qui fortifient les corps ; pour les autres, la rue, le désert de l'appartement vide, la promiscuité, la contrainte des activités locales, les ressources d'une télé dont les principaux animateurs sont en vacances eux aussi, ce qui entraîne la plupart du temps des programmes médiocres.

Exercices

Certes l'école a de nombreux objectifs et doit inculquer un nombre précis de connaissances fixées dans un nombre de semaines précis et réglementé; mais un des objectifs importants des parents et des enseignants ne serait-il pas d'apprendre aux enfants à ne pas « traîner » quand ils sont en vacances ? On ne traîne pas quand on a des motivations. Donner des motivations, des centres d'intérêts passionnés et enthousiasmants ne serait-il pas un des premiers rôles des éducateurs, qu'ils soient parents ou enseignants. Pour donner des motivations enthousiasmantes, il faut déjà être passionné soi-même par beaucoup de choses, s'intéresser à mille sujets, avoir un dynamisme de l'esprit, une créativité et un goût à la vie qui reste peut-être une des valeurs les plus sûres à transmettre aux jeunes générations.

1. Ce texte écrit au présent – comme tous les textes exprimant des idées – comporte deux futurs au paragraphe 4. Pouvez-vous les expliquer?

2. Relevez l'idée principale de chaque paragraphe.

3. Êtes-vous d'accord avec les idées du dernier paragraphe ? Expliquez pourquoi vous approuvez ou vous désapprouvez.

4. Écrivez un texte au présent (15 lignes) qui commencera ainsi :

« J'aime (ou je n'aime pas) les vacances parce que…

Les temps du passé

Chapitre 21

L'imparfait
Le passé composé
Le passé simple

L'imparfait

1 Valeur

Action en cours d'accomplissement dans le passé, non achevée.

2 Emplois

1. L'imparfait sert principalement à décrire, à expliquer :
a) une situation dans le passé (verbes d'état aussi bien que d'action)
Ex. : En 1980, nous habitions à Paris. Depuis la veille, il neigeait. (action déjà commencée et non terminée à ce moment de l'histoire)

b) une personne (physique, moral, comportements, sentiments)
Ex. : Les cheveux de la fillette étaient blonds comme les blés. Elle paraissait timide.

2. Il peut exprimer une habitude dans le passé. Il est alors accompagné d'expressions comme : chaque, tous les, souvent, régulièrement, fréquemment, quand, lorsque…
Il faudra le distinguer de la simple répétition dans le passé où l'on utilise le passé composé ou le passé simple.
Ex. : Tous les soirs, il passait chez le bouquiniste.
Quand il allait voir sa mère, il lui apportait des petits gâteaux.

3. Après si il peut exprimer :
- l'hypothèse : *Si je le pouvais, je vous rejoindrais.*
- le regret : *Ah ! si je savais chanter !*
- la délibération : *Et si on se mettait au travail !*

4. Valeur modale : Il peut exprimer l'irréel du passé quand *si + plus que parfait* est sous entendu.
Ex. : Encore quelques jours et ils mouraient de faim. (= s'ils avaient dû vivre dans cette situation encore quelques jours, ils seraient morts de faim)

5. Au style indirect, il remplace le présent du message initial après un verbe introducteur au passé.
Ex. : Il m'a demandé si mes voisins étaient là.

6. Atténue la réalité imparfait de politesse
Ex. : Je voulais / venais vous dire que l'électricité va être coupée cet après-midi.
(c'est l'auxiliaire qui est à l'imparfait et non le verbe principal)

7. Imparfait flash (*cf.* Bonnard)
Dans un récit historique ou un fait divers, au début, en cours ou en fin de récit, l'imparfait

peut remplacer le passé simple ou le passé composé ; il est dans ce cas toujours accompagné d'une date ou d'une expression de temps. Il met en valeur l'importance d'un événement.
Ex. : À huit ans, Louis XIV devenait célèbre.
Ce jour-là la guerre se terminait.

Remarque

L'imparfait est souvent utilisé en opposition à un temps du récit du passé ; il sert alors d'arrière-plan à l'action principale (PS ou PC) ou donne des explications.
Ex. : Son inquiétude disparut ; ses parents étaient sur le quai et l'attendaient.

Le passé composé

1 Valeur

Exprime une action achevée (accomplie) pouvant avoir un rapport avec le moment de l'énonciation.
Ex. : Maintenant il a compris.

2 Emplois

1. À l'oral ou à l'écrit, exprime le résultat présent d'une action passée.
Ex. : Ils sont arrivés depuis trois jours.
2. À l'oral ou dans un écrit non littéraire, il sert à raconter des événements passés assez récents ayant un lien direct avec le locuteur (présence fréquente du je et tu).
Ex. : J'ai réussi à mon examen, et toi, tu as réussi ?
3. Il peut remplacer le passé simple.
Ex. : En 1939, la Chambre des députés a voté les crédits de guerre.
4. À l'oral ou à l'écrit, exprime l'antériorité par rapport à une autre verbe au présent.
Ex. : Elle porte la jupe que je lui ai achetée.

Le passé simple

1 Valeur

Marque un fait passé, coupé complètement du moment de l'énonciation du message.

2 Emplois

1. Utilisé principalement à l'écrit (récit historique, romanesque, compte rendu de la presse).
2. S'utilise surtout à la 3e personne (cependant certaines biographies sont écrites au passé simple. *Cf.* Mémoires du général de Gaulle, S. de Beauvoir, etc.)

3. Il peut exprimer la durée.
Ex. : Il dormit toute la nuit d'un sommeil de plomb.

4. C'est la succession de verbes au passé simple qui fait avancer le récit.
Ex. : Il entra, ôta son manteau et alla silencieusement s'asseoir au coin du feu.

Attention : l'ordre des verbes au passé simple dans la phrase doit correspondre à l'ordre chronologique ; ce qui n'est pas le cas pour des verbes au passé composé.
Si le passé simple a un emploi restreint (langue littéraire, élégante) il est encore tout à fait vivant.
Le passé simple est un temps difficile à conjuguer car il est formé sur quatre bases phonétiques différentes.
Les verbes avoir et être sont complètement irréguliers :
Avoir : j'eus, tu eus, il eut, nous eûmes, vous eûtes, ils eurent
Être : je fus, tu fus, il fut, nous fûmes, vous fûtes, ils furent

1. Tous les verbes du 1er groupe	**2. Verbes du 2e groupe**
parl *(er)* + *ai* *as* *a* *âmes* *âtes* *èrent* (Les verbes en cer on un ç, les verbes en ger gardent le e)	fin *(ir)* + *is* *is* *it* *îmes* *îtes* *irent*

3. Verbes du 3e groupe		
■ type **partir/vendre** part *(ir)* *is* vend *(re)* *it* pei *(ndre)* gn + *îmes* condui *(re)* s *îtes* écri *(re)* v *irent* Se conjuguent ainsi, avec parfois modification du radical, les verbes ouvrir, prendre, faire, voir.	■ type **boire** b *(oire)* + *us* *us* *ut* *ûmes* *ûtes* *urent* Se conjuguent ainsi, avec parfois modification du radical, les verbes vouloir, croire, savoir, pouvoir, devoir.	■ type **venir** v *(enir)* + *ins* *ins* *int* *înmes* *întes* *inrent* Se conjuguent ainsi tous les verbes de la même famille que venir, ainsi que tenir et ses composés.

Remarque

C'est sur la base de la 2e personne du singulier du passé simple que se forme l'imparfait du subjonctif. *Ex. :* aim [-as] + asse → que j'aimasse.

Conclusion sur ces trois temps du passé

Dans un texte au passé, il est très rare qu'un seul de ces temps soit utilisé. Le plus souvent, il y a alternance : l'imparfait sert de cadre explicatif ou descriptif dans lequel se déroulent les événements principaux du récit (au passé composé ou au passé simple, selon le genre du récit) qui font avancer l'histoire. La principale difficulté est d'identifier ces deux valeurs.

Relevez et expliquez la valeur des imparfaits dans les phrases suivantes :
1. Le jour, je m'égarais sur de grandes bruyères terminées par des forêts (Chateaubriand). — 2. L'homme marchait assez vite. Cosette le suivait sans peine. Elle ne sentait plus sa fatigue (Victor Hugo). — 3. Il errait tout le jour comme une âme en peine. — 4. Depuis deux jours, il tombait des cordes et ils ne savaient pas s'ils devaient partir ou non en excursion. — 5. François était dans les petits papiers du ministre et il aurait pu lui demander n'importe quoi. — 6. Si j'avais à choisir un lieu de voyage, j'irais à Venise. — 7. Le 11 mars le Roi décidait de quitter la capitale — quelques jours après, il mourait. — 8. Si vous saviez ce qui m'est arrivé ! — 9. Je voulais vous demander un service. — 10. Encore quelques jours à ce régime, et il tombait malade.

Mettez à l'imparfait les infinitifs entre parenthèses :
1. Tous les soirs il (s'asseoir) sur les bancs du boulevard à l'ombre des platanes. — 2. Il (intervenir) toujours à bon escient. — 3. Nous (s'amuser) à faire des bulles de savon. — 4. On (voir) à peu de distance, la mer, les rochers, les vagues blanchissantes (Renan). — 5. Pendant que mes parents (se reposer), nous (rire) des plaisanteries que nous (entendre) à la télévision. — 6. Chaque fois qu'on lui (dire) quelque chose qui ne lui (plaire) pas, il (faire) la sourde oreille. — 7. Facilement, il (conter) des balivernes à qui (vouloir) l'entendre. — 8. Elle a téléphoné pendant que nous (s'habiller). — 9. L'oiseau blessé (voleter) de branche en branche. — 10. Nous (cueillir) des fleurs pendant qu'elles (courir).

Même travail :
1. Nous (s'ennuyer) souvent durant notre enfance. — 2. Quand elle (attendre) des invités, c'(être) toujours un grand événement. Elle (mettre) les petits plats dans les grands et y (penser) plusieurs jours à l'avance. — 3. Le 12 septembre dernier (s'ouvrir) à Rome la conférence des ministres des Affaires étrangères et des Finances de la Communauté européenne. — 4. En entendant de tels éloges, Dutilleul (devenir) rouge de confusion et son regard (briller) d'amitié et de gratitude (M. Aymé). — 5. Des femmes hâves, en pantoufles (traîner) des enfants sales ; les hommes (être) en espadrilles, en casquettes. Beaucoup malgré la pluie (ne pas avoir) de pardessus (Van der Meersch). — 6. Quand le soir (approcher), je (descendre) des cimes de l'île, et j'(aller) volontiers m'asseoir au bord du lac, sur la grève dans quelque asile caché (J.-J. Rousseau).

Mettez au passé composé les infinitifs entre parenthèses :
1. Mon cher ami, je suis à Paris. Je t'écris cette lettre dans le jardin des Tuileries que tu (visiter) avec moi l'année dernière. — 2. Il nous (dire) des paroles très aimables. Ces paroles m'(faire plaisir). — 3. Sa mère lui (offrir) un disque pour son anniversaire. — 4. Il (se laver) les mains avant de passer à table. — 5. La barrière étant fermée nous (revenir) sur nos pas. — 6. Il (monter) trois fois au 2e étage ce matin et il (monter) la valise de sa sœur pour lui rendre service. — 7. C'est moi qui (faire) ce gâteau. C'est vous qui l'(manger). — 8. Ils (revenir) de bonne heure afin de ne pas vous manquer. — 9. Elle ne (vivre) que pour ses enfants. — 10. Nous (se taire) quand nous (comprendre) qu'il était très malade.

Même travail :

1. Tout à coup une voix forte (rompre) le silence. — 2. Je (se résoudre) à prendre cette importante décision quand j'(savoir) qu'il allait partir. — 3. Il (suffire) que le professeur fasse les gros yeux pour que les élèves se taisent (fam.). — 4. Il (pleuvoir) toute la journée. — 5. Vous (franchir) les bornes de la politesse. — 6. J'(avoir) maille à partir avec mes voisins. — 7. Il (croire) bon de vous mettre au courant de la situation. — 8. Vous (mettre) la main à la pâte, vous aussi ? (fam.). — 9. En entendant cette remarque, elle (se lever) et (partir) en claquant la porte. — 10. Nous (entrouvrir) la fenêtre pour avoir un peu d'air.

Un évenement vient de se passer; une personne le raconte en utilisant principalement le passé composé.

Ex. : Que font les pompiers dans la maison ?
J'ai ouvert (j'ouvrais) la porte pour aller faire des courses.
J'ai vu de la fumée sortant de chez le voisin.
J'ai frappé, personne n'a répondu.
J'ai appelé les pompiers ; ils sont arrivés rapidement.
Ils ont éteint le feu en passant par la fenêtre.

À votre tour :

1. (à un enfant) Comment s'est passé ton premier jour de classe ?
2. (à une amie) Tu as l'air épuisée ?
3. (au bureau une collègue arrive en retard hors d'haleine) Et alors ?
4. (un cycliste a été renversé par une voiture ; un témoin raconte l'accident à un policier)
5. (à une petite fille qui pleure) Pourquoi tu pleures ma chérie ?

Mettre au passé simple les verbes entre parenthèses :

1. Je (voir) que sa casquette de drap noir cachait ses jolies boucles blondes. Cette casquette me (déplaire) . — 2. Pasteur (naître) à Dôle. — 3. Il (se résoudre) à prendre une décision importante. — 4. Quand (venir) le moment du départ, elle (comprendre) qu'elle ne pourrait cacher son émotion. — 5. Van Gogh (vivre) misérablement à Arles. — 6. À force de persévérance, il (obtenir) enfin un rendez-vous avec le directeur. — 7. Il (s'abstenir) de tout commentaire. — 8. Il (acquérir) cette villa grâce à un héritage— 9. Durant son séjour en Italie, elle (aller) plusieurs fois à Florence. — 10. Je (savoir) avant tout le monde ce qui était arrivé. — 11. Nous ne (croire) pas ce qu'il nous disait. — 12. Ils (résoudre) de vaincre leur peur et d'avancer envers et contre tout, coûte que coûte.

Utilisez le présent ou le passé-composé selon le contexte :

1. En s'entraînant tous les jours, le jeune homme (acquérir) une résistance qui lui (permettre) de gagner la coupe du monde l'année dernière. — 2. Il ne (rester) plus de coca-cola. Les enfants (boire) tout. — 3. Ils (vivre) dans cette villa depuis leur mariage. — 4. Elle (mettre) un chapeau à voilette pour se déguiser le jour du Mardi-Gras. — 5. Les Français (élire) un président de la République tous les cinq ans. — 6. Tu peux partir tranquille, je (s'occuper) de répondre au téléphone. — 7. Les fermiers (traire) leurs vaches deux fois par jour. — 8. Le train (partir) depuis vingt minutes. — 9. Ce voyage le (fatiguer) beaucoup, mais il ne le regrette pas. — 10. Quand nous (visiter) cet appartement, il nous (plaire) tout de suite ; nous (signer) immédiatement un engagement.

Mettez les verbes entre parenthèses au passé composé. Distinguez deux sens dans ces passés composés (résultat présent d'un événement passé/ temps du passé) :

1. Nous (ne pas faucher) en temps voulu. Maintenant les orties (envahir) le pré. — 2. Il (y avoir) un ouragan terrible. Le gros frêne (être arraché). — 3. L'enfant (traverser) la rue sans regarder. Il (être blessé) grièvement. — 4. On (commencer) les travaux de démolition. La petite maison (être laminée) par les bulldozers. — 5. La municipalité (prendre) des dispositions pour le déblaiement de la neige. Les rues (être nettoyées) totalement. — 6. Elle (revenir) de sa cure à Vichy ; elle (grossir) beaucoup. — 7. Il (acheter) un produit décapant très efficace. La peinture (disparaître). — 8. Elle (donner) son chandail à nettoyer. Il (rétrécir) de moitié. — 9. Les héritiers (se disputer) chez le notaire. Aussi ils (être brouillés) tous pendant des années. — 10. L'écrivain (offrir) à chacun de ses amis un exemplaire de son livre qu'il leur (dédicacer).

Répondez aux questions suivantes :

1. Pourquoi la mortalité infantile était-elle si fréquente autrefois ? — 2. Comment faisait-on le vin jadis ? — 3. Quels étaient tes passe-temps favoris quand tu étais enfant ? — 4. Pourquoi l'instituteur était-il un personnage respecté au siècle dernier ? — 5. Autrefois, les mariages étaient préparés par les familles. Était-ce une bonne chose ? — 6. Où habitiez-vous à cette époque ? — 7. Comment se chauffait-on autrefois ? — 8. Pourquoi vouliez-vous déménager ? — 9. Comment les paysans étaient-ils protégés en cas de guerre au Moyen-Âge ? — 10. À quoi servait cette serrure ?

Photos. En vous inspirant de ces photos, dites

– Quels étaient les moyens de transport collectifs et individuels au début du XXe siècle ? Et maintenant ?

– Comment s'habillait-on à cette époque ? (Hommes, femmes et enfants) Et maintenant ?

Groupe d'enfants, St-Pierre-de-Mearotz, Isère (vers 1903)

Passage à niveau du cours Jean-Jaurès, Grenoble (fin XIXe-début XXe siècle)

Fête foraine à Grenoble (début XXe siècle)

Place Grenette, Grenoble (septembre 1899)

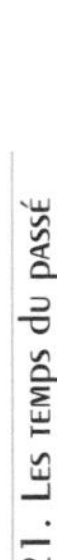

Exercices

12 Opposez dans quelques phrases le passé et le présent en faisant varier les adverbes de temps :

Ex. : Autrefois on s'éclairait à la bougie ou au gaz, maintenant tout le monde a l'électricité.

1. le mariage — 2. l'éducation des enfants — 3. La nourriture— 4. la médecine — 5. La peinture. — 6. le rôle de la femme dans la famille et dans la société — 7. l'information — 8. la vie à la campagne — 9. le logement — 10. les sports.

Adverbes proposés : auparavant, autrefois, avant, hier, jadis, dans les temps anciens etc. Aujourd'hui, désormais, maintenant, de nos jours, à l'heure actuelle, en ce moment, etc.

À l'aide de cette chronologie (et éventuellement de vos connaissances), écrivez la vie de Mozart (au présent de narration ou au passé à votre choix) :

– 1756 : naissance à Salzbourg. Autriche.
– 1762 : premières œuvres (Menuet. Allegro en si b) concerts à la cour d'Autriche.
– 1763 : séjour de 5 mois à Paris.
– 1764 : première symphonie composée à Londres.
– 1771 : nombreux concerts en Italie.
– 1777 : autre voyage à Paris.
– 1782 : mariage avec Constance Weber. Début de son amitié avec Joseph Haydn.
– 1786 : première des *Noces de Figaro*. Triomphe.
– 1787 : *Don Giovanni*. Représenté pour la première fois à Prague.
– 1791 : composition d'une partie du *Requiem*. Maladie et mort de Mozart. *Requiem* terminé par un de ses élèves.

14 Trouvez le temps des verbes entre parenthèses :

1. Quand elle (se lever), le soleil (briller). — 2. Ses parents (être) en voyage quand l'accident (arriver). — 3. Je (aller) voir mes amis ; malheureusement ils (ne pas être) là. — 4. Quand elle (se tourner) vers moi, elle (avoir) des yeux furibonds. — 5. Le bébé (se réveiller), car les enfants (faire) trop de bruit. — 6. Je ne te (raconter) pas la nouvelle puisque tu la (connaître) déjà. — 7. Alors que nous (sortir) du parking, une voiture (déboucher) à vive allure et nous (heurter) de plein fouet. — 8. Quand il (choisir) ce métier, il n'en (prévoir) pas encore les inconvénients. — 9. Hier l'avion (ne pas atterrir) parce qu'un épais brouillard (rendre) l'accès aux pistes impossible. — 10. Après quelques hésitations, il (reconnaître) que ses explications (ne pas être) bien convaincantes.

Répondez aux questions en respectant les temps utilisés :

1. Quand tu es entré dans la salle
   – qu'est-ce qui se passait ?
   – qu'est-ce qui s'est passé ?
2. Tu t'es moqué de lui,
   – qu'est-ce qu'il disait ?
   – qu'est-ce qu'il a dit ?
3. Il paraît que Patrice avait un stand au Salon des Antiquaires

– que vendait-il ?
– qu'a-t-il vendu ?

4. Tu es partie en claquant la porte.
– que faisaient-ils ?
– qu'ont-ils fait ?

5. En le voyant
– à quoi pensais-tu ?
– à quoi as-tu pensé ?

6. C'était lui le voisin le plus proche de la victime.
– est-ce qu'on le soupçonnait ?
– est-ce qu'on l'a soupçonné ?

7. En arrivant à Paris
– que pensais-tu ?
– qu'as-tu pensé ?

8. Quand il s'est vanté avec tant d'assurance
– que croyais-tu ?
– qu'as-tu cru ?

16 Répondez aux questions suivantes par des verbes différents :
– l'un au passé composé,
– l'autre à l'imparfait :

Ex. : Pourquoi est-il tombé ?
– Parce qu'il n'a pas pu éviter l'obstacle.
– Parce qu'il était très faible.

1. Quand on a frappé, pourquoi n'es-tu pas allé ouvrir ? — 2. Pourquoi est-ce que tu ne lui as pas répondu ? — 3. Pourquoi n'as-tu pas acheté d'ananas ? — 4. Pourquoi n'es-tu pas allé à Florence ? — 5. Pourquoi as-tu donné ta robe rouge ? — 6. Pourquoi as-tu arrêté de faire du ski ? — 7. Pourquoi as-tu pris ce train-là ? — 8. Pourquoi n'as-tu pas suivi strictement la recette ? — 9. Pourquoi n'as-tu pas répondu à ma lettre ? — 10. Quand on l'a accusé à tort, pourquoi n'as-tu rien dit ?

17 Mettez au temps voulu les infinitifs entre parenthèses :

(Conversation téléphonique entre Sylvain et Nathalie).

— Bonjour ! alors, ces vacances ? Elles (… se passer) bien ? Tu (… faire) un bon voyage ? Le Midi ce (… être) beau ?

— Ah oui, magnifique. Mais tu (… faillir) bien ne pas me revoir de si tôt. Si tu (… savoir) ce qui me (… arriver) !

— …

— Je (… être) au volant de ma voiture sur une petite route qui (… longer) le bord de la mer. Délicieux. Je (… se dire) que je (… être) en avance sur mon horaire et que je (… avoir) dix fois le temps de prendre un bon petit bain. La plage (… paraître) tranquille. Il n'y (… avoir) pas grand monde. Bon. Je (… se déshabiller). Je (… poser) mes affaires sur le sable, je (… mettre) la clé de ma voiture au fond de ma chaussure avec mes vêtements en tas par dessus. Je (… entrer) dans l'eau sans aucune inquiétude. Et je (… nager), je (… nager). Du large, de temps en temps je (… jeter) un coup d'œil sur mes affaires qui en même temps me (… servir) de repère. Tout d'un coup je ne plus rien

(… voir). Je (… se dire) que je (… devoir) me tromper, qu'elles (… être) un peu plus à gauche.
Quand je (… sortir) de l'eau, je ne plus rien (… retrouver). Je (… chercher) un moment et je (… finir) par comprendre qu'on (… voler) mes vêtements, et qui plus est, la clé de ma voiture. Je (… demander) aux gens qui (… être assis) sur la plage. Naturellement personne ne rien (… voir). Il (… falloir) que j'aille au commissariat de police en slip. Je (… se sentir) ridicule et je (… voir) bien que les gendarmes (… prendre) le fou-rire en me voyant. Je (… devoir) téléphoner à mon frère qui (… être) en vacances dans la région. Il me (… apporter) des vêtements et me (… conduire) chez un garagiste qui par bonheur (… être) le dépositaire d'une marque de clés qui (… correspondre) à la mienne car il (… travailler) autrefois chez Renault.

 **Mettez au temps voulu les infinitifs entre parenthèses :**

(Dans une rue tranquille, à 8 heures du matin, des coups de feu suspects ont éclaté. La police enquête. M. X… commerçant en alimentation, donne son témoignage.)
« Comme tous les matins, je (… préparer) mon étalage de fruits et légumes. Je (… être) en train de ranger un cageot de mandarines lorsque, tout à coup, je (… entendre) un coup de feu. Sur le moment je ne rien (… voir) et je (… continuer) à disposer mes fruits en me disant que peut-être je (… se tromper). Je ne pas (… finir) ma phrase que je (… voir) un homme qui (… passer) en courant, suivi d'un autre qui (… avoir) un pistolet à la main et qui (… hurler) des menaces.
Je (… appeler) au secours. Des voisins (… sortir) dans la rue et nous (… se mettre) à courir pour rejoindre les deux hommes. Ceux-ci (… disparaître). Nous (… perdre) leurs traces. Personne ne (… savoir) qui ils (… être). Pourtant, plusieurs habitants du quartier (… dire) que, la veille, ils (… remarquer) un individu bizarre qui (… passer) à plusieurs reprises dans la rue et (… interpeller) des passants pour leur demander des renseignements curieux. Ils (… être étonnés) mais ils ne plus y (… penser). Maintenant, ils (… comprendre). C'(… être) certainement l'homme au pistolet.

 **Mettez au temps convenable les infinitifs entre parenthèses :**

(Antje Kulse, étudiante allemande avait fait le projet de venir passer une année à Paris en attendant de pouvoir s'inscrire à l'université de sa ville.)

Hambourg, le 1er septembre 2002

Madame,

Je vous (… écrire) il y a quelques jours à tout hasard pour vous dire que je (… souhaiter) travailler chez vous en tant que fille au pair pendant cette année scolaire. Je (… avoir) votre adresse par une amie qui (… être employée) chez vous il y a trois ans et qui (… garder) un excellent souvenir de votre famille.

Je (… recevoir) bien votre lettre m'indiquant les conditions et je vous en remercie.

Je (… s'apprêter) à vous répondre pour vous donner mon assentiment quand je (… recevoir) un avis de mon université que je n'(attendre) plus lorsque je vous (… écrire). En effet, en avril dernier, je (… déposer) un dossier et on me (… dire) que les listes (… être) closes, qu'il ne (… falloir) pas espérer une inscription. On me

(... mettre) sur une liste d'attente. Entre temps, il y (... avoir) des désistements, si bien que maintenant je peux m'inscrire et rester en Allemagne cette année.

Je suis désolée de vous (... faire) perdre du temps pour chercher une aide. J'espère que vous trouverez sans peine quelqu'un d'autre.

Je vous prie de croire à mes meilleures salutations

Antje Kulse

Mettez au temps voulu les infinitifs entre parenthèses :

(Quatre personnes sont coincées dans un ascenseur tombé en panne à 4 heures du matin)

« ... Le premier instant de frayeur passé, ils appelèrent la concierge : (...) c'(être) une vieille espagnole qui (être) là depuis les tout débuts de l'immeuble (...). Elle (arriver), vêtue d'un peignoir orange à ramages verts (...), leur (ordonner) de se taire, et les (prévenir) qu'ils ne (devoir) pas s'attendre à ce qu'on vienne les secourir avant plusieurs heures.

Restés seuls dans le petit jour blême, les quatre jeunes gens (...) (faire) l'inventaire de leurs richesses. Flora Champigny (avoir) au fond de son sac un restant de noisettes grillées qu'ils (se partager), ce qu'ils (regretter) aussitôt car leur soif en (se trouver) accrue. Valène (avoir) un briquet et Monsieur Jérôme des cigarettes ; ils en (allumer) quelques-unes, mais de toute évidence ils auraient préféré boire. Raymond Albin (proposer) de passer le temps en faisant une belote et (sortir) de ses poches un jeu graisseux, mais il (s'apercevoir) aussitôt qu'il y (manquer) le valet de trèfle. Ils (décider) de remplacer ce valet perdu par un morceau de papier de format identique sur lequel ils dessineraient un bonhomme tête-bèche, un trèfle (♣), un grand V, et même le nom du valet. (...) Ils (se disputer) quelques instants à voix basse puis (convenir) qu'il (n'être pas) absolument nécessaire de mettre le nom du valet. Ils (chercher) alors un morceau de papier. Monsieur Jérôme (proposer) une de ses cartes de visite, mais elles (ne pas avoir) le format requis. Ce qu'ils (trouver) de mieux, ce (être) un fragment d'enveloppe provenant d'une lettre que Valène (recevoir) la veille (...) »

Georges Perec, *La vie mode d'emploi*, © Hachette, 1978

Vous êtes journaliste et vous devez rédiger pour le 20 juin 2001 un article sur la visite et le concert de Victoria Horn.

15 juin 2001
arrivée à Paris
de la célèbre chanteuse
Victoria Horn
(avec qui, comment)
(ses habits)
11 h, réception à l'Elysée
(invités, atmosphère)
13 h, grand dîner offert par
le directeur de l'Opéra
visite de Paris en bateau-mouche
(le temps)
21 h, *Don Giovanni* de Mozart à l'Opéra

V. Horn interprète le rôle de Donna Anna
(réactions du public)
16 juin
départ de la diva pour Vienne
ses sentiments

Voici le début et la fin de la nouvelle *La peur* de G. de Maupassant.
– Expliquez l'emploi des temps
– Imaginez ce qui a pu se passer de terrible dans l'intervalle

C'était l'hiver dernier, dans une forêt du nord-est de la France. La nuit vint deux heures plus tôt, tant le ciel était sombre. J'avais pour guide un paysan qui marchait à mon côté, par un tout petit chemin, sous une voûte de sapins dont le vent déchaîné tirait des hurlements. Entre les cimes, je voyais courir des nuages en déroute, des nuages éperdus qui semblaient fuir devant une épouvante. Parfois sous une immense rafale, toute la forêt s'inclinait dans le même sens avec un gémissement de souffrance. Nous devions souper chez un garde forestier dont la maison n'était plus éloignée de nous. J'allais là pour chasser.
Mon guide, parfois, levait les yeux et murmurait : « Triste temps ! » Puis il me parla des gens chez qui nous arrivions. Le père avait tué un braconnier deux ans auparavant, et, depuis ce jour, il semblait sombre, comme hanté d'un souvenir. Les ténèbres étaient profondes. Enfin, j'aperçus une lumière et bientôt mon compagnon heurtait une porte. Nous entrâmes. Ce fut un inoubliable tableau. Un vieux homme à cheveux blancs, à l'œil fou, le fusil chargé dans la main nous attendait debout au milieu de la cuisine, tandis que deux grands gaillards, armés de haches gardaient la porte.

***

Nous restâmes là jusqu'à l'aurore, incapables de bouger, de dire un mot, crispés dans un affolement indicible.
On n'osa débarricader la sortie qu'en apercevant, par la fente d'un auvent, un mince rayon de jour. Au pied du mur, contre la porte, le vieux chien gisait, la gueule brisée d'une balle. Il était sorti de la cour en creusant un trou sous la palissade.

Guy de Maupassant, *Nouvelles de la peur et de l'angoisse*

Les passés relatifs

Le plus-que-parfait
Le passé surcomposé
Le passé antérieur

Chapitre 22

Le plus-que-parfait

Valeur

Action accomplie

2 Emplois

1. Employé seul

a) exprime comme l'imparfait une action passée, non datée, ayant une durée mais complètement terminée.
Ex. : Il avait soigneusement rangé sa chambre.
Comparez avec : il rangeait soigneusement sa chambre.

b) exprime une habitude dans le passé.
Ex. : Il avait toujours passé ses vacances à la mer.

2. Dans une proposition subordonnée

a) après si : hypothèse dans le passé.
Ex. : Si tu étais venu, tu aurais pu m'aider.

b) Au style indirect, transpose le passé composé du message initial si le verbe introducteur est au passé.
Ex. : Il a reconnu qu'il s'était trompé.

c) Dans une subordonnée de temps exprime la répétition dans le passé de deux actions qui se succèdent.
Ex. : Quand il avait fini de déjeuner, il faisait la sieste.

d) D'une façon plus générale, exprime l'antériorité par rapport à un verbe au présent ou au passé.

Le passé surcomposé

Valeur

Action accomplie

2 Formation

Il se forme avec le passé composé de l'auxiliaire auquel on ajoute le participe passé du verbe à conjuguer.
Ex. : Il a eu compris / il a été arrivé.

3 Emplois

1. Affecte surtout des verbes comme : commencer, achever, finir, arriver, partir etc.
2. S'emploie essentiellement dans la langue parlée familière, voire populaire. Emploi régional.
3. Employé seul, il exprime une action terminée.
   Ex. : « Le blé, ça ne paye pas ; ça a eu payé ». (Fernand Raynaud)
4. Dans une subordonnée :
   – exprime une action antérieure à un verbe au passé composé.
   – doit être précédé d'une conjonction de temps (*cf.* passé antérieur)
   Ex. : Quand il a eu bien mangé, il s'est mis à ronfler.

Le passé antérieur

1 Valeur

Action accomplie dans un passé lointain.

2 Emplois

Temps littéraire

1. Employé seul
   a) exprime une action achevée dans le passé. Renforce l'idée de rapidité par rapport à un verbe au passé simple.
   Ex. : Comparez : il fit le tour de la propriété.
   il eut vite fait le tour de la propriété.

   b) doit être accompagné d'un complément circonstanciel de temps ou d'un adverbe : bientôt, vite, à peine, en un instant, en un clin d'œil, peu après etc.
2. Exprime l'antériorité
   a) sert de passé très récent à un verbe au passé simple.
   Ex. : Dès qu'il fut arrivé, il se rendit chez Sylvie.

   b) dans une subordonnée introduite par : aussitôt que, dès que, après que, une fois que, quand, lorsque etc.

   c) dans une proposition introduite par : à peine… que…, ou ne pas plus tôt… que.
   Ex. : Il n'eut pas plus tôt donné son assentiment qu'il comprit son erreur.

EXPRESSION DE L'ANTÉRIORITÉ

Temps du verbe principal	1. PRÉSENT	2. IMPARFAIT	3. PASSÉ COMPOSÉ	4. PASSÉ SIMPLE	5. FUTUR	6. CONDITIONNEL (Futur du passé)
Temps du verbe subordonné	*Passé composé*	*Plus-que-parfait*	*Passé surcomposé*	*Passé antérieur*	*Futur antérieur*	*Conditionnel passé*
Antériorité très récente marquée par une conjonction de temps	Dès qu'il a mangé, il sort se promener. = Habitude	Dès qu'il avait mangé, il sortait se promener. = Habitude	Dès qu'il a eu mangé, il est sorti se promener.	Dès qu'il eut mangé, il sortit se promener.	Dès qu'il aura mangé, il sortira se promener.	Je savais que, dès qu'il aurait mangé, il sortirait se promener.
Temps du verbe subordonné	*Passé composé*	*Plus-que-parfait*	*Plus-que-parfait*	*Plus-que-parfait*	*Passé composé* *Futur antérieur*	*Conditionnel passé*
Antériorité moins récente non marquée temporellement	Il lit le roman que sa femme lui a offert. Il se lève parce qu'on a sonné à la porte.	Il lisait le roman que sa femme lui avait offert. Il se levait parce qu'on avait sonné à la porte.	Il a lu le roman que sa femme lui avait offert. Il s'est levé parce qu'on avait sonné à la porte.	Il lut le roman que sa femme lui avait offert. Il se leva parce qu'on avait sonné à la porte.	Il lira le roman que sa femme lui a offert/lui aura offert avant son départ Il pourra partir parce qu'il aura reçu son visa.	Il lirait le roman que sa femme lui avait offert/aurait offert avant son départ. Il pourrait partir parce qu'il aurait reçu son visa.
Temps du verbe subordonné	*Plus-que-parfait*	*Plus-que-parfait*	*Plus-que-parfait*	*Plus-que-parfait*	*Plus-que-parfait*	*Plus-que-parfait*
Antériorité lointaine	Il fait rénover la demeure que ses ancêtres avaient achetée en 1870.	Il faisait rénover la demeure que ses ancêtres avaient achetée en 1870.	Il a fait rénover la demeure que ses ancêtres avaient achetée en 1870.	Il fit rénover la demeure que ses ancêtres avaient achetée en 1870.	L'année prochaine, il fera rénover la demeure que ses ancêtres avaient achetée en 1870.	Bientôt, il ferait rénover la demeure que ses ancêtres avaient achetée en 1870.

Exercices

Terminez les phrases à l'aide des verbes entre parenthèses :

1. Je ne savais pas que (être allé)...
2. Je ne me suis pas rappelé si (avoir rencontré)...
3. Elle a dit que (avoir réussi)...
4. Et pourtant j'étais sûr que (avoir dit)...
5. J'ai couru pour être à l'heure à la séance mais (avoir commencé)...
6. Pierre m'a écrit que (avoir eu)...
7. Elle a pu continuer ses études parce que (avoir obtenu)...
8. Elle n'a pas pris son parapluie car (avoir cessé)...
9. Le secrétaire a certifié que (avoir envoyé) ...
10. Dans sa lettre, le directeur certifiait que (avoir prévenu)...

Que s'était-il passé avant ? Imaginez les événements qui se sont produits avant l'exemple donné. Il n'y a pas obligatoirement une relation de cause à effet.

Ex. : Elle décida d'appeler un taxi.

Son patron lui avait confié l'interview d'un journaliste étranger.
Elle s'était engagée à le recevoir au bureau à 9 heures.
Son réveil n'avait pas sonné.
Sa voiture n'avait pas démarré.
Les employés de la RATP avaient entamé une grève.

Alors...

1. Elle s'est écroulée, épuisée, dans un fauteuil: sa maison était installée ; tout le monde avait participé au déménagement.
2. Trois voitures de pompiers et deux ambulances et la police arrivèrent enfin sur l'autoroute. Que s'était-il passé ?
3. Nicolas entra dans l'avion et gagna sa place. Il allait partir pour ce voyage dont il rêvait depuis si longtemps. Il en avait fait des démarches avant ...
4. Sylvie est sortie transformée de chez le coiffeur. Qu'avait-il donc fait ?
5. Leurs invités pouvaient arriver, tout était prêt :

Avec les trois verbes que vous ordonnerez chronologiquement (temps exprimant l'antériorité, conjonction de votre choix) vous ferez une seule phrase en ajoutant les éléments nécessaires :

Ex. : ouvrir la fenêtre, partir, sentir la fumée...

Dès que ses invités furent partis, elle ouvrit la fenêtre car l'appartement sentait la fumée.

1. Se sentir fiévreux – rentrer chez soi – se mettre au lit. — 2. Faire l'exercice – comprendre la difficulté – le trouver très simple. — 3. Avoir trop chaud – arriver – prendre une douche. — 4. Essayer de démarrer – oublier de desserrer les freins – caler. — 5. Ressembler à sa mère – remarquer – naître. — 6. Prendre l'annuaire pour trouver le numéro – avoir une réclamation à faire – demander le directeur. — 7. Commander un demi – avoir chaud – s'arrêter dans un bistro. — 8. Prendre son courage à deux mains – se jeter à l'eau – avoir des réticences. — 9. Se rendormir – entendre sonner son réveil – se retourner de l'autre côté. — 10. Aller chercher de l'argent au guichet d'une banque – avoir son compte à découvert – se le faire refuser.

Exercices

4 Mettez au temps voulu les infinitifs entre parenthèses :

1. Quand il (finir) il s'aperçut qu'il (être) déjà sept heures. — 2. Les ouvriers (finir) leur travail. Ce (être) le tour des femmes de ménage. Elles (venir) prendre la relève dans l'atelier. — 3. Si vous l'(écouter), vous seriez encore dans un piteux état. — 4. Si je (savoir) m'y prendre ! — 5. La vue de la petite madeleine ne m'(rappeler) rien avant que je n'y eusse goûté (Proust) — 6. Nous (inviter) les amis que nous (rencontrer) chez vous au printemps dernier. — 7. Elle (tricoter) un chandail pour son mari d'après le modèle que nous (voir) dans un magazine. — 8. Je vous (présenter) mon amie Corine, dont je vous (parler) souvent. — 9. Depuis très longtemps je (rêver) de faire un voyage en Grèce. Toujours il y (avoir) des obstacles. Mais enfin cette année je (réaliser) mon rêve et je (revenir) avec des souvenirs merveilleux. — 10. Quand elle (rentrer) de promenade, elle (mettre) dans toute sa maison les bouquets de fleurs qu'elle (cueillir/fam : ramasser) tout le long du chemin et elle (se réjouir) pendant plusieurs jours de les regarder. — 11. Ne (savoir) vous pas que j'(être) très malade il y a quelques années ? Je vous l'(écrire) pourtant à ce moment-là. — 12. Les élèves (finir) leur travail quand le professeur leur (expliquer) comment ils (devoir) le faire. — 13. Tout en faisant de menus travaux, elle (fredonner) souvent des chansons qu'elle (apprendre) dans son enfance et qui lui (rappeler) un temps où elle (être heureuse).

Mettez au temps convenable les infinitifs entre parenthèses : (ces phrases appartiennent souvent au style familier).

1. Quand il (finir) de lire, il (poser) son journal et (s'assoupir) doucement. — 2. Il y (avoir) belle lurette que je (comprendre) qu'il n'aime pas qu'on marche sur ses plates-bandes (fam.) — 3. À peine elle l'(apercevoir) qu'elle (s'avancer) vers lui en souriant. — 4. Je (venir) vous demander la permission de prendre votre voiture. — 5. Si vous (travailler) davantage, vous auriez réussi à votre examen. — 6. Avec un peu plus de persévérance, vous (avoir) une mention. — 7. Il (neiger) toute la nuit, et comme le chasse-neige (ne pas passer) il ne (pouvoir) pas sortir sa voiture. — 8. Quand le jardinier (finir) il rangea ses outils dans la remise. — 9. Quand il (découvrir) le pot aux roses, il (comprendre) qu'il (être joué). — 10. Depuis la mort de son mari, elle (vieillir) beaucoup. — 11. À peine arrivé, il nous (fausser compagnie) pour aller bavarder avec ses amis. — 12. Einstein (mourir) à Princeton en 1955. — 13. Je (venir) revoir la maison où j'(habiter) quand j'(être) enfant. — 14. Il (ne pas y aller par quatre chemins) dès qu'il (comprendre) à qui il (avoir affaire). — 15. Quand elle (monter) sur la jument, elle (être prise) de panique et (s'écrier) qu'elle voulait descendre.

Mettez au temps voulu l'infinitif entre parenthèses : (ces phrases sont extraites d'œuvres littéraires.)

1. « Quelques années (s'écouler) : l'époque où j'(rencontrer) Adrienne devant le château n'était plus qu'un souvenir d'enfance. Je (se retrouver) à Loisy au moment de la fête patronale » (Nerval).

2. « Quand je (revenir) près de Sylvie, je m'aperçus qu'elle (pleurer). La couronne donnée par mes mains à la belle chanteuse (être) le sujet de ses larmes. Je lui (offrir) d'en aller cueillir une autre mais elle (dire) qu'elle n'y (tenir) nullement. Je (vouloir) en vain me défendre, elle ne me dit plus un seul mot pendant que je la (reconduire) chez ses parents » (Nerval).

3. « Comme je (se promener) un soir dans une allée de tilleuls à l'entrée du village, je vis

sortir une jeune femme d'une maison écartée. Elle (être mise) très simplement et voilée, en sorte que je ne (pouvoir) voir son visage ; cependant sa taille et sa démarche me (paraître) si charmantes que je la (suivre) des yeux quelque temps. Comme elle (traverser) une prairie voisine, un chevreau blanc qui (paître) en liberté dans un champ, (accourir) à elle » (Musset).
4. « Il (être) près de onze heures du soir lorsque je pensai à revenir ; comme j'(marcher) beaucoup, je me (diriger) du côté d'une ferme que j'(apercevoir) pour demander une tasse de lait et un morceau de pain. » (Musset)
5. « Je me (disposer) un jour à aller chez elle, lorsqu'on frappa à ma porte et je (voir) entrer Mercanson, ce même prêtre que j'(rencontrer) dans son jardin à ma première visite... Il (commencer) par des excuses... sur ce qu'il (se présenter) ainsi chez moi sans me connaître ;... enfin il m'(annoncer) que Mme Pierson (être malade) et qu'elle l'(avoir chargé) de m'avertir qu'elle ne pourrait me revoir de la journée » (Musset).
6. « Dès que j'(finir) de déjeuner, je retournai au Luxembourg et bientôt j'(apercevoir) mon ami qui (donner) le bras avec cérémonie à une toute vieille petite femme vêtue de noir, et à qui je (être présenté) » (Maupassant).
7. « Un jour — elle (avoir) alors onze ans —, comme elle (passer) par ce pays, elle rencontra derrière le cimetière le petit Chouquet qui (pleurer) parce qu'un camarade lui (voler) deux liards » (Maupassant).
8. Au soir de sa vie, Mauriac nous (donner) dans ses « Mémoires intérieurs », une image de lui-même.

Chacune des phrases suivantes est composée de deux propositions exprimant deux faits qui se succèdent chonologiquement. Mettez en évidence l'antériorité avec une conjonction comme dès que, aussitôt que, une fois que, après que, quand, lorsque ; vous garderez le même temps pour le verbe principal et choisirez le temps convenable pour le verbe de la subordonnée.

Ex. : Il faisait sa toilette puis prenait son petit déjeuner
Une fois qu'il avait fait sa toilette, il prenait son petit déjeuner

1. Il boit son café puis il lit son journal.
2. Le train s'arrêta – tous les voyageurs se précipitèrent pour monter.
3. Elle a entendu sonner le téléphone – elle a couru pour répondre.
4. Il a compris, alors il a pu faire son exercice.
5. Le bateau arrivait à quai – il jetait l'ancre.
6. On arrive sur le plateau – on découvre à cet instant un panorama splendide.
7. Il reviendra – il reprendra son appartement.
8. Le charpentier finissait le toit – ensuite le maçon faisait les plâtres.
9. Elle mettra la table – alors nous pourrons manger
10. Il partirait – nous pourrions parler du sujet qui nous préoccupait tous.

Dans ce texte dont la narration se fait au présent (principalement) et à la première personne, Victor Hugo relate l'émeute du 12 mai 1839. Le présent qui semble coïncider avec le moment de l'écriture rend ce texte très vivant. Transformez-le en un récit au passé (passé simple) et à la troisième personne :

J'arrive à la rue Saint-Claude. À peine y ai-je fait quelques pas que je vois tous les passants se hâter. Une compagnie d'infanterie vient de paraître à l'extrémité de la rue près de

l'église. Je continue d'avancer vers les soldats qui barrent le bout de la rue. Tout à coup les soldats abaissent leurs fusils et couchent en joue[1].Je n'ai que le temps de me jeter derrière une borne qui me garantit du moins les jambes. (...)
La rue Saint-Louis est déserte. C'est l'aspect de la rue à quatre heures du matin en été; boutiques fermées, fenêtres fermées, personne, plein jour. Rue du Roi-Doré, les voisins causent sur leurs portes. Deux chevaux dételés de quelque charrette dont on a fait une barricade, passent rue Saint Jean-Saint François, suivis du charretier tout désorienté. Un gros[2] de garde nationale et de troupe de ligne semble embusqué au bout de la rue Saint-Anastase. Je m'informe. Il y a une demi-heure environ, sept ou huit jeunes ouvriers sont venus là, traînant des fusils qu'ils savaient à peine charger. C'étaient des adolescents de quatorze à quinze ans. Ils ont préparé leurs armes en silence au milieu des voisins et des passants qui les regardaient faire, puis ils ont envahi une maison où il n'y a qu'une vieille femme et un petit enfant. Là ils ont soutenu un siège de quelques instants. La fusillade que j'ai essuyée était pour quelques-uns d'entre eux qui s'enfuyaient par la rue Saint-Claude. Toutes les boutiques sont fermées, excepté celle du marchand de vin où les insurgés ont bu et où les gardes nationaux boivent.

Victor Hugo, *Choses vues*

1. Épauler, prêt à tirer.
2. Une troupe assez nombreuse.

9 **Voici un conte d'après Andersen : *La princesse sur un pois.***
– Trouvez les différents étapes de ce conte : présentation, rupture, récit, épilogue ou morale.
– Rédigez à votre tour un conte emprunté à votre folklore culturel ou imaginé en respectant cette structure caractéristique.

La princesse sur un pois

Il était une fois un prince qui voulait épouser une princesse, mais une véritable princesse. Il fit donc le tour du monde pour en trouver une, et, à la vérité, les princesses ne manquaient pas; mais il ne pouvait jamais s'assurer si c'étaient de véritables princesses; toujours quelque chose en elles lui paraissait suspect. En conséquence, il revint bien affligé de n'avoir pas trouvé ce qu'il désirait.

Un soir, il faisait un temps horrible, les éclairs se croisaient, le tonnerre grondait, la pluie tombait à torrent ; c'était épouvantable ! Quelqu'un frappa à la porte du château, et le roi s'empressa d'ouvrir.

C'était une princesse. Mais grand Dieu ! Comme le pluie l'avait arrangée ! L'eau ruisselait de ses cheveux et de ses vêtements. Néanmoins, elle prétendit être une véritable princesse.

« C'est ce que nous saurons bientôt ! » pensa la reine. Puis, sans rien dire, elle entra dans la chambre à coucher, ôta toute la literie, et mit un pois chiche au fond du lit. Ensuite, elle prit vingt matelas qu'elle étendit sur le pois. C'était la couche destinée à la princesse. Le lendemain matin, le prince lui demanda comment elle avait passé la nuit.

« Bien mal ! répondit-elle ; à peine si j'ai fermé les yeux de toute la nuit. Il y avait quelque chose de dur dans mon lit qui m'a rendu la peau toute violette. Quel supplice ! »

À cette réponse on reconnut que c'était une véritable princesse puisqu'elle avait senti un pois à travers vingt matelas. Quelle femme, sinon une princesse , pouvait avoir la peau aussi délicate ?

Le prince, bien convaincu que c'était une véritable princesse, la prit pour femme, et le pois fut placé dans un musée où il doit se trouver encore !

L'expression de l'avenir

Chapitre 23

Le futur
Le futur antérieur
Le futur dans le passé

Le futur

1. Il sert à exprimer une action à venir, proche ou lointaine
Ex. : Il partira bientôt / dans quelques mois.

2. Un futur très proche peut s'exprimer
■ Par le présent
Ex. : Demain je pars pour Paris.

■ Par la locution verbale aller + infinitif (au présent ou à l'imparfait). À ne pas confondre avec le verbe aller suivi d'un infinitif qui ne contient aucune valeur de futur :
Ex. : Il va chercher les enfants à l'école.
Ex. : Il va pleuvoir.
Elle allait partir.
Remarque
Cette locution verbale ne peut se mettre au subjonctif :
Ex. : Il va pleuvoir ? Non, ça m'étonnerait qu'il pleuve. (aller disparaît)

■ Par devoir + infinitif : l'événement est relativement proche avec une nuance d'éventualité.
Ex. : Ils doivent venir me chercher vers huit heures.

3. Il peut exprimer un ordre ou une consigne
Ex. : Tu feras ce travail avant ce soir.
Vous tournerez à droite juste après la pharmacie.

Le futur antérieur

1. Il exprime une action antérieure à une autre au futur
Ex. : Quand elle aura fait ses bagages, elle appellera un taxi.

2. Il exprime une action accomplie dans le futur
Ex. : Dimanche, ils auront repeint toute la maison.

3. Il peut exprimer une probabilité

Ex. : Ils n'ont pas téléphoné, ils auront eu un empêchement.
(= ils ont probablement eu un empêchement.)

4. Il peut exprimer la constatation présente d'un événement passé, dont l'accomplissement est inattendu, exceptionnel :
Ex. : Finalement, nous aurons fait une belle promenade (= nous avons fait)

Le futur dans le passé

Il s'exprime par le conditionnel présent ou passé

Ex. : J'espère qu'il viendra. → J'espérais qu'il viendrait.
Elle pense que tu seras parti avant elle. → Elle a pensé que tu serais parti avant elle.

Remarque

Dans une situation de communication soutenue, on entend parfois une différence entre le futur et le conditionnel :
Ex. : Je partirai [e] futur et je partirais [ɛ] conditionnel.
La tendance actuelle est de prononcer rai et rais de la même façon [ʀe].

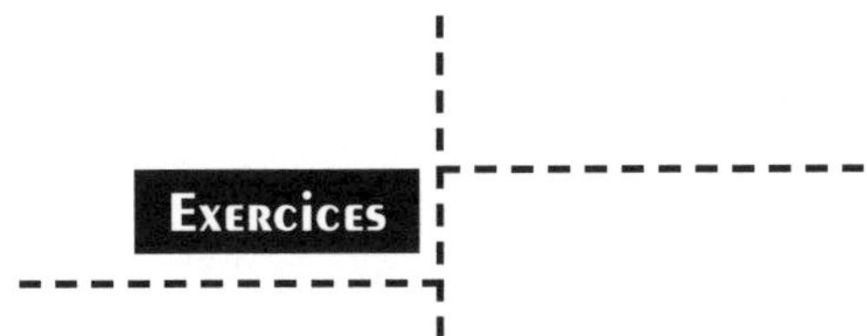

1 Mettez au futur les infinitifs entre parenthèses :

1. Elle (balayer) la maison. — 2. Nous (mourir) tous. — 3. Vous (accourir) dès que vous (entendre) l'appel de la cloche. — 4. C'est à qui (employer) le plus d'ingéniosité pour vendre sa camelote. — 5. Vous (jeter) du pain aux moineaux. — 6. Tout à l'heure, quand (venir) le moment de faire du feu dans la cheminée, je (couper) du petit bois et vous (apporter) des allumettes. — 7. Si vous êtes en retard, vous (courir) et vous (avoir) trop chaud en arrivant. — 8. Nous savons que vous nous (écrire) mais nous n'espérons pas que vous (venir). — 9. Quand il (finir – futur antérieur), il (pouvoir) aller jouer avec ses camarades. — 10. En allant voir ce film étranger en version originale, il me semble que je ne (comprendre) rien. — 11. Avant la venue de l'hiver, nous (acheter) des vêtements chauds. — 12. Dès que nos invités (arriver), vous (servir) le dîner. — 13. Me (croire) vous enfin ? — 14. Dès qu'il (recevoir – futur antérieur) votre demande, il (examiner) votre dossier et (appuyer) votre requête. — 15. Nous (voir) bien s'il (savoir) se débrouiller (fam.) tout seul ou si au contraire il (falloir) lui venir en aide. — 16. Tu (rire) de bon cœur quand tu (savoir) ce qui nous est arrivé. — 17. Quand vous le (lire – futur antérieur), vous (comprendre) pourquoi il m'a tant amusé. — 18. La voie rapide F 18, l'un des deux accès à l'autoroute Paris-Chartres (être mise) en service à la fin du mois. — 19. Quand bien même je réussirais à mener à la victoire un peuple à la fin rassemblé, que (être) ensuite son avenir ? (Ch. de Gaulle).

2 Mettez le verbe au temps correct :

Ex. : Je sais qu'il viendra.
Je savais qu'il viendrait

1. Nous croyons qu'il ira à la chasse.
   Nous croyions …
2. Je me demande à quelle heure il téléphonera.
   Je me demandais …
3. Il espère que nous saurons déchiffrer son écriture.
   Il espérait …
4. Alain croit que je viendrai le chercher à la gare.
   Alain croyait …
5. Elle suppose qu'elle aura reçu une lettre de sa sœur avant la fin de la semaine.
   Elle supposait …
6. Le médecin sait qu'il pourra venir dans l'après-midi.
   Le médecin savait …
7. Tu penses qu'elle aura dormi huit heures.
   Tu pensais …
8. Vous annoncez que nous n'arriverons que dans trois jours.
   Vous annonciez …
9. Claire pense qu'elle aura fort à faire pour venir à bout de son travail.
   Claire pensait …

**3 Répondez à la question :
« Comment sera la ville du futur ? »**

4 Vous venez d'acheter cette maison sur plan. Vous faites des projets pour la personnaliser et la décorer :

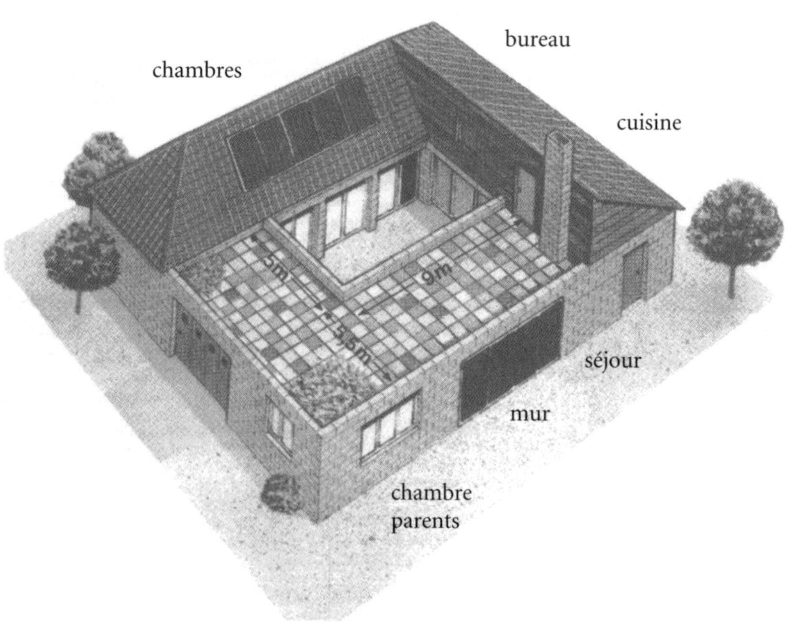

 **Transformez l'offre d'emploi ② en mettant les verbes au futur comme dans l'offre d'emploi ① :**

① **Jeune chef du personnel**

Nous sommes la filiale française d'un important laboratoire pharmaceutique international. Face à notre développement régulier, notre Directeur du personnel cherche à s'adjoindre un collaborateur pour occuper la fonction de Chef du personnel. C'est une création de poste.

Basé au siège, ce jeune cadre d'environ 30 ans, aura pour mission d'assurer tous les recrutements, de développer la formation et d'en organiser la mise en œuvre complète. Homme de gestion, il devra également suivre et contrôler les prolongements administratifs de la paie jusqu'au bilan social. Homme de relation, il assistera le Directeur du personnel dans la conception et la mise en place des actions de communication propres à développer l'excellent climat humain existant, nécessaire à la poursuite de notre expansion.

Pour assurer cette fonction, nous recherchons un candidat possèdant une solide formation supérieure (ESCAE, ESC, IEP...) jointe à quelques années d'expérience de la gestion humaine dans un groupe multinational. Ce candidat à fort potentiel trouvera dans notre structure de réelles perspectives d'évolution. De bonnes connaissances en anglais sont nécessaires. Le poste est basé en banlieue ouest.

Notre cabinet vous assure une étude sérieuse de votre dossier (lettre de motivation, manuscrite photo récente, CV), réponse et discrétion.

Merci d'écrire sous Réf. 9324, 73 rue de la Descente, 75018 Paris.

Yves Turneaud
Psycom

LASERS ET ÉLECTRO-OPTIQUE

un des leaders mondiaux dans la spécialité des sources lasers
C.A. consolidé : 81 M€ en 2001
(85 personnes en France – 40 dans filiale USA)
recherche pour sa **DIVISION ÉTUDES**
(40 personnes dont 15 ingénieurs travaillant sur des marchés d'études et des applications variées des lasers)

UN RESPONSABLE COMMERCIAL (Réf. E14)

■ Rôle, auprès du responsable de la division :
– élaboration, négociation et suivi de contrats d'études
– gestion et prospection commerciale
– participation aux orientations des activités et relations avec l'extérieur
■ Formation : ingénieur souhaitée, quelques années d'expérience dans fonction commerciale équivalente, connaissant les activités de recherche scientifique, optoélectronique, aérospatiale.
■ Dynamisme, sens de la négociation, capacité d'intégration dans une équipe, rigueur de gestion permettront au candidat choisi d'être efficace dans cette fonction.
Bonne connaissance de l'anglais.

Envoyez CV détaillé sous ref. E14
Service du personnel LASEROP – BP 23 – 91941 Les Ulis Cedex

Mettez les verbes à l'infinitif à un des temps du futur (futur simple, futur proche, futur antérieur, devoir + inf., futur du passé) :

1. Attends-moi cinq minutes, je (se préparer). — 2. Je ne les ai pas vus à l'entrée du cinéma ; ils avaient pourtant dit qu'ils (venir). Ils (avoir) un contre-temps. — 3. Quand tu (finir), préviens-nous. — 4. J'ai toujours pensé qu'il (se faire) un malin plaisir de nous narguer. — 5. Je rentre chez moi de bonne heure parce que le plombier (passer) dans la soirée. — 6. Dès que les résultats du procès nous (être communiqués) nous vous les ferons parvenir. — 7. N'oublie pas ton parapluie, il (pleuvoir). — 8. Sans indications plus précises, ils ne (trouver) jamais le chemin. — 9. Tu (être) bien aimable de ne pas oublier tes clés : je n'ai pas envie de me lever à 3 heures du matin pour t'ouvrir la porte ! — 10. Il avait bien promis qu'il me (téléphoner) dès qu'il (arriver).

Trouvez une explication probable, au futur antérieur, aux événements suivants :

1. Il n'a pas répondu à ma lettre.
2. Ils ne m'ont pas invité à leur mariage.
3. Il ne m'a toujours pas rendu mon transistor.
4. Elle est partie sans dire au revoir.
5. Il n'est pas venu au cinéma à six heures comme prévu.
6. Il s'est acheté une superbe voiture.
7. Marie s'est fait teindre en blonde.
8. Ils ont finalement passé leurs vacances en Sicile.
9. Pierre a renoncé à s'acheter une moto.
10. Il n'a pas réussi à l'examen

Expliquez l'emploi du futur dans le texte suivant :

Chez l'Ami Paul
13, rue général de Gaulle, VIIe

Non loin de l'Alma, à quelques minutes de nos deux chaînes de télévision, un petit restaurant au décor basque avec des chistéras, des pelotes et aux murs les rugbymen nationaux, amis du propriétaire. On se bouscule aimablement au coude à coude, on y rencontre les techniciens, les journalistes, tout le petit monde de la télévision, en un mot tous ceux que la généreuse cuisine basque ne rebute pas.
L'ami Paul saura vous faire patienter au bar sans oublier pour autant que vous êtes pressé et que les bonnes odeurs vous allèchent. Ensuite, il vous servira une paella succulente, ou un confit d'oie accompagné de petites pommes fondantes, à moins que vous ne préfériez le lapin à la moutarde très revigorant ou le poulet basquaise assaisonné de façon subtile. Il y a bien sûr aussi les pipérades ou les calamars qui régaleront les palais blasés.
Pour une dizaine d'euros, vous satisferez votre appétit gourmand dans une joyeuse ambiance, où l'efficacité du service et la qualité des mets ont la priorité.
Vous y retournerez pour l'accueil spontané de l'Ami Jean.

Paris Resto (100 tables à Paris de 10 à 25 euros)

 **Même exercice avec cette chanson de Mouloudji :**

Un jour on se rencontrera

Un jour tu verras
on se rencontrera
quelque part n'importe où
guidés par le hasard
nous nous regarderons
et nous nous sourirons
et la main dans la main
par les rues nous irons
le temps passe si vite
le soir cachera bien
nos cœurs, ces deux voleurs
puis nous arriverons sur une place grise
où les pavés seront doux à nos âmes grises
il y aura un bal
très pauvre, très banal
sous un ciel plein de brume
et de mélancolie
un aveugle jouera
de l'orgue de barbarie
cet air pour nous sera
le plus beau, le plus joli
puis je t'inviterai
ta taille je prendrai
nous danserons tranquilles
loin des gens de la ville
nous danserons l'amour, les yeux au fond des yeux
vers une fin du monde
vers une nuit profonde

Paroles de Mouloudji, musique de Georges Van Parys.

 **Appréciez l'emploi du futur dans ce poème :**

Demain, dès l'aube…

À la veille de l'anniversaire de la mort tragique de sa fille aînée Léopoldine qui s'est noyée dans la Seine au cours d'une promenade, Victor Hugo s'apprête à aller se recueillir à Villequier, dans le petit cimetière qui domine la Seine.

Demain, dès l'aube, à l'heure où blanchit la campagne,
Je partirai. Vois-tu, je sais que tu m'attends.
J'irai par la forêt, j'irai par la montagne.
Je ne puis demeurer loin de toi plus longtemps.

Je marcherai les yeux fixés sur mes pensées,
Sans rien voir au dehors, sans entendre aucun bruit,

Seul, inconnu, le dos courbé, les mains croisées,
Triste, et le jour pour moi sera comme la nuit.

Je ne regarderai ni l'or du soir qui tombe,
Ni les voiles au loin descendant vers Harfleur,
Et quand j'arriverai, je mettrai sur ta tombe
Un bouquet de houx vert et de bruyère en fleur.

Victor Hugo, *Les Contemplations*,
4 octobre 1847

Tableau de concordance des temps

Chapitre 24

Verbe principal	Relation entre les 2 verbes	Verbe subordonné	Exemples
Présent Impératif Futur Conditionnel présent	Simultanéité Postériorité →	Subjonctif présent	Je doute qu'il vienne (aujourd'hui ou demain)
	Antériorité →	Subjonctif passé	Je regrette qu'il soit parti sans prévenir
Imparfait Passé composé Passé simple Plus que parfait Passé antérieur Conditionnel passé	Simultanéité Postériorité } →	Subjonctif imparfait (français soutenu) *Subjonctif présent* (français standard)	Elle fut heureuse qu'il acceptât son offre Elle fut heureuse qu'il accepte son offre
	Antériorité →	Subjonctif plus-que-parfait (français soutenu) *Subjonctif passé* (français standard)	Il attendit qu'il fût parti Il attendit qu'il soit parti

Rappel :

Attention aux 10 verbes dont le subjonctif est irrégulier : *avoir, être, aller, faire, falloir, pleuvoir, pouvoir, savoir, valoir, vouloir.*

L'expression du temps

Chapitre 25

On peut exprimer les rapports de temps d'une manière très variée en français.

1 Par des conjonctions

<table>
<tr><th>Antériorité</th><th colspan="2">Simultanéité</th><th colspan="2">Postériorité</th></tr>
<tr><td rowspan="5">1) avec le subjonctif
avant que (ne)
en attendant que
jusqu'à ce que
d'ici à ce que
du plus loin que

2) avec l'indicatif
avant le moment où
jusqu'au moment où
en attendant le moment où</td><td colspan="2">avec l'indicatif</td><td colspan="2">avec l'indicatif</td></tr>
<tr><td>quand
lorsque
au moment où</td><td>moment précis</td><td rowspan="2">après que
une fois que
dès que
aussitôt que
sitôt que
à peine… que</td><td rowspan="2">succession rapide</td></tr>
<tr><td>comme
alors que
tandis que
à mesure que
pendant que</td><td>durée</td></tr>
<tr><td>en même temps que
tant que
aussi longtemps que</td><td>durée égale</td><td rowspan="2">maintenant que
depuis que</td><td rowspan="2">point de départ d'une action</td></tr>
<tr><td>toutes les fois que
chaque fois que</td><td>habitude</td></tr>
</table>

2 Par des adverbes ou des locutions adverbiales

Connecteurs de rupture	À cet instant, alors, or, soudain, tout à coup
Instant présent	Aujourd'hui, maintenant, à présent
Passé	Autrefois, avant, jadis, naguère, tout à l'heure
Futur	Bientôt, d'ici-là, tout à l'heure
Antériorité	Auparavant, avant, depuis, à l'instant, jusque-là
Postériorité	Après, désormais, dorénavant, ensuite, dans la suite, par la suite, à jamais
Rapidité	Aussitôt, immédiatement, sitôt, tout de suite, sur le champ
Durée	Depuis, entre-temps, longtemps, lors, tout le temps

3 Par certaines expressions

1. Depuis – pour – pendant – après – une fois par... – il y a... etc.
Note : Bien distinguer :
Il est parti depuis 2 jours.
Il est parti il y a 2 jours.
Il est parti pendant 2 jours.
Il est parti pour 2 jours.

2. Préposition + infinitif :
Avant de – après (+ infinitif passé) – en attendant de – au moment de – sans attendre de...

3. Préposition + nom :
Après – avant – pendant – au cours de – dès...

4. Des tournures exprimant la rapidité, la répétition
Par retour du courrier. — Dans les plus brefs délais. — En un clin d'œil. — En un tournemain. — En deux temps, trois mouvements. — Séance tenante. — Il y a belle lurette (fam.) — Sous peu. — Sans cesse, sans arrêt. — À tout propos, en toute occasion. — En toutes circonstances. — À tout bout de champ.

4 Par des participes passés, participes présents ou gérondifs

Ex. : « Le déjeuner terminé, ils plièrent leurs serviettes ».
« En faisant la vaisselle, elle chante ».

5 Par des verbes

1. Certains verbes comportent une idée de temps

- *attendre que + subjonctif*
  Ex. : J'ai attendu une heure qu'il revienne.
- *mettre + indication de durée + à /pour+ infinitif*
  Ex. : Il a mis six mois à me répondre.
- *prendre +indication de durée +pour +infinitif*
  Ex. : Cela te prendra une heure pour finir.
- *durer + indication de durée*
  Ex. : L'orage a duré toute la nuit.
- *passer + indication de durée + infinitif*
  Ex. : Il était épuisé, il a passé la journée à dormir.

2. Certains verbes sont directement construits avec un complément circonstanciel de temps :

Ex. : Rester huit jours à la campagne.
Demeurer trois heures sans bouger.
Passer une semaine au bord de la mer.
Marcher une demi-heure dans la salle des Pas Perdus.
Finir son mois.
Perdre son temps — Perdre 8 jours à...
Gagner quelques minutes.

Exercices

1 **Répondez aux questions suivantes :**

1. Quand avez-vous commencé à apprendre le français ? — 2. Combien de temps avez-vous mis pour savoir nager ? — 3. Jusqu'à quand pensez-vous rester en France ? — 4. Depuis combien d'années songiez-vous à ce voyage ? — 5. Il y a combien de jours qu'il s'est installé chez vous ? — 6. De combien de temps disposez-vous pour terminer votre aquarelle ? — 7. Pour combien de jours partez-vous ? — 8. Pendant combien de jours êtes-vous partis ? — 9. Depuis quand et jusqu'à quand aurons-nous des vacances ? — 10. Vers quelle époque pensez-vous prendre votre retraite ? — 11. De quelle heure à quelle heure sont fermés généralement les magasins en France ? — 12. En combien de temps avez-vous fait l'aller-retour Paris-New-York ? — 13. Depuis quelle heure attendez-vous votre amie ? — 14. Vers quelle heure doit-il aller vous voir ? — 15. Pendant combien de jours avez-vous été malade ? — 16. Depuis combien de temps avez-vous cette bronchite ? — 17. Depuis quand toussez-vous ? — 18. Pendant combien de temps dois-je faire cette série de piqûres ?

Donnez trois réponses avec une expression de temps différente à chacune de ces questions :

Ex. : À quelle heure rentre-t-il ?

À huit heures / Juste après le cours / Dès qu'il a fini / Avant le dîner

1. Quand est-elle arrivée ?
2. Combien de temps restera-t-il ?
3. Vas-tu souvent au cinéma ?
4. Depuis quand est-elle mariée ?
5. À quel moment dois-tu le rencontrer ?
6. Jusqu'à quand séjournerez-vous à Nice ?
7. Quand a-t-il compris qu'il s'était trompé de clé ?
8. Partez-vous longtemps ?

Mettez aux temps convenables :

1. Pendant que tu (choisir) un pantalon, je vais regarder les cravates. — 2. En attendant que la petite fille (savoir) jouer « La Sonate au Clair de Lune », il faut qu'elle s'exerce à faire des gammes. — 3. Dès que le boulanger (sortir) le pain du four, une odeur appétissante remplit le magasin. — 4. Le professeur rabâche les mêmes explications jusqu'à ce que tous les élèves (comprendre) (l. parlé). — 5. Dites-lui vite une parole gentille avant qu'il n'(avoir) de la peine. — 6. Toutes les fois que je (aller) chez le coiffeur, j'en profite pour lire des magazines. — 7. Maintenant que je (être sûr) de ne pas avoir fait fausse route, j'envisage l'avenir avec sérénité. — 8. Pendant que le garagiste (réparer) notre voiture, nous en avons profité pour visiter la ville à pied. — 9. En attendant que tu (lire) ce roman, nous en prêterons un autre à mon amie. — 10. Dès que tu (lire) ce roman, nous le passerons à mon amie (l. parlé). — 11. Alors que vous ne vous en (douter) pas, je vous préparais en secret un cadeau pour votre anniversaire. — 12. D'ici à ce qu'il (être accusé) de plagiat il n'y a qu'un pas.

Même exercice :

1. Avant que vous ne (téléphoner) à votre associé, il faut que je vous mette au courant des dernières nouvelles. — 2. En attendant que nous (pouvoir) faire des projets de vacances

pour l'été prochain, vous pouvez toujours rêver sur les photos de l'an dernier. — 3. Tant que je ne (connaître) pas le diagnostic du médecin et son verdict, je serai dans les transes (l. parlé). — 4. Tandis qu'elle (raccommoder) les chaussettes de ses enfants, elle déplorait leur manque de soin. — 5. Les arbres seront dénudés jusqu'à ce que le printemps (revenir) et que les bourgeons (apparaître). — 6. Il passera de l'eau sous les ponts avant qu'ils (pouvoir) déménager. — 7. Alors que le maçon (finir) les réparations dans son appartement, il posait lui-même l'électricité. — 8. Je vous parlerai de la peinture hollandaise jusqu'à ce que vous (savoir) la comprendre et l'apprécier. — 9. Maintenant que je (comprendre) que sa froideur n'était que de la timidité, je le trouve beaucoup plus sympathique. — 10. Du plus loin que je (se souvenir), je revois la tapisserie de ma chambre d'enfant. — 11. Il y a un an que nous (quitter) cet appartement. — 12. Une fois qu'il (se remettre) il pourra reprendre ses activités.

Complétez les phrases suivantes avec des expressions de temps :

1. Il faisait beau ; (...) le ciel se couvrit de gros nuages et il se mit à pleuvoir. — 2. (...) elle termine le repas, les enfants mettent le couvert. — 3. Son mari lui apporte un bouquet d'anémones ou de soucis (...). — 4. (...) le visiteur eut-il compris sa méprise, qu'il bredouilla quelques mots. — 5. (...) le feu sera vert, le flot des voitures pourra passer. — 6. J'avais (...) terminé mon travail, lorsque l'émission de télévision a commencé. — 7. (...) d'aller à cette soirée, je tiens à aller chez le coiffeur. — 8. Restez-là (...) ce qu'on vienne vous chercher. — 9. (...) mon arrivée, il n'a pas cessé de pleuvoir. — 10. (...) mon séjour à Paris, il a fait beau tous les jours. — 11. (...) avoir vu ce film, elle aimait de plus en plus les paysages méditerranéens. — 12. (...) je serai là, tu n'auras pas de souci à te faire pour le vivre et le couvert. — 13. (...) il viendra et (...) il verra que le travail n'a pas été fait correctement, il se fâchera tout rouge. — 14. (...) vous soyez en âge de lire les *Fables* de La Fontaine, disait l'institutrice à ses élèves, je vais vous raconter les mésaventures du corbeau flatté par le renard. — 15. (...) que le ballet se déroulait, on se rendait compte du rythme que les danseurs pouvaient soutenir.

Même exercice :

1. Le robinet d'eau chaude a coulé (...). — 2. J'ai vu *Hiroshima mon amour* d'Alain Resnais (...) au moins cinq ans. — 3. La visite du musée de peinture n'a (...) duré (...) de deux heures. — 4. Le peintre a mis (...) pour retapisser la salle à manger. — 5. Répondez à ma lettre (...). — 6. Le boulanger fait cuire des croissants et des brioches (...). — 7. Ce roman m'a tellement passionné que je l'ai lu (...) 2 jours. — 8. Les banques sont fermées les (...). — 9. Les grands magasins sont ouverts (...) 22 heures. — 10. (...) quelques jours, il sera fixé sur l'issue de sa démarche. — 11. (...) plusieurs jours, il marche avec des béquilles, car il s'est fait une entorse à la cheville. — 12. (...) de longs jours, le brouillard n'a pas quitté la vallée et le plafond est resté très bas. — 13. Elle a eu une opération (...) 3 heures. Mais une semaine (...) elle quittait la clinique. — 14. La Comédie Française jouera *Le Malade Imaginaire* de Molière (...) 15 (...) 20 janvier (...) matinée et (...) soirée. — 15. Un manœuvre travaille (...) matin (...) soir pour un salaire de misère.

Même exercice :

1. Il va partir aux États-Unis (...) un an. — 2. (...) de mon séjour en Allemagne, j'ai appris à aimer la bière. — 3. (...) je n'ai pensé que vous pourriez vous faire du souci à

mon sujet. — 4. Elle a acheté ce bahut normand et ce vaisselier (...) fort longtemps. — 5. Avec cette recette, vous pouvez faire un délicieux gâteau (...). — 6. Le dessin animé n'a duré qu'(...) de minutes. — 7. Revenez (...) quelques jours : votre dossier sera prêt. — 8. (...) de se coucher, les personnes âgées boivent souvent une infusion de tilleul. — 9. (...) sa chute de ski de l'an dernier, il ose à peine remonter sur les planches (fam.) — 10. M'attends-tu depuis longtemps ? Non, (...) quelques minutes seulement. — 11. (...) tu as atteint ta majorité, il faut absolument que tu prennes du plomb dans la cervelle. — 12. (...) on l'eut appelé, le médecin accourut au chevet du malade. — 13. (...) je vivrai, je reverrai le visage de ma grand-mère.

Complétez les phrases suivantes avec une de ces expressions :
a) Depuis, depuis que, il y a... que, cela fait ... que, il y a

1. .... bientôt un demi siècle...... les femmes ont, en France, le droit de vote.
2. .... le mois d'octobre, il pleut.
3. .... elle est aidée, elle est beaucoup moins fatiguée.
4. Elle est revenue .... une heure.
5. .... cinq ans ...... ils sont partis au Canada.
6. .... une quinzaine d'années ...... je ne l'ai pas vue.

b) En, dans, pour, pendant

1. Il est resté .... trois mois à l'hôpital.
2. Il reviendra à Marseille .... une quinzaine de jours.
3. Ils étaient partis .... six mois faire le tour du monde.
4. Tu n'arriveras jamais à terminer ce travail .... si peu de temps.
5. Il a avalé sa soupe .... deux minutes.
6. .... des siècles, il fallait une semaine pour traverser la France ; maintenant on le fait .... la journée.

Complétez les phrases suivantes à l'aide d'un de ces mots : dès (que), depuis (que), avant (de, que), jusqu'à (ce que), en attendant (de, que), à partir de, quand, après (que) :

1. Ses parents venaient juste de partir (...) l'incendie s'est déclaré. — 2. (...) le mois prochain, les barrières de dégel seront supprimées dans la plupart des départements. — 3. (...) pouvoir cerner correctement la question, il faudrait procéder à une étude plus approfondie. — 4. (...) avoir pris cette décision, ils ont regretté de n'avoir pas demandé conseil à leur entourage. — 5. (...)le témoin eut formulé cette accusation, des protestations vigoureuses s'élevèrent dans le public. — 6. (...), il était très dynamique, mais (...) sa demande d'augmentation lui a été refusée, il est complètement désabusé. — 7. Ils ont parlementé (...) ils obtiennent la réouverture de l'atelier. — 8. (...) l'abolition de la peine de mort, certains ont préconisé sa remise en vigueur. — 9. (...) cet incident, il passait plutôt inaperçu, mais (...) ce moment, il devint la risée de tous ses collègues. — 10. (...) conclure, il a fait preuve de telles outrances verbales qu'il s'est discrédité devant l'opinion. — 11. Elle est furieuse ; (...) son retour de vacances, il ne lui a pas téléphoné une seule fois. — 12. (...) cette réplique, il se rendit compte que toute tentative de conciliation serait vaine.

Exercices

Utilisez dans des phrases les expressions de temps suivantes :

À 2 heures. — Pendant 2 mois. — Pour 2 ans. — Vers 2 heures. — Depuis 20 minutes. — En 2 heures. — Il y a 2 heures. — Dans 2 heures. — Il y a 2 heures que. — 2 heures après. — Depuis midi. — Avant 14 heures.

Même exercice :

— Du matin au soir. — Pendant des mois. — Une quarantaine de minutes. — Une fois tous les deux ans. — Sous huitaine. — Les jours ouvrables. — Il y a très longtemps. — D'ici à 3 jours. — Par retour du courrier. — Pas plus tard qu'hier. — En un clin d'œil. — Sous peu.

Terminez les phrases suivantes:

1. Quand il se rendait à Paris, ...
2. Comme elle finissait son repas, ...
3. Pendant que tu fermeras les volets, ton frère ....
4. Quand il arriva à Londres, ...
5. Brigitte allait à la pharmacie quand ....
6. Il lui répondit dès que ....
7. L'orage a éclaté avant que ....
8. Pendant leur déménagement, Anne a fait des cartons alors qu'Yves ....
9. Luc nettoyait sa voiture en attendant que ....
10. Chaque fois qu'il écoutait ce disque ....
11. Avant de partir, Philippe ....
12. Depuis qu'il pleut ....
13. Aussi longtemps que tu feras des fautes ....
14. Il est parti après que ....
15. Elle fera son gâteau quand ....
16. Je t'aiderai jusqu'à ce que ....
17. Il ouvrit la télévision aussitôt que ....
18. Quand elle avait fini sa vaisselle, elle ....
19. Tant que tu ne feras pas d'effort, ...
20. Une fois qu'il eut appris son rôle ....

Appréciez l'emploi de l'imparfait dans le texte suivant :

« ***Ce bonsoir que j'aimais tant*** »

Ma seule consolation, quand je montais me coucher, était que maman viendrait m'embrasser quand je serais dans mon lit. Mais ce bonsoir durait si peu de temps, elle redescendait si vite, que le moment où je l'entendais monter, puis où passait dans le couloir à double porte le bruit léger de sa robe de jardin en mousseline bleue, à laquelle pendaient de petits cordons de paille tressée, était pour moi un moment douloureux. Il annonçait celui qui allait le suivre, où elle m'aurait quitté, où elle serait redescendue. De sorte que ce bonsoir que j'aimais tant, j'en arrivais à souhaiter qu'il vînt le plus tard possible, à ce que se prolongeât le temps de répit où maman n'était pas encore venue. Quelquefois quand, après m'avoir embrassé, elle ouvrait ma porte pour partir, je voulais la rappeler, lui dire « embrasse-moi une fois encore », mais je savais qu'aussitôt elle aurait son visage fâché, car la concession qu'elle faisait à ma tristesse et à mon agitation en montant m'embrasser, en m'apportant ce baiser de paix, agaçait mon père qui trouvait ces rites absurdes, et elle eût voulu tâcher de m'en faire perdre le besoin, l'habitude, bien loin de me laisser prendre celle de lui demander, quand elle était déjà sur le pas de la porte, un baiser de plus.

Marcel Proust
Du côté de chez Swann

14 L'évasion de Fabrice (extrait de *La Chartreuse de Parme* de Stendhal)
– Relevez dans ce texte les expressions de temps
– Justifiez les temps utilisés par Stendhal

Vers le minuit un de ces brouillards épais et blancs que le Pô jette quelquefois sur ses rives s'étendit d'abord sur la ville et ensuite gagna l'esplanade et les bastions au milieu desquels s'élève la grosse tour de la citadelle. Fabrice crut voir que, du parapet de la plate-forme, on n'apercevait plus les petits acacias qui environnaient les jardins établis par les soldats au pied du mur de cent quatre-vingts pieds. Voilà qui est excellent, pensa-t-il.

Un peu après que minuit eut sonné, le signal de la petite lampe parut à la fenêtre de la volière. Fabrice était prêt à agir ; il fit un signe de croix, puis attacha à son lit la petite corde destinée à lui faire descendre les trente-cinq pieds qui le séparaient de la plate-forme où était le palais. Il arriva sans encombre sur le toit du corps de garde occupé depuis la veille par les deux cents hommes de renfort. Par malheur les soldats ne s'étaient pas encore endormis; pendant qu'il marchait à pas de loup sur le toit de grosses tuiles creuses, Fabrice les entendait qui disaient que le diable était sur le toit, et qu'il fallait essayer de le tuer d'un coup de fusil. Fabrice se hâtait le plus possible et faisait beaucoup plus de bruit. Le fait est qu' au moment où, pendu à sa corde, il passa devant les fenêtres, par bonheur à quatre ou cinq pieds de distance à cause de l'avance du toit, elles étaient hérissées de baïonnettes.

Arrivé sur la plate-forme et entouré de sentinelles qui ordinairement criaient tous les quarts d'heure une phrase entière : « Tout est bien autour de mon poste », il dirigea ses pas vers le parapet du couchant et chercha la pierre neuve. (1)

(1) Cette pierre marque le point où Fabrice doit franchir le parapet.

Le discours rapporté

Chapitre 26

1 Style direct

1. Martine précisa alors : « Je ne partirai que quelques jours et je reviendrai avec mes amis. »

2. « Je ne partirai que quelques jours, précisa alors Martine, et je reviendrai avec mes amis. »

3. « Je ne partirai que quelques jours et je reviendrai avec mes amis », précisa alors Martine.

Le message est rapporté au style direct. Ce sont les paroles du locuteur qui sont retransmises.

a) présence d'un verbe introducteur. Celui-ci peut-être placé avant, au milieu ou à la fin du message (dans les deux derniers cas, remarquez l'inversion du sujet).

b) ponctuation : deux points ; guillemets au commencement et à la fin des paroles rapportées.

c) les éléments de l'énonciation sont conservés.

d) intonation : pause après le verbe introducteur si celui-ci est en tête. Si le verbe introducteur est intercalé ou placé après, légère baisse de la voix.

2 Style indirect

Ex. : Martine précisa alors qu'elle ne partirait que quelques jours et qu'elle reviendrait avec ses amis.
Le message est rapporté au **style indirect**.

1. Le verbe introducteur précède obligatoirement le message qui devient une complétive. Attention : tous les verbes introducteurs d'un message au style direct ne peuvent être utilisés au style indirect.
Ex. : « Mais vous, vous seriez d'accord pour le laisser partir ? », reprit-il.
Transformation impossible. « Il reprit que » ne se dit pas.

2. Les verbes introducteurs sont nombreux en français; parmi les plus courants :
dire, affirmer, expliquer, exprimer, assurer, répéter, conseiller, répondre, rétorquer, répliquer, objecter, ordonner, etc.
Voir dans l'expression de la pensée (page 145) une analyse plus détaillée de ces verbes

3. Le mode de subordination dépendra de la nature du message (assertion, question, ordre)
Ex. : Elle a téléphoné qu'elle serait en retard.
Il lui a demandé de venir plus tard.
Il ne savait pas si la grève aurait lieu, etc.

4. Le passage du style direct au style indirect entraîne des modifications importantes du message initial.

a) les pronoms personnels et les adjectifs possessifs.
(Le changement dépendra de l'énonciateur et du récepteur)
Ex. : L'élève dit à sa voisine : « Je vais me servir de ton livre ; j'ai oublié le mien ». L'élève dit à sa voisine qu'il va se servir de son livre, qu'il a oublié le sien.

b) les adverbes ou adjectifs de temps et de lieu (si le verbe introducteur est au passé) ;

hier	→ la veille
avant-hier	→ l'avant-veille
aujourd'hui	→ ce jour-là
maintenant, en ce moment	→ à ce moment-là, alors
demain	→ le lendemain
après-demain	→ le surlendemain
lundi dernier	→ le lundi précédent, le lundi d'avant
lundi prochain	→ le lundi suivant, d'après
ici	→ là
dans 3 jours	→ 3 jours après, 3 jours plus tard
Il y a 2 jours	→ 2 jours auparavant

c) Le mode
L'impératif est remplacé le plus souvent par le subjonctif, par l'infinitif ou par des auxiliaires modaux : devoir ou falloir.
Ex. : Pierre à ses amis : « Aidez-moi ».
Il a dit qu'on l'aide
qu'on devait l'aider
qu'il fallait l'aider
Il leur a demandé de l'aider.

d) Les temps

■ Si le verbe introducteur est au présent, à l'impératif, au futur ou au conditionnel présent : pas de changement du message initial.

■ Si le verbe introducteur est au passé, le verbe du message initial va, le plus souvent, changer de temps.

Verbe du message initial	Verbe au style direct
présent *Ex. :* Il disait : « J'ai faim »	*imparfait* Il disait qu'il avait faim.
imparfait *Ex. :* Il a dit : « tu avais une jolie robe, hier. »	*imparfait ou plus-que-parfait* Il a dit qu'elle avait une jolie robe, la veille.
passé composé Ex. : Il a crié : « j'ai réussi à mon examen. »	*plus-que-parfait* Il a crié qu'il avait réussi à son examen.
passé simple Ex. : Il pensa : « ce fut une belle soirée. »	*passé simple* Il pensa que ce fut une belle soirée.
plus-que-parfait Ex. : Elle a dit : « J'avais tout préparé pour que nous puissions partir tôt. »	*plus-que-parfait* Elle a dit qu'elle avait tout préparé pour qu'ils puissent partir tôt.
futur Ex. : Elle lui a demandé : « Pourras-tu m'accompagner à la gare ? »	*conditionnel présent* Elle lui a demandé s'il pourrait l'accompagner à la gare.
futur antérieur Ex. : L'employé déclara : « J'aurai fini mon travail avant deux jours. »	*conditionnel passé* L'employé déclara qu'il aurait fini son travail avant deux jours.
conditionnel (présent et passé) Ex. : Elle a dit : « Je ferais bien une petite promenade. »	*conditionnel présent et passé* Elle a dit qu'elle ferait bien une petite promenade.

Remarque : un verbe exprimant une vérité générale ou permanente (présent) n'est pas modifié au style indirect.
Ex. : Il a dit que le soleil se lève à l'est.

5. Lorsque le discours rapporté, au style indirect, devient un discours journalistique ou romanesque, il demande une recherche lexicale très précise des verbes introducteurs pour traduire de la façon la plus fidèle la pensée du locuteur et sa situation par rapport au récepteur. (cf. *Le Qu'en dira-t-on.* H. Gauvenet Didier). De plus un accompagnement d'adverbes ou de compléments circonstanciels sera nécessaire pour restituer tout le contexte intonatif, gestuel ou affectif du message oral.

3 Style indirect libre

Ex. : Elle leur donna quelques précisions ; elle ne partirait que quelques jours et reviendrait avec ses amis.

C'est un procédé mixte qui présente certains aspects du style indirect (changements de pronoms, de possessifs, de temps et d'adverbes de temps) et d'autres du style direct (ponctuation et interjections). Il se caractérise par l'absence de subordonnant et par la présence facultative d'un verbe introducteur. Il est réservé à l'écrit littéraire. Il est souvent moins lourd que le style indirect et a l'avantage de ne pas interrompre le récit auquel il s'intègre insensiblement.

Rapportez au style indirect les phrases suivantes en utilisant un de ces verbes introducteurs (dire, demander, répondre, confirmer, ajouter) et en le mettant :
1 – au présent
2 – au passé

1. Quelle heure est-il ? — 2. Fermez la porte ! — 3. Mais oui, je rapporterai les disques. — 4. Voulez-vous ouvrir la fenêtre ! — 5. Et si j'ai le temps, j'irai à Versailles. — 6. Le train de Paris ? il n'est pas encore arrivé. — 7. Tu viendras seul ? — 8. Deux droites orthogonales forment un angle de 90°. — 9. Voudriez-vous vous taire ! — 10. Qu'est-ce que vous dites ? — 11. Voulez-vous du thé ou du café ? — 12. Qui est-ce qui peut répondre à cette question ?

Mettez au style indirect :

1. « Qu'allez-vous faire cet après-midi ? », demanda-t-elle à son collègue. — 2. « Comme elle a l'air fatiguée et comme elle doit avoir besoin de repos ! » pensions nous pendant qu'elle nous parlait. — 3. « Etes-vous contente de votre machine à coudre et l'avez-vous payée cher ? » m'a demandé mon amie. — 4. « Qu'as-tu pensé de l'émission de télévision de jeudi soir ? », je voudrais le savoir. — 5. « M'accompagneras-tu au cinéma demain ? » lui a demandé son frère. — 6. Il a annoncé à sa mère : « Je pars finir mes études à Paris l'année prochaine ». — 7. Dans son discours à ses employés, le directeur a confirmé : « N'ayez aucune crainte, vous aurez tous une augmentation de 3 % d'ici à deux mois. » — 8. Après plusieurs heures d'interrogatoire, l'inculpé est passé aux aveux : « c'est moi qui ai maquillé l'immatriculation de la voiture » (l. parlé). — 9. L'employé de mairie m'a affirmé : « Vous recevrez votre fiche d'état-civil sous huitaine. Je n'ai plus qu'à la faire tamponner et signer par le maire. » — 10. J'ai tenu à lui demander : « Seriez-vous allée à cette soirée sans la permission de votre mère ? »

Mettez au style indirect :

Jean-Pierre s'adresse à Véronique : « Mes parents me proposent d'aller trois jours à Hyères avec eux. Ils seraient très heureux que tu viennes avec nous. On prendrait leur voiture qui est assez grande. Moi, ça me ferait très plaisir que tu nous accompagnes. »

– Jean-Pierre rapporte ses paroles à ses parents.
– Véronique rapporte les paroles de Jean-Pierre à sa mère.
– La mère de Véronique en parle à son mari.

A) Comment est introduit le discours rapporté ?
B) Refaites la phrase en mettant un verbe introducteur au passé :

1. De l'avis de la police, l'incendie serait d'origine criminelle. — 2. Selon les médecins, il y a incompatibilité entre ce traitement et le malade. — 3. Pour M. Martin, cette histoire n'est guère plausible. — 4. Au dire des voisins, le jeune homme se livrait depuis longtemps à des activités illicites. — 5. D'après les enquêteurs, l'attentat aurait été commis par un groupe de fanatiques. — 6. Selon l'opinion de cet homme politique, une telle attitude serait de la pure démagogie. — 7. À entendre ses proches collaborateurs, ce serait un personnage très pusillanime. — 8. D'après le discours du maire, notre ville serait bientôt équipée de nouveaux logements sociaux. — 9. À en croire sa famille, c'est un bourreau de travail. — 10. D'après le témoignage des personnes présentes au moment de l'accident, la collision aurait pu être évitée.

5 *Le peintre* (Sempé)

– 1. Imaginez le dialogue.
– 2. Un des deux personnages raconte cette scène à un ami quelques jours plus tard.
– 3. Écrivez un article de journal pour relater ce fait divers.

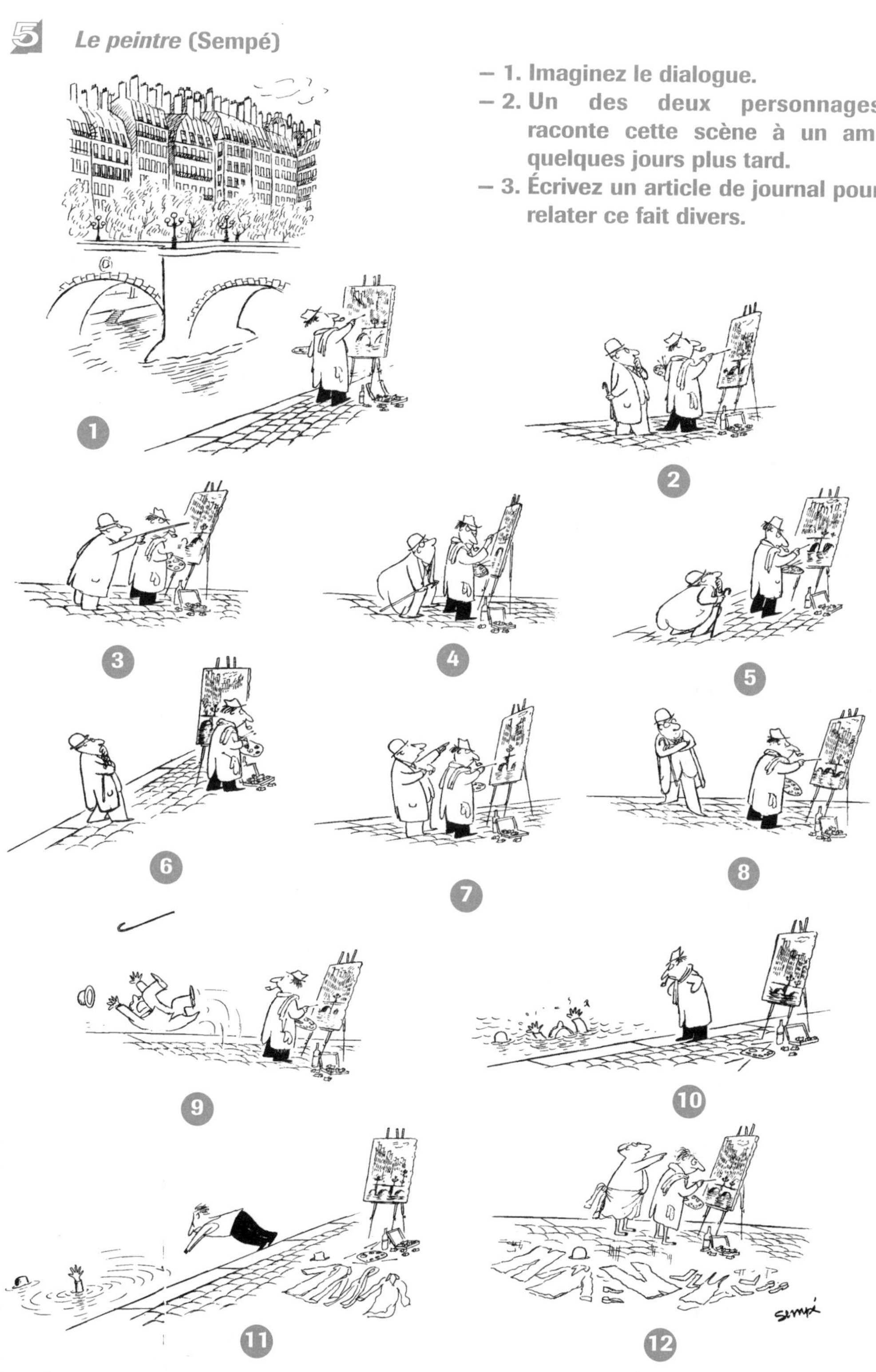

Jean-Jacques Sempé, *Rien n'est simple, © by Sempé et Éditions Denoël, 1963.*

Le discours rapporté à des moments différents :

Un père s'adresse à son fils : « Je dois te dire que ton attitude me surprend beaucoup. Tu passes un concours dans trois semaines. Hier, tu es sorti avec des camarades ; la semaine prochaine, tu pars en Angleterre. Je sais bien que tu n'es plus un enfant, mais souviens-toi de ce qui est arrivé à ton frère il y a deux ans et combien il avait regretté d'avoir perdu son temps. Je t'en prie, ne gâche pas ton avenir ! »

– Quelques heures après, le fils rapporte à un ami ce que lui a dit son père.
– Six mois après, le père rapporte ses paroles à un collègue.
(Plusieurs verbes introducteurs seront nécessaires).

Formulez le message au style direct sans réutiliser le verbe introducteur :

1. La maîtresse de maison a demandé aux invités de s'asseoir. — 2. Elle l'a supplié de renoncer à ce projet. — 3. Le professeur a demandé aux élèves de prendre une feuille de papier. — 4. Elle l'a menacé de le quitter. — 5. Il les avait avertis que le cours n'aurait pas lieu la semaine suivante. — 6. Le notaire a accepté que l'entrevue soit reportée à huitaine. — 7. Il a suggéré qu'on se retrouve au café après la conférence. — 8. Il s'est justifié en disant qu'il avait donné l'ordre de ne plus utiliser cette machine. — 9. Elle m'a promis que le manuscrit serait tapé avant la fin de la semaine. — 10. Il a réclamé impérativement que la presse publie un démenti à ses propos.

Voici des phrases au style direct.
– Qui parle ?
– Mettez ces phrases au style indirect en les faisant précéder du verbe introducteur qui convient :

1. Non, monsieur le directeur, je n'ai jamais reçu d'argent de ce client. — 2. Tu sais, tu risques d'avoir une contravention. — 3. Oui, je me suis peut-être trompé. — 4. Je veux absolument être remboursé. — 5. C'est vrai, ils avaient caché des armes chez nous. — 6. Oui, monsieur le juge, à cette époque je faisais partie de la bande, mais maintenant, il faut me croire, je n'ai plus rien à faire avec eux. — 7. Comme je te l'ai dit, nous arriverons par le train de 19 h 15. — 8. Vous pouvez en être certain, ces bottes sont imperméables. — 9. Je vous l'ai déjà dit, mon client n'était pas à Paris à cette date. — 10. Marie, je ne veux pas que tu conduises la voiture ; tu n'as pas encore ton permis. C'est trop risqué. — 11. Sans blague ! on t'a piqué ton autoradio toute neuve ! — 12. Ce traitement ne semble pas faire d'effet. Vous pourriez consulter un spécialiste ou un acupuncteur.

Après avoir cherché dans un dictionnaire les mots que vous ne connaissez pas, mettez ces phrases au style indirect. Les réponses étant longues, vous aurez à choisir plusieurs verbes introducteurs, afin d'introduire des nuances :

1. Le directeur de l'agence s'est mis en colère. Il a crié très fort : « Mademoiselle, je vous avais demandé la liste exhaustive de tous nos clients et je ne vois pas la moitié des noms. Faites attention : si cela continue, je ne pourrai pas vous garder. »

2. Elle a dit à son mari : « Je n'approuve pas du tout ton laxisme vis-à-vis de tes enfants. Un jour ils en paieront les conséquences. À ce moment-là, tu seras le premier à le déplorer. »

3. Ses amis lui ont demandé de se joindre à eux pour faire un voyage aux Antilles. Elle a répondu avec beaucoup de regrets : « C'est rédhibitoire. Les prix sont absolument prohibitifs pour moi en ce moment. Cela grèverait trop mon budget. Je ne peux, hélas, pas me le permettre. »

4. Quand ils ont vu la nouvelle construction qui s'élevait devant chez eux, ils se sont exclamés : « Mais c'est affreux ! Cela dépare complètement le quartier. C'est vraiment dommage car nous venons juste de faire ravaler notre façade. »
5. Elle a acheté des chaussures. En rentrant chez elle, elles ne lui plaisaient plus. Elle est retournée chez le vendeur et a pris un ton humble : « Monsieur, excusez-moi s'il vous plaît. Je suis désolée mais je me suis ravisée. Est-ce que vous pourriez reprendre ces chaussures… Vous comprenez, quand je les ai achetées, j'étais pressée et j'étais préoccupée par de graves soucis. »
6. Il a été tellement décontenancé par la réponse de son directeur à qui il avait demandé une augmentation que, sur le moment il n'a rien pu dire. Mais après quelques minutes, il a pensé : « Je ne vais pas rester ici longtemps. Je trouverai ailleurs un travail plus intéressant et de meilleurs appointements. »
7. C'est incroyable ce qu'il est casanier. Dès qu'on lui propose de sortir, il répond : « Partez sans moi. Je ne peux pas être plus heureux que chez moi. C'est dommage que vous ne le compreniez pas. »
8. L'imminence de l'orage nous a obligés à courir sur la route. Les enfants criaient : « Nous n'arriverons pas à temps. Qu'allons nous faire si nous ne trouvons pas un abri. Nous serons peut-être obligés de nous mettre à l'abri dans une grange. »
9. Il distribuait le travail à chacun d'un ton si péremptoire que son collaborateur lui a répondu : « Mais, monsieur, nous ne sommes pas des petits garçons. Nous sommes capables d'assumer nos responsabilités et notre travail, sans que vous vous imposiez de nous le répéter chaque matin. »
10. Quand j'ai porté mon colis à la Poste, l'employé qui était derrière le guichet m'a dit : « Il faut payer une surtaxe. Votre paquet excède de beaucoup le poids autorisé par la Poste. Vous êtes d'accord ou vous refaites votre paquet ? »

10 Écrivez ce texte au style indirect :

« Marie, tu ne connais pas ma Normandie marine et mouillée, ses ciels en mouvement. Quand tu l'as vue, en janvier, c'était l'immobilité du froid, le grand ciel blanc que tu as regardé en face, sans ciller, après être entrée dans le restaurant. C'est alors que j'ai découvert que tu as les yeux blonds. En bonne logique, puisqu'ils reflétaient du ciel, ils auraient dû bleuir, ou foncer, puisque tu étais vêtue d'un chandail noir. Non, ils étaient blonds. Et traqué leur regard, animal. »

François Nourissier, *La Crève*

Appréciez, dans ce texte, l'emploi du style indirect :

« L'homme élégant est descendu de la limousine, il fume une cigarette anglaise. Il regarde la jeune fille au feutre d'homme et aux chaussures d'or (…). Il répète que c'est tout à fait extraordinaire de la voir sur ce bac. Si tôt le matin, une jeune fille belle comme elle l'est, vous ne vous rendez pas compte, c'est très inattendu… Il lui dit que le chapeau lui va bien, très bien même, que c'est… original un chapeau d'homme, pourquoi pas ? elle est si jolie, elle peut tout se permettre.(…)

Il parlait. Il disait qu'il s'ennuyait de Paris, des adorables Parisiennes, des noces, des bombes, ah là là, de la Coupole, de la Rotonde, moi la Rotonde je préfère, des boîtes de nuit, de cette existence « épatante » qu'il avait menée pendant deux ans.(…) Il continuait à raconter. Sa mère à lui était morte, il était enfant unique. Seul lui restait le père détenteur de l'argent. Mais vous savez ce que c'est, il est rivé à sa pipe d'opium face au fleuve depuis dix ans, il gère sa fortune depuis son lit de camp : Elle dit qu'elle voit.

Marguerite Duras, *L'Amant*, © Les Éditions de Minuit, 1984

A) Identifiez les passages au style direct, indirect, indirect libre.
B) Mettez au style direct les passages au style indirect.

Peu après, le patron m'a fait appeler et sur le moment, j'ai été ennuyé parce que j'ai pensé qu'il allait me dire de moins téléphoner et de mieux travailler. Ce n'était pas cela du tout. Il m'a déclaré qu'il allait me parler d'un projet encore très vague. Il voulait seulement avoir mon avis sur la question. Il avait l'intention d'installer un bureau à Paris qui traiterait ses affaires sur la place, et directement, avec les grandes compagnies et il voulait savoir si j'étais disposé à y aller. Cela me permettrait de vivre à Paris et aussi de voyager une partie de l'année. « Vous êtes jeune, et il me semble que c'est une vie qui doit vous plaire. » J'ai dit que oui mais que dans le fond cela m'était égal. Il m'a demandé alors si je n'étais pas intéressé par un changement de vie. J'ai répondu qu'on ne changeait jamais de vie, qu'en tout cas toutes se valaient et que la mienne ici ne me déplaisait pas du tout. Il a eu l'air mécontent, m'a dit que je répondais toujours à côté, que je n'avais pas d'ambition et que cela était désastreux dans les affaires. Je suis retourné travailler alors. J'aurais préféré ne pas le mécontenter, mais je ne voyais pas de raison pour changer ma vie. En y réfléchissant bien, je n'étais pas malheureux. Quand j'étais étudiant, j'avais beaucoup d'ambitions de ce genre. Mais quand j'ai dû abandonner mes études, j'ai très vite compris que tout cela était sans importance réelle.

Le soir, Marie est venue me chercher et m'a demandé si je voulais me marier avec elle. J'ai dit que cela m'était égal et que nous pourrions le faire si elle le voulait. Elle a voulu savoir alors si je l'aimais. J'ai répondu comme je l'avais déjà fait une fois, que cela ne signifiait rien mais que sans doute je ne l'aimais pas. « Pourquoi m'épouser alors ? » a-t-elle dit. Je lui ai expliqué que cela n'avait aucune importance et que si elle le désirait, nous pouvions nous marier. D'ailleurs, c'était elle qui le demandait et moi je me contentais de dire oui. Elle a observé alors que le mariage était une chose grave. J'ai répondu : « Non. » Elle s'est tue un moment et elle m'a regardé en silence. Puis elle a parlé. Elle voulait simplement savoir si j'aurais accepté la même proposition venant d'une autre femme, à qui je serais attaché de la même façon. J'ai dit : « Naturellement. » Elle s'est demandé alors si elle m'aimait et moi, je ne pouvais rien savoir sur ce point. Après un autre moment de silence, elle a murmuré que j'étais bizarre, qu'elle m'aimait sans doute à cause de cela mais que peut-être un jour je la dégoûterais pour les mêmes raisons. Comme je me taisais, n'ayant rien à ajouter, elle m'a pris le bras en souriant et elle a déclaré qu'elle voulait se marier avec moi. J'ai répondu que nous le ferions dès qu'elle le voudrait. Je lui ai parlé alors de la proposition du patron et Marie m'a dit qu'elle aimerait connaître Paris. Je lui ai appris que j'y avais vécu dans un temps et elle m'a demandé comment c'était. Je lui ai dit : « C'est sale. Il y a des pigeons et des cours noires. Les gens ont la peau blanche. »

Puis nous avons marché et traversé la ville par ses grandes rues. Les femmes étaient belles et j'ai demandé à Marie si elle le remarquait. Elle m'a dit que oui et qu'elle me comprenait. Pendant un moment, nous n'avons plus parlé. Je voulais cependant qu'elle reste avec moi et je lui ai dit que nous pouvions dîner ensemble chez Céleste. Elle en avait bien envie, mais elle avait à faire. Nous étions près de chez moi et je lui ai dit au revoir. Elle m'a regardé : « Tu ne veux pas savoir ce que j'ai à faire ? » Je voulais bien le savoir, mais je n'y avais pas pensé et c'est ce qu'elle avait l'air de me reprocher. Alors, devant mon air empêtré, elle a encore ri et elle a eu vers moi un mouvement de tout le corps pour me tendre sa bouche.

Albert Camus, *L'Étranger, V.*

L'expression de la pensée

La langue française dispose d'un grand nombre de verbes et d'expressions d'opinion, pour traduire des nuances différentes.

Chapitre 27

1 Expression d'une opinion

1. Verbes de déclaration

a) *lorsqu'on donne une chose pour vraie :*
affirmer : j'affirme que c'est moi qui ai signé ce chèque.
attester : j'atteste que cet homme est innocent (= je témoigne)
certifier : je certifie que j'ai pris connaissance de ce document (ma déclaration engage mon honneur)
dire : dire la vérité
déclarer : le président de l'Assemblée nationale a déclaré ouverte la nouvelle session (idée d'une annonce solennelle)
garantir : je vous garantis que les travaux seront faits d'après le devis.
etc.

b) *lorqu'on veut donner une chose pour vraie avec une certitude sur l'avenir :*
assurer : je vous assure qu'il viendra demain
avancer : il a osé avancer que la guerre aurait lieu
promettre : je vous promets qu'il viendra demain
etc.

c) *Expressions impersonnelles les plus employées :*
C'est un fait que : c'est un fait qu'on ne comprend pas un mot de ce qu'il dit. (constatation)
Il est certain que : il est certain qu'il est bien malade.
Il est évident que : il est évident que je te rembourserai dès demain.
Il est clair que : il est clair qu'il n'a rien compris.
Il est vrai : il est vrai que je suis en retard.
Il va de soi que : il va de soi que les écoliers dorment plus longtemps le matin quand ils sont en vacances.
etc.

2. Verbes impliquant un jugement, une appréciation

constater : je constate que tu as encore fait une bêtise.
croire : je crois que tu as raison.
estimer : j'estime être dans mon droit.
penser : je pense que tu t'es trompé.
se rendre compte : je me rends compte qu'il a fait un travail considérable.
supposer : je suppose que tu vas aller le voir. (certitude sur l'avenir)
trouver : je trouve que tu es bien habillé.

Expressions
Il me semble : il me semble que tu es malade.
Il me paraît : il me parait impossible de faire ce travail.
On dirait que : on dirait qu'il va pleuvoir.

Règle :

■ À la forme affirmative, tous ces verbes et ces expressions qui expriment une certitude son suivis de l'indicatif.

■ À la forme négative ils sont généralement suivis du subjonctif mais tous ne peuvent pa s'employer à la forme négative.
Ainsi on peut dire : **je crois que tu as raison** et **je ne crois pas que tu aies raison** mais l'usag montre qu'on ne dit pas : je ne déclare pas que … etc.

■ À la forme interrogative la plupart de ces verbes sont suivis du subjonctif si l'interrogatio entraîne une inversion du sujet et du verbe : **Tu crois qu'il est parti** deviendra **Crois-tu qu'i soit parti ?** mais s'il n'y a pas d'inversion l'indicatif demeure : **Est-ce que tu crois qu'il es parti ?**
Noter quelques formules courantes proches qui entraînent soit le subjonctif soit l'indicati car elles comportent une nuance de subjectivité plus ou moins marquée :
Il est probable est suivi de l'indicatif : **Il est probable qu'il viendra.**
Il est possible est suivi du subjonctif : **Il est possible qu'il vienne.**
Il me semble est suivi de l'indicatif : **Il me semble que tu as raison.**
Il semble est suivi du subjonctif : **Il semble que tu aies raison.**

3. Verbes de doute

contester (= mettre en doute) : Je conteste qu'il ait dit la vérité.
démentir (= prétendre contraire à la vérité) : Je démens ce qu'il a dit.
douter (= être dans l'incertitude) : Je doute de ses propos.
nier (= dire le contraire) : Je nie tout ce dont l'on m'accuse.

Quand ces verbes sont suivis de « que » et d'un autre verbe, ce dernier est toujours au subjonctif, que ce soit aux formes affirmative, négative ou interrogative.
Ex. : Je doute que vous sachiez le faire.
Je ne doute pas que vous sachiez le faire.

Attention : Un très petit nombre de verbes de doute à la forme négative sont suivis de l'indicatif car la forme négative supprime dans ces cas-là l'idée de doute ; ils deviennent donc des verbes d'opinion comparables à des verbes de certitude.
Ex. : Il ne se rendait pas compte qu'il avait tort.
Il ne se doutait pas qu'il avait tort.

Exercices

1 **Mettez au temps voulu l'infinitif entre parenthèses :**

1. Je ne crois pas qu'il (avoir) raison. — 2. Êtes-vous sûr qu'il vous (avoir) vu ? — 3. Je pense que tu (devoir) encore beaucoup t'exercer avant d'arriver à des résultats vraiment satisfaisants. — 4. Je ne pense pas qu'elle (venir) avec nous car elle a dit qu'elle ne (être) sans doute pas libre aujourd'hui. — 5. Je ne crois pas qu'il (être très affecté) par ton départ. — 6. Je ne garantis pas que tes parents (cautionner) tes prises de position. — 7. Pensez-vous qu'il (pouvoir) encore faire des progrès ? — 8. L'entreprise d'électricité ne répond pas que ses ouvriers (avoir) la possibilité de se présenter chez les clients à l'heure fixée. — 9. Je ne suis pas sûr du tout que les élections de la semaine dernière (se passer) dans des conditions normales. — 10. Il va de soi que votre mari et vos enfants (être) également invités. — 11. C'est un fait que cet écolier (n'apprendre) rien en classe et qu'il (avoir) besoin de se ressaisir totalement. — 12. En réservant vos places à la dernière minute, je ne promets pas que vous (pouvoir) être au premier rang ! — 13. Est-ce que tu crois encore que c'(être) une plaisanterie ? — 14. Penses-tu vraiment qu'il (vouloir) te berner ? — 15. Je ne crois pas qu'il (avoir) envie de recommencer.

2 **Mettez les verbes entre parenthèses au temps voulu ainsi que les conjonctions ou prépositions convenables :**

1. Il ne semble pas (…) le concert (pouvoir) avoir lieu dans les conditions actuelles. — 2. Je ne nie pas (…) cette biographie (être) une véritable compilation. — 3. Rien n'est moins sûr (…) il (pouvoir) mener à bien ce projet. — 4. Il est peu probable (…) avec une pareille incompatibilité de tempéraments ils (pouvoir) un jour reprendre une vie commune sereine. — 5. Je doute (…) elle (venir) avec nous car elle a un horaire très serré cet après-midi et peu de disponibilité. — 6. Il n'est pas douteux (…) son médecin lui (prescrire) une médication énergique pour combattre la grippe. — 7. Il paraît impossible (…) (mettre) sur pied un tel projet sans l'assentiment des intéressés. — 8. Il n'est pas impossible (…) j'(aller) vous voir dans le courant de la semaine car j'ai une démarche à faire dans votre quartier. — 9. Je ne conteste pas (…) ce candidat (avoir) les compétences requises mais j'estime qu'il (être) un peu trop jeune pour assumer de telles responsabilités dans la conjoncture actuelle. — 10. Il est tout à fait impossible (…) (dévoiler) la catégorie de documents qui ont été expédiés par la valise diplomatique.

3 **Mettez le verbe d'opinion à la forme négative. Attention aux modes. Un changement du verbe sera parfois nécessaire :**

1. Le locataire assure que l'appartement a été laissé en parfait état. — 2. Je pense qu'elle va se mettre en colère. — 3. L'antiquaire se rend compte qu'il a fait une mauvaise affaire. — 4. J'admets qu'elle prend des risques. — 5. Cela prouve que l'inculpé est innocent. — 6. Elle se doutait qu'elle avait fait une gaffe. — 7. Je crois qu'il est de bonne foi. — 8. Il est probable que vous pourrez attraper votre correspondance à Lyon. — 9. Il a affirmé que le secret avait été divulgué. — 10. Je crois que c'est son attitude désinvolte qui rebute ses amis.

Mettez les phrases suivantes à la forme interrogative :

1. Il croit qu'elle est à l'origine de cette calomnie — 2. Vous affirmez qu'elle en prend à son aise. — 3. Elle est d'avis qu'il faut tenir parole. — 4. Le comptable est sûr que son bilan de fin d'année est correct. — 5. Il prétend que nous sommes les seuls à pouvoir

l'aider. — 6. Tu soutiens qu'il a raison. — 7. Il juge qu'elle peut pratiquer ce sport. — 8. Vous me garantissez que ces bottes sont de bonne qualité. — 9. Tu es certain qu'ils ont compris ce que j'ai expliqué. — 10. Vous êtes sûres qu'ils ont acheté le journal. — 11. Il est hors de doute qu'ils font bande à part.

Faites précéder les phrases suivantes du verbe d'opinion ou de doute convenable que vous choisirez dans la liste ci-dessous. Vous devrez trouver un sujet à votre guise afin que la phrase soit cohérente.
Assurer. Compter. Douter. Être sûr. Imaginer. Penser. Reconnaître. S'attendre à ce que. Se douter. Supposer.
Ex. : Elle est très intelligente.
Son professeur assure qu'elle est très intelligente.

1. Il a travaillé toute la soirée. — 2. Cette secrétaire est une personne discrète et efficace. — 3. Ce n'est pas lui qui a pris cette décision. — 4. Il y a tellement d'embouteillages qu'ils arriveront en retard à la cérémonie. — 5. La situation politique actuelle est difficile à gérer. — 6. Tu seras en retard comme d'habitude. — 7. Avec le nombre important de demandeurs d'emploi il est difficile de trouver du travail. — 8. Tu vas encore dire que c'est de ma faute. — 9. Le président de la République veut procéder à un remaniement ministériel. — 10. Elle remettra les clés au gardien de l'immeuble avant de partir.

Renversez l'ordre des phrases suivantes :
Ex. : Je suis certain que vous travaillez.
Que vous travailliez, j'en suis certain.
Cette deuxième phrase correspond souvent, dans un échange, soit à l'annonce d'une restriction soit à la confirmation d'un fait déjà énoncé.
Aprés avoir modifié l'ordre des phrases, vous imaginerez une suite possible.
Ex. : Que vous travailliez, j'en suis certain, mais ce n'est pas encore suffisant (ou : je ne vous dis pas le contraire), etc.

1. Elle est persuadée que c'est un bon médecin. — 2. Je pense qu'il est trop tard pour revenir en arrière. — 3. Il est certain que Sophie est plus intuitive que sa sœur. — 4. Nous sommes convaincus que vous avez pris la meilleure décision. — 5. Je soutiens que tu ne peux pas remonter cette entreprise tout seul. — 6. Je parie que tu ne connais pas mon signe du zodiaque. — 7. Le promoteur prétend que, dans ces conditions, ce sera une mauvaise affaire financière. — 8. Il est bien probable que dans dix ans, vous aurez oublié une grande partie de vos connaissances en français. — 9. Il est incontestable que son camarade a une grande influence sur lui pour l'instant. — 10. Je suis sûr que ce jeune député a devant lui un avenir brillant et plein de promesses.

Fait divers : *Quand les habitués du café du Commerce s'en mêlent !*
Avec les éléments suivants imaginez un jeu de rôle (4 participants) qui reconstituera la discussion des habitués du café.
Clichy. Dans un bistro Mme Paulette entre avec son chien. Elle s'assoit à une table. Elle vient juste de commencer à boire son café lorsque le patron ouvre le poste de télévision ; toute la salle s'indigne et se met à discuter avec force car le journal télévisé commence ce jour-là par l'annonce suivante : *Aujourd'hui à 13 heures dans un supermarché un tueur a tiré sans raison apparente sur un groupe de personnes qui effectuaient leurs courses après la*

sortie des écoles. Il y aurait 4 morts et 11 blessés au moins. Le tueur a été reconnu par les services de police car il avait commis un crime semblable il y a quelques années déjà. Il était sorti de prison depuis trois mois malgré une lourde peine qu'il était loin d'avoir purgée, mais son bon comportement en milieu carcéral laissait croire qu'il ne serait jamais récidiviste.

1. Racontez cette histoire.

2. Quel est le problème évoqué ?

3. Que pensez-vous de ce problème ?

8 Dans cette lettre, relevez les éléments qui marquent le doute ou l'incertitude :

Paris, le 15 mars 1985

Bien chers amis,

Nous avons reçu votre lettre et nous vous en remercions vivement.

Nous avons été très touchés par votre aimable invitation, mais il nous est très difficile actuellement de vous donner une réponse définitive.

Bien sûr, nous serions ravis de passer quelques jours de vacances avec vous, mais je doute que nous puissions réaliser ce projet cette année. En effet, il est possible que Pierre soit obligé de partir quelques jours en Allemagne pour ses affaires début juillet, et il est fort probable qu'il ne pourra pas être rentré avant le 15. Il est encore dans l'incertitude la plus totale quant à sa date de retour, si bien que je ne pense pas qu'il soit raisonnable pour nous de prendre un engagement qui risquerait de compromettre les vacances de tout le monde. Sans ce contretemps possible, un rendez-vous comme celui que vous nous proposez, nous aurait plu énormément, vous vous en doutez.

Si, par hasard, Pierre revenait plus tôt que prévu, j'essaierais de vous joindre, mais rien n'étant moins sûr, considérez cette possibilité comme très hypothétique.

Cependant, je tiens à ce que vous sachiez combien nous souhaitons que ce projet puisse se réaliser un jour. Il est vraisemblable que l'année prochaine nos vacances tomberont à la même période, et il est vraiment peu probable que nous rencontrions à nouveau un tel concours de circonstances fâcheuses. Il ne semble pas que cela puisse se renouveler deux années de suite !

Nous vous embrassons affectueusement

Béatrice

Répondez aux questions suivantes en utilisant des verbes d'opinion :

Question 1 : *Parmi les choses suivantes quelle est celle dont le gouvernement doit selon vous, s'occuper en priorité à l'heure actuelle ?*

– Lutter contre la hausse des prix.
– Lutter contre le chômage.
– Lutter contre la violence et la criminalité.
– Maintenir la paix sociale.
– Sans opinion.

Question 2 : *Quans vous regardez la manière dont évoluent la France et les Français, avez-vous l'impression que les choses vont en s'améliorant ou au contraire qu'elles ont tendance à aller plus mal ?*

– Elles vont en s'améliorant.
– Elles ont tendance à aller plus mal.
– Il n'y pas de changement.

Insérez dans le contexte convenable les réponses suivantes :

— Effectivement !
— Absolument !
— Naturellement !
— C'est vrai.
— Vous avez raison.
— Je ne te le fais pas dire.
— Je suis heureux de te l'entendre dire.
— Je dois le reconnaître.
— Il faut bien l'admettre.
— Tu n'as pas toujours dit cela.
— Tu peux le dire.
— Ah ! tu vois !
— Il y a intérêt.
— On ne peut pas dire le contraire.
— Admettons.
— À la rigueur.
— Il y a de ça.
— J'en mettrais ma main au feu.
— Le contraire m'étonnerait.
— Je n'en doute pas.
— Tu approuves ?
— J'ai encore dit une bêtise ?
— Ce n'est pas la bonne solution, hein ?
— J'ai du mal à le croire.
— Mon idée, c'est que…
— À mon avis…
— D'après moi… (pour moi…)
— Je crois savoir…
— Mon petit doigt m'a dit que…

Texte :
Relevez les verbes de ce texte qui expriment une opinion et expliquez :

Mon père réservait

(…) Mon père réservait le monopole du talent aux idoles de sa jeunesse ; selon lui, le succès des auteurs étrangers et des auteurs modernes ne s'expliquait que par le snobisme. Il plaçait Alphonse Daudet à mille coudées au-dessus de Dickens ; quand on lui parlait du roman russe, il haussait les épaules. Un élève du Conservatoire, qui répétait avec lui une pièce de M. Jeannot intitulée *Le Retour à la terre*, déclara un soir avec impétuosité : « Il faut s'incliner très bas devant Ibsen ! » Mon père eut un grand rire : « Eh bien, moi, dit-il, je ne m'incline pas ! » Anglaises, slaves, nordiques, toutes les œuvres d'outre-frontière lui semblaient assommantes, fumeuses et puériles. Quant aux écrivains et aux peintres d'avant-garde, ils spéculaient cyniquement sur la bêtise humaine. Mon père appréciait le naturel de certains jeunes acteurs : Gaby Morlay, Fresnay, Blanchar – Charles Boyer. Mais il jugeait oiseuses les recherches de Copeau, de Dullin, de Jouvet, et il détestait les Pitoëff, ces métèques. Il tenait pour de mauvais Français les gens qui ne partageaient pas ses opinions. Aussi Jacques esquivait-il les discussions ;

volubile, enjôleur, il badinait avec mon père, il faisait à ma mère une cour rieuse et prenait bien garde de ne parler de rien. Je le regrettais car lorsque, par hasard, il se découvrait, il disait des choses qui m'intriguaient, qui m'intéressaient ; je ne le trouvais plus du tout prétentieux : sur le monde, les hommes, la peinture, la littérature, il en savait bien plus long que moi : j'aurais voulu qu'il me fît profiter de son expérience. (...)

Simone de Beauvoir
Mémoires d'une jeune fille rangée

 **Texte :**

Bien chère Marie,

Je t'écris à toi puisque tu es ma grande sœur. En ce moment j'ai beaucoup de choses lourdes sur le cœur et je crois qu'il est important que je t'en parle. Hervé, mon fils qui a maintenant presque seize ans me met au désespoir. Il ne fait strictement rien. Il promet toujours pour le lendemain et le lendemain pour le jour suivant. Je ne crois pas du tout qu'il soit malade ou fatigué. Je suppose qu'il est énervé ou plutôt qu'il est préoccupé par une angoisse que j'ignore et qu'il tait soigneusement. Il est fort probable qu'il fréquente en ce moment de mauvais copains qui le poussent à ne rien faire mais il est évident qu'il n'en parle jamais. Il me semble bien difficile d'avoir en ce moment une vraie discussion avec lui. Je me rends compte qu'il me fuit. Il ne rentre à la maison que pour manger et dormir. J'ai l'impression qu'il considère la famille comme un hôtel… et encore. Il est vrai que de temps en temps je me permets de lui faire quelques reproches, mais il me répond d'une manière tellement agressive que la plupart du temps j'essaie de fermer les yeux sur tout pour éviter les affrontements.

Je suis évidemment allée voir ses professeurs. Les avis sont partagés. Deux d'entre eux pensent que c'est une crise passagère et que quelques mois suffiront à tout remettre en place; les autres estiment qu'il est sérieusement en train de compromettre son avenir. Ils regardent ses notes, ils constatent son comportement en classe et ils ne s'attendent pas du tout à un changement radical d'ici la fin de l'année scolaire.

Je crois que personne ne peut faire grand chose pour lui, ni toi, ni moi, ni ses enseignants. Tout le monde m'assure qu'il faut savoir attendre et prendre patience. J'ai quand même toujours remarqué qu'il avait un bon fond ce qui me permet de présumer que lorsqu'il ne fréquentera plus cette bande de mauvais copains, les choses iront sans doute beaucoup mieux.

Je suis sûre que tu partages bien mes angoisses car toi-même tu as vécu quelque chose de semblable avec tes enfants il y a quelques années. Il n'est pas impossible que j'aille te voir le mois prochain. Il est évident que je serai tellement heureuse de te revoir et de parler avec toi de tous ces problèmes qui, j'en suis sûre, te touchent autant que moi. Je compte beaucoup sur tes conseils. Je t'embrasse avec toute mon affection.

Hélène

1. Dans cette lettre, relevez tous les verbes qui expriment une opinion.
2. Relevez tous les procédés qui permettent de nuancer l'opinion exprimée et d'atténuer la sévérité du jugement porté.

L'expression de la volonté

La volonté, l'ordre, le commandement peuvent s'exprimer de différentes manières.

Chapitre 28

1 Dans une proposition indépendante brève

1. Un simple verbe à l'impératif :
Ex. : « Viens ! Partons ! »

2. Un verbe à l'indicatif au présent ou au futur
Ex. : Tu te tais et tu fais ton travail.
On se calme.
Tu me diras combien je te dois.

3. Subjonctif : (l'ordre donné au subjonctif implique une certaine solennité dans la situation)
Ex. : Que ceux qui partagent mes opinions sachent voter pour moi le jour des élections.

4. Conditionnel
Par politesse, le français emploie rarement « je veux », considéré comme trop impératif. Chez un commerçant par exemple, on ne dit pas : « je veux une baguette de pain », mais « je voudrais une baguette de pain «. D'une manière générale il est poli d'ajouter « s'il vous plaît » (ou « s'il te plaît » lorsqu'on tutoie son interlocuteur.)

5. Infinitif : (ordre impersonnel que l'on trouve dans les recettes, les consignes, etc.)
Ex. : Ne pas fumer.
Ne pas marcher sur les pelouses.

6. Des expressions exclamatives ou des onomatopées
Ex. : Silence ! Chut ! Stop ! Attention ! etc.

2 Dans une proposition subordonnée

Les verbes de volonté sont toujours suivis du subjonctif, sauf si les deux verbes ont le même sujet. Ainsi on dira :
« Je veux que tu réussisses » mais on ne dira jamais : « Je veux que je réussisse ». On remplacera alors le subjonctif par l'infinif : « Je veux réussir ».
Quelques verbes de volonté admettent deux constructions, l'une avec l'infinitif, l'autre avec le subjonctif, même si le sujet est différent.
Je lui ai demandé qu'il vienne avant six heures
Je lui ai demandé de venir avant six heures.

Cours

Les principaux verbes employés dans le langage courant sont :

a) pour l'ordre

aimer mieux : J'aime mieux que tu viennes demain plutôt qu'aujourd'hui.
approuver : j'approuve que tu suives cette formation.
commander : Je lui ai commandé de venir impérativement demain à 18 heures.
demander : Je lui ai demandé qu'il parle moins fort.
désirer : Je désire que les enfants soient couchés à 20 heures.
ordonner : Le ministre de la justice a ordonné que les nouvelles lois sur la sécurité soient appliquées dès le 1er novembre.
souhaiter : Il souhaite que ses enfants aient de bonnes notes à l'école.
vouloir : Je veux que tu ne mettes pas de désordre dans la pièce.
etc.

b) pour la défense

défendre : L'institutrice défend à ses élèves de bavarder pendant la classe.
interdire : Il est interdit de fumer dans les restaurants.
désapprouver : Il désapprouve totalement qu'on puisse acheter des armes librement.
empêcher : La loi empêche de faire du bruit dans les immeubles après 22 heures.
etc.

c) Il existe aussi de nombreux verbes impersonnels très employés dans le langage courant. **Il faut que… Il importe que… Il est nécessaire que… Il est souhaitable que…** Ils sont suivis du subjonctif ou de l'infinitif. Les deux constructions sont possibles si le sujet est un pronom.

Ex. : Il faut que tu viennes.
Il faut venir.

Mais elles ne sont pas possibles si le sujet est un nom.

Ex. : Il faut que Pierre vienne.
Il est nécessaire, (souhaitable) que Pierre vienne etc.

d) Quelques verbes de volonté sont les mêmes que certains verbes d'opinion. Ce sont les verbes déclaratifs comme **crier, dire, faire savoir, téléphoner**, etc. Quand ils se rangent dans les verbes d'opinion ils sont suivis de l'indicatif. Quand ils sont des verbes de volonté ils sont suivis du subjonctif.

Ex. : Je dis que le maçon a bien fait (indicatif) son travail (constatation, donc verbe d'opinion)
Je dis que le maçon fasse (subjonctif) bien son travail (commandement).

Exercices

1 **Imaginez le contexte dans lequel ces phrases ont été prononcées. Qui parle à qui ? Distinguez les ordres qui relèvent du langage oral de ceux qui relèvent du langage écrit.**

1. Veuillez passer dans mon bureau. — 2. Je vous demanderais une réponse par retour du courrier. — 3. Tu m'attends cinq minutes. J'ai une course à faire. — 4. Ce questionnaire dûment rempli est à renvoyer avant le 1er janvier. — 5. Lave-toi les mains avant de venir à table. — 6. Pour la fondue savoyarde, prendre 500 g de gruyère, les couper en petits cubes et les mélanger avec un litre de vin blanc de Savoie. — 7. Circulation interdite pendant la durée des travaux. — 8. Il est nécessaire que vous fassiez une radiographie des poumons. — 9. Lis ce livre et tu m'en diras des nouvelles. — 10. Le jour des élections, tous aux urnes ! Votez pour la seule liste dont les candidats tiendront leurs promesses.

2 **Remplacez les points de suspension par le verbe de volonté le plus exact possible :**

1. Le code de la route (...) de ne pas dépasser 110 km/h sur une chaussée rendue glissante par la pluie. — 2. La réglementation du collège (...) que les élèves absents soient excusés par un mot de leurs parents. — 3. Les manifestants (...) une augmentation substantielle de leur salaire. — 4. Peu après le décollage, l'hôtesse de l'air est venue dire aux passagers : « Mesdames et messieurs, (...) que vous sachiez utiliser votre gilet de sauvetage en cas d'accident. » — 5. L'architecte (...) bien que les différents corps de métiers suivent minutieusement ses instructions. — 6. « Monsieur, je vous (...) de bien vouloir mettre votre signature au bas de la page. Je vous remercie. » — 7. Au milieu d'un chahut indescriptible, le président de séance s'est levé et (...) le retour au calme. — 8. L'ouvreuse du cinéma (...) que les enfants ne jettent pas leurs papiers de bonbons par terre. — 9. Le médecin (...) une échographie. — 10. L'ordonnance ne (...) pas si je dois prendre mon médicament à jeun ou non.

3 **Voici quelques manières d'exprimer la volonté, l'ordre en langage familier. Terminez les phrases suivantes et insérez-les dans une situation convenable :**

1. J'aimerais que... — 2. J'ose à peine vous demander de... — 3. Si j'osais... — 4. Si je peux me permettre de vous donner un conseil... — 5. Je n'ai pas d'ordre à te donner mais... — 6. À mon avis, vous devriez... — 7. Vous seriez bien aimable de... — 8. Ne t'avise pas de... — 9. Pas question de...

4 **Voici des réponses familières à l'expression d'une volonté. Insérez-les dans une situation convenable :**

1. Rien ne t'empêche de partir. — 2. Il ne m'appartient pas de t'empêcher de le faire. — 3. Ce n'est pas à moi de te l'interdire. — 4. Tu es le seul juge.— 5. Personne ne t'oblige à rester. — 6. Prends tes responsabilités. — 7. Il n'est pas question que tu y ailles. — 8. Tu ne risques rien à essayer. — 9. Qui ne risque rien n'a rien. — 10. Qu'est-ce que tu attends pour... ? — 11. Depuis que tu le dis... — 12. Vas-y. Lance-toi. C'est le moment.

5 **Élaboration du dialogue. Vous utiliserez différents verbes de volonté (conseil, encouragement, exhortation, ordre) pour montrer l'évolution des rapports entre le psychanalyste et son patient.**

Jean-Jacques Sempé, *Tout se complique, © by Sempé et Éditions Denoël, 1963.*

Faites suivre les verbes suivants du mode convenable :

1. Je veux que tu… — 2. Le contre-maître ordonne que… — 3. Le médecin prescrit que… — 4. Le photographe désire que… — 5. Le proviseur exige que… — 6. Le bibliothécaire recommande que… — 7. Les parents souhaitent que… — 8. Le juge entend que… — 9. Le surveillant permet que… — 10. Le chef d'orchestre demande que… — 11. La concierge voudrait que… — 12. Le locataire aurait voulu que…

Faites suivre les verbes suivants : dire, écrire, crier, téléphoner, faire savoir,
– d'un verbe à l'indicatif (information)
– d'un verbe au subjonctif (ordre)
– d'un verbe au conditionnel (fait douteux) :

Ex. : Il a dit qu'il était malade.
Il a dit qu'on soit à l'heure.
Le journaliste dit qu'il y aurait de nombreuses victimes.

Jeux de rôles.

4 participants

Un étudiant joue le rôle de l'institutrice d'une école primaire le jour de la rentrée. Trois autres étudiants jouent les rôles des élèves. On peut prévoir plusieurs groupes dans la classe qui après quelques minutes de préparation peuvent interpréter le jeu de rôle.

L'institutrice donne des instructions :

- pour l'exactitude de chacun le matin au commencement des cours
- pour l'achat de certaines fournitures scolaires (cahiers, stylo, équipement de sport, etc.)
- pour la discipline à l'intérieur de la classe
- pour le contact avec les parents
- pour la cantine
- pour la visite médicale
- pour la bibliothèque de la classe (horaires, durée des prêts, etc.)

À chacune de ses instructions un élève répond soit pour approuver soit pour contester. à vous d'imaginer la scène.

Texte : Molière

Molière est un célèbre écrivain français du XVIIe siècle, connu dans le monde entier. Encore au XXIe siècle, il n'y a pas de jour, où, dans un endroit quelconque du monde, il n'y ait quelques comédiens qui se préparent à lever le rideau sur une pièce de Molière.

Une de ses pièces les plus connues est *l'École des Femmes*, créée en 1662, une pièce à la fois amusante et inquiétante qui lui a valu la querelle d'un grand nombre de ses contemporains. Arnolphe (42 ans), rôle joué par un Molière vieillissant qui venait juste de se marier avec la jeune Armande Béjart, veut épouser sa pupille Agnès (17 ans) qu'il a fait élever dans un couvent afin qu'elle ne soit pas au courant des usages du monde et en particulier de l'amour. Il décide un jour de lui donner les commandements de la femme mariée. Sa jalousie et son exclusivité sont telles que ces commandements, s'ils paraissent exagérés ou d'un autre âge, ont contenu pendant longtemps une large part de vérité qui lui ont valu soit des reproches sévères soit les éclats de rires de ses contemporains.

Exercices

Votre sexe n'est là que pour la dépendance :
Du côté de la barbe est la toute-puissance... affirme fièrement Arnolphe.

Au siècle de la parité, il semblerait que la pièce ne puisse plus connaître aucun succès. Bien au contraire. Chaque fois que l'on joue *l'Ecole des Femmes*, les salles sont tout de suite combles. Lorsque Arnolphe commence à exposer ses théories machistes, en général, la salle entière éclate de rire. Surtout lorsqu'il poursuit gravement :

Bien qu'on soit deux moitiés de la société,
Ces deux moitiés pourtant n'ont point d'égalité ;
L'une est moitié suprême et l'autre subalterne ;
L'une en tout est soumise à l'autre, qui gouverne...

En l'écoutant, Agnès n'est cependant jamais inquiète. En gardant un silence amusé, elle le regarde de côté avec un petit sourire qui en dit long, surtout lorsque les ordres deviennent de plus en plus impératifs et ridicules. Une des « Agnès » les plus convaincantes a été Isabelle Adjiani alors âgée de 17 ans qui connaissait là son premier rôle à la Comédie-Française, rôle d'ingénue qui lui a valu tout de suite une éblouissante célébrité.

Cependant, les ordres du futur mari sont de plus en plus pressants pour la jeune fille qu'il compte épouser bientôt. En les résumant ils reviennent à peu près à ceux-ci :
– Une femme ne doit se parer que selon le désir de son mari. Ce qu'il faut, c'est que, lui, la trouve belle. Si les autres la trouvent laide, tant mieux, ils ne la lui prendront pas !
– Une femme ne doit recevoir aucune visite d'homme, hors celles de son mari.
– Elle ne doit écrire à personne et pour cela elle ne doit posséder ni plume ni papier.
– Elle ne doit pas user de maquillages qui « font des teints fleuris » ; cela coûte cher au mari et cela ne sert à rien sinon à plaire à d'autres hommes !
– Elle ne doit pas faire de politique car ce sont dans les « belles assemblées » que les femmes « corrompent leurs esprits ».
– Elle ne doit pas se livrer à des jeux futiles car cela pourrait l'entraîner « à jouer de tout son reste ! » etc. etc. Les ordres se succèdent et Agnès sourit !

Dans cette tirade célèbre qui est le rêve de tout comédien, Molière n'en finit pas de ridiculiser les hommes trop autoritaires qui écrasent les femmes de leur pouvoir, tout simplement parce qu'ils sont des hommes et qu'elles sont des femmes. Évidemment, la pièce se terminera mal pour Arnolphe. Agnès aura beau jouer l'ingénue et faire mine de ne rien comprendre, elle n'envisagera pas un seul instant d'obéir aux injonctions si stupides de ce vieux barbon décidé à lui imposer sa volonté. Elle aura tôt fait de rencontrer un jeune homme et d'en tomber amoureuse. Malgré la surveillance jalouse de son vieux prétendant, le jeune fiancé viendra la chercher jusque dans sa chambre pour l'épouser et lui promettre un bonheur qui ne sera pas soumis à des ordres ni à des commandements !

Exercices

Molière qui vivait dans une troupe de comédiens où hommes et femmes avaient chacun une part à peu près égale de responsabilités, supportait mal de voir que dans certains milieux, en particulier les milieux aisés, la femme n'avait aucune place. Le père tenait toute l'autorité, puisqu'il avait même le droit de décider du mariage de sa fille; lorsque la fille était mariée, son mari reprenait la place du père. Dans toutes ses pièces, Molière a réagi très fortement devant cette conception archaïque de la société; il a créé des personnages comme Mme Jourdain ou comme certaines soubrettes qui savaient remettre à leur place avec humour et bon sens les hommes trop autoritaires ... et même leur imposer leur volonté à elles !

– Que pensez-vous de la parité ?
– À votre avis quels sont les rôles respectifs de l'homme et de la femme dans un couple ?
– Amusez-vous à dresser l'inventaire des souhaits qu'un homme et une femme vivant sous le même toit peuvent se formuler réciproquement.

L'expression des sentiments

Chapitre 29

Un grand nombre de verbes permettent d'exprimer la multitude des sentiments humains avec des nuances variées et dans des registres de langage différents. Nous ne pouvons en signaler que quelques-uns.

Les verbes exprimant des sentiments sont généralement suivis du subjonctif.
Ex. : Je suis heureux qu'il ait réussi.
Je suis étonné qu'il ait réussi.
Je suis désolé qu'il n'ait pas réussi.
Suivant la règle générale, si les deux sujets sont identiques, le subjonctif sera remplacé par un infinitif.
Ex. : Je suis heureux d'avoir réussi.

1 Les verbes courants d'expression de sentiments différents

1. Sentiment vis-à-vis de quelqu'un (en abrégé : qqn)

Admiration : admirer (que ; qqn de) ; trouver admirable que etc.
Amitié, amour : aimer, adorer, être amoureux de, être fou de, être passionné par etc.
Confiance : avoir confiance en qqn. Compter sur qqn. Être sûr de qqn.
Partage : féliciter ; se réjouir avec qqn de ; se mettre à la place de qqn ; partager (la peine ou le bonheur) de qqn.
Préférence : aimer mieux ; préférer à ; préférer que.
Antipathie : ne pas beaucoup aimer qqn ; ne pas avoir beaucoup d'affinités ; ne pas avoir d'atomes crochus avec qqn. (fam.)
Colère : être en colère contre qqn ; être furieux contre qqn ; être en rogne contre qqn (fam.) avoir une dent contre qqn (fam.)
Haine : détester qqn ; haïr qqn ; ne pas supporter qqn ; ne pas pouvoir voir qqn en peinture (fam.) ; avoir qqn en horreur, en aversion.
Indignation, irritation : être indigné contre qqn ; être irrité par qqn ; être ulcéré par l'attitude de qqn ; souffrir de l'attitude de qqn.
etc.

2. Attitudes devant une réalité

Contentement, plaisir, joie : être content, être heureux, être joyeux, être ravi. Se féliciter, se réjouir.
Accablement, désespoir : être accablé, être consterné, être désespéré. Se désespérer, se lamenter. Souffrir.
Contrariété, embarras : être contrarié, être déconcerté, être dans l'embarras, être embarrassé. Cela m'ennuie que (fam.), ça me gêne que.

Déception, regret : être déçu ; être désolé ; être ennuyé ; être navré. Déplorer ; regretter ; s'en mordre les doigts (fam.)
Dépit : être blessé; être dépité; être humilié; être vexé.
Ennui : S'embêter(fam.) ; s' ennuyer ; ne plus pouvoir supporter ; trouver le temps long.
Peur : appréhender que (= avoir peur de quelque chose qui est encore dans l'avenir) ; avoir peur que ; craindre ; redouter que ; trembler que. Avoir le trac (fam.) ; avoir la frousse (fam.)
Surprise : être étonné ; être frappé ; être stupéfait ; être surpris. S'étonner que ; ne pas en revenir que (fam)
Tristesse : avoir du chagrin; avoir de la peine.

2 Autres moyens linguistiques d'exprimer des sentiments

1. L'exclamation simple
Ce qu'il fait beau ! Comme vous êtes gentille ! Quelle belle journée ! Quelle chance ! Quelle panique ! Quelle tuile !

2. L'apostrophe
Étourdi ! Idiot! etc.

3. L'interjection
Au secours! chic ! bravo ! dommage ! gare ! (= attention) ; génial ! incroyable ! hourra ! magnifique ! super ! etc.

4. Les onomatopées
Aïe ! bé ! crac ! hein ! hum ! ouste ! pouah ! etc.

1 **Reliez les phrases suivantes :**
1. Je suis heureux ; vous allez mieux. — 2. Nous sommes si contents ; vous avez pu faire ce voyage ensemble. — 3. Elle se réjouissait; son frère avait été reçu à son examen. — 4. Êtes-vous contents ? Nous sommes réunis. — 5. Elle était ravie; le dîner qu'elle avait préparé pour ses invités était bien réussi. — 6. Je me félicite ; vous faites des progrès. — 7. Je suis désolé ; j'ai oublié de donner suite à votre demande. — 8. Il est furieux ; on lui a retiré son permis de conduire pour excès de vitesse. — 9. Nous sommes très surpris; notre demande n'a pas été prise en considération par vos services. — 10. Elle n'en revenait pas; elle avait gagné à la loterie nationale.

2 **Construisez des phrases avec les éléments suivants que vous pouvez utiliser en choisissant des sujets qui vous conviendront. Elles seront précédées d'un verbe de sentiment à choisir dans la liste suivante.**
Ex. : verbe de sentiment possible : *Être furieux.*

Exercices

Elément de phrase donné : *ne pas être au courant des événements familiaux actuels*
Réponses possibles : *Mon père est furieux de ne pas être au courant des événements familiaux actuels.* Ou bien : *Je suis furieux que mon père ne soit pas au courant des événements familiaux actuels* etc.

Aimer. Appréhender. Être bouleversé. Être désolé. Être consterné. Être contrarié. Être enchanté. Être étonné. Être furieux. Être indigné. Être ravi. Être stupéfait. Être triste.

1. oublier de souhaiter l'anniversaire de Léa. — 2. apprendre la naissance de votre fille. — 3. constater le comportement méchant de qqn. — 4. savoir qu'on dit du mal de moi dans mon dos. — 5. apprendre l'accident de qqn. — 6. apprendre que qqn a perdu son emploi. — 7. Subir une opération la semaine prochaine. — 8. Réunir des amis autour d'une bonne table. — 9. Avoir dépassé les délais d'inscription pour un examen. — 10. Avoir fait un bon voyage. — 11. Être obligé d'annuler des projets. — 12. ne pas recevoir des nouvelles de qqn.

Terminez à votre gré les phrases suivantes en utilisant le mode qui convient :

1. Il est gênant de …
2. Il est fâcheux que …
3. Il est étrange de …
4. Il est anormal de …
5. Il est scandaleux que …
6. Il est amusant de …
7. Il est honteux que …
8. Il est incroyable que …
9. Il est inimaginable de …
10. Il est navrant que …
11. Il est inconcevable que …
12. Il est insupportable de …

Commencez les phrases suivantes en utilisant des verbes de sentiment :

1. … qu'il ait commis des malversations.
2. … de ne pas percevoir les situations.
3. … qu'il puisse être obligé d'agir à son corps défendant.
4. … que je sois charmé par sa vivacité et sa pétulance.
5. … d'agir avec une telle cruauté.
6. … d'avoir à supporter des affrontements aussi pénibles.
7. … que tu ne saches jamais ce qu'il faut dire.
8. … d'avoir attendu si longtemps avant de consulter un médecin.
9. … que nous ne puissions jamais nous retrouver.
10. … que tu ne saches pas où est ton fils à cette heure-ci.

Remplacez les points de suspension par les mots qui conviennent et mettez l'infinitif entre parenthèses au temps correct :

1. Il est ravi (…) son fils (réussir) le concours d'entrée à l'École Normale Supérieure. — 2. J'ai été peiné (…) (apprendre) la nouvelle de la mort de son oncle le mois dernier. — 3. Il regrette (…) la décision (prendre) sans qu'on l'ait consulté auparavant. — 4. Jacques

a été déconcerté (...) (apprendre) son éviction du Conseil d'Administration. — 5. Il a été surpris (...) (recevoir) un tel camouflet après tant d'années de travail dans cette administration. — 6. Il a été étonné (...) ses amis (pouvoir) avoir des soupçons sur son honnêteté. — 7. Je suis très content (...) vous (pouvoir) joindre vos condisciples afin de les réunir. — 8. Il est regrettable (...) tu (ne pas donner) la primauté à tes études dans l'organisation de ton semestre. — 9. Il est vraiment désespérant (...) sa pusillanimité (être) un obstacle à son insertion dans la société. — 10. Il est affligeant (...) (constater) qu'à son âge, il (pouvoir) encore être annihilé par de tels complexes. — 11. Il est tout à fait agaçant (...) tu (ne pas savoir) te taire quand tu sens (...) le moment (être) inopportun. — 12. Il est révoltant (...) te (voir) gaspiller ton temps et ton argent alors qu'il y a tant de choses utiles à faire dans la vie. — 13. Il est navrant (...) tu (ne pas pouvoir) préparer une béchamel sans (faire) des grumeaux ! — 14. Je suis navré (...) tes amis (ne pas pouvoir) venir avec nous faire cette randonnée. — 15. Je ne me console pas (...) il (ne pas faire signe) lors de son passage à Paris.

6 **Photo : Famille à table**
Donnez une identité à chacun des personnages figurant sur cette photo. Essayez d'imaginer leurs sentiments.

Famille à table, Isère, début du XXe siècle.

Quels sentiments ou quels bruits sont exprimés par les onomatopées ou les interjections suivantes :

Bof ! — Plouf ! — Hein ? — Pouah ! — Toc ! toc ! — Chut ! — Pif ! Paf ! — Pst ! — Hep ! — Mince ! — Zut ! — Flûte ! — Chic ! — Chouette ! — Hélas ! — Ouais ! — Vlan ! — La vache ! — Hourra ! — Pan ! — Coucou ! — Ouf !.

8 Appréciez comment l'auteur exprime son ressentiment envers sa mère :

Dans son livre Vipère au poing *(1948), l'écrivain Hervé Bazin, après une enfance douloureuse et mal vécue, exprime une haine implacable envers sa mère.*

(…) « Ne fais pas cette tête de conquérant, mon petit ami. Je te prédis, moi, ta mère, un avenir dont tu n'auras pas le droit d'être fier. »
Tu as refermé le couvercle, bouclé ma malle à double tour sans t'apercevoir, Folcoche, qu'entre cuir et carton j'avais glissé quatre billets de cents francs, dont deux venaient d'être chipés dans ton sac. Tu ne m'as pas pris en flagrant délit, mais ce don de seconde vue que tu possèdes à certains moments, cette prescience, qui n'est donnée qu'aux anges et aux démons, te permet de bien augurer de mon avenir. Tu as forgé l'arme qui te criblera de coups, mais qui finira par se retourner contre moi-même. Toi qui as déjà tant souffert pour nous faire souffrir, tu te moques de ce que je te réserve, pourvu que mûrisse ce que je me réserve à moi-même. La mentalité que j'aborde, hissée haut par le drapeau noir, tu en as cousu tous les plis, tu les as teints et reteints dans le meilleur jus de pieuvre. J'entre à peine dans la vie et, grâce à toi, je ne crois plus à rien, ni à personne. « Celui qui n'a pas cru en mon Père, celui-là n'entrera pas dans le royaume des cieux. » Celui qui n'a pas cru en sa mère, celui-là n'entrera pas dans le royaume de la terre. Toute foi me semble une duperie, toute autorité un fléau, toute tendresse un calcul. Les plus sincères amitiés, les bonnes volontés, les tendresses à venir, je les soupçonnerai, je les découragerai, je les renierai. L'homme doit vivre seul. Aimer, c'est s'abdiquer. Haïr, c'est s'affirmer. Je suis, je vis, j'attaque, je détruis. Je pense, donc je contredis. Toute autre vie menace un peu la mienne, ne serait-ce qu'en respirant une part de mon oxygène. Je ne suis solidaire que de moi-même. Donner la vie n'a aucun sens si l'on ne donne pas aussi la mort : Dieu l'a parfaitement compris, qui a fait toute créature périssable. Ni au commencement ni à la fin de ma vie, je n'ai l'occasion de donner mon consentement. On me fait naître et mourir. À moi seulement ce qui se trouve entre les deux, ce qui s'appelle pompeusement le destin.
Mais ce destin lui-même, des Folcoche le préfacent, l'engagent, l'escroquent : cette escroquerie s'appelle l'éducation. Je dois dire non à toute cette éducation, à tout ce qui m'a engagé sur une voie choisie par d'autres que par moi et dont je ne puis que détester le sens, puisque je déteste les guides. Le bien, c'est moi. Le mal, c'est vous. Les principes sont préjugés de grande taille, c'est tout. L'honorabilité n'est que la réussite sociale de l'hypocrisie. La spontanéité du cœur est un réflexe malheureux. (…)

Hervé Bazin, *Vipère au poing*

Texte : *L'Invitation au voyage*

Dans ce poème, un des plus connus de la littérature française, Charles Baudelaire (1821-1867) exprime divers sentiments à l'égard d'une femme, de la vie, de l'avenir. Pouvez-vous en citer quelques-uns ?

Mon enfant, ma sœur,
Songe à la douceur
D'aller là-bas vivre ensemble !
Aimer à loisir,
Aimer et mourir
Au pays qui te ressemble !

Les soleils mouillés
De ces ciels brouillés
Pour mon esprit ont les charmes
Si mystérieux
De tes traîtres yeux,
Brillant à travers leurs larmes.

Là, tout n'est qu'ordre et beauté,
Luxe, calme et volupté.

Des meubles luisants,
Polis par les ans,
Décoreraient notre chambre ;
Les plus rares fleurs
Mêlant leurs odeurs
Aux vagues senteurs de l'ambre,
Les riches plafonds,
les miroirs profonds,
La splendeur orientale,
Tout y parlerait
À l'âme en secret
Sa douce langue natale.

Là, tout n'est qu'ordre et beauté
Luxe, calme et volupté.

Vois sur ces canaux
Dormir ces vaisseaux
Dont l'humeur est vagabonde;
C'est pour assouvir
Ton moindre désir
Qu'ils viennent du bout du monde.
Les soleils couchants
Revêtent les champs
Les canaux, la ville entière,
D'hyacinthe[1] et d'or ;
Le monde s'endort
Dans une chaude lumière.

Là tout n'est qu'ordre et beauté
Luxe, calme et volupté.

Les Fleurs du Mal, 53 (1857-1861)

1. Pierre précieuse de couleur poupre violette.

L'expression de la comparaison

Chapitre 30

1 Expression de la supériorité

1. Plus … que ; plus de … que (+ ne explétif dans une langue soignée).
Ex. : Il est plus grand que son frère aîné.
Il a plus de chance que toi.
Il a plus de chance que tu ne le penses.
Attention : quatre comparatifs sont irréguliers.

■ **Bon** devient **meilleur**
Ex. : Ce gâteau est *meilleur* que celui que tu as fait hier.

■ **Mauvais** devient **pire** (mais plus mauvais peut s'utiliser)
Ex. : La journée d'aujourd'hui a été *pire* que celle d'hier.
Le neutre pis ne s'emploie plus que dans les expressions *aller de mal en pis* (= aller de plus en plus mal) et *au pis-aller* (= dans la situation la plus défavorable).

■ **Petit** devient **moindre** (mais plus petit peut s'utiliser)
Ex. : À la *moindre* contrariété, il s'énerve.

■ **Bien** devient **mieux** (s'emploie en général après un verbe)
Ex. : Il travaille *bien.*
Il travaille *mieux.*
Il travaille *mieux* que son frère

2. Davantage (après un verbe)
Ex. : Il travaille davantage que son frère.

3. Plus … plus
Ex. : Plus il travaille, plus il progresse.

4. D'autant plus … que (une idée de cause s'ajoute à la comparaison)
Ex. : Nous sommes d'autant plus heureux de partir en vacances que le beau temps est annoncé pour toute la semaine. (= Nous sommes déjà heureux de partir en vacances, et nous le sommes encore plus parce que le beau temps est prévu).

2 Expression de l'égalité

1. Le verbe de la subordonnée n'est pas exprimé
a) avec un adjectif : **aussi + adj + que**
Ex. : Elle est aussi jolie que sa sœur.

b) avec un verbe : **autant**
Il y a deux possibilités de construction :
- verbe + autant + que + nom

Ex. : Il travaille autant que son père.
- verbe + autant de + nom + que + nom

Ex. : Il a autant de travail que son père.

c) après un verbe ou un adjectif : **comme**
Verbe + comme + un nom (+ verbe non exprimé)
Ex. : Il travaille comme son père.
Elle est jolie comme sa sœur.

d) avant un nom : **le même – le même que …**
Ex. : Pierre a la même taille que Paul ; Pierre et Paul ont la même taille
(= Pierre est aussi grand que Paul)

e) par des adjectifs exprimant l'égalité
comparable, égal, équivalent, identique, pareil, similaire
Ex. : Ils ont un train de vie similaire. (= ils ont le même train de vie)

f) **ainsi que, de même que.** (moins employé)
Ex. : Ainsi que son frère, il a voulu faire des études de médecine.
De même que son frère, il a voulu faire des études de médecine.

2. Le verbe de la subordonné est exprimé

a) **Comme, de même que, ainsi que, comme si** (+ imparfait ou plus que parfait)
Ex. : Comme je te l'ai dit, je viendrai demain. (= ainsi que je te l'ai dit)
Attention à ne pas confondre « comme » exprimant la comparaison avec « comme » exprimant le temps ou la cause)
De même que j'ai soigné mon père, je soignerai ma mère.

b) **aussi + adjectif** ou **adverbe + que**
Ex. : Elle est *aussi* jolie *qu'*intelligente.

c) **tel … que**
Ex. : Tu ne me vois pas *tel que* je suis.

d) **autant … autant …**
Ex. : Autant j'aime me promener au soleil, *autant* je déteste me promener sous la pluie.

3 Expression de l'infériorité

a) **moins que …, moins de … que …** (+ ne explétif ; langue soignée)
Ex. : Il pleut *moins* dans le Midi *qu'*en Bretagne.
Il se pose *moins de* problèmes *que* toi.
Il a *moins de* chance *que* tu n'en as.

b) **moins … moins**
Ex. : Moins on fait de sport, *moins* on a envie d'en faire.

c) **d'autant moins … que** (cause + comparaison)
Ex. : Il a d'autant moins envie d'aller à cette soirée qu'il sait qu'il n'y connaît personne.

EXERCICES

1 **Introduisez tous les degrés de comparaison possibles dans les phrases suivantes :**

1. Ta santé est bonne : je le croyais. — 2. Il a des ennuis : je le pensais. — 3. Cet élève réfléchit : on se l'imaginait. — 4. Ma grand-mère brodait bien : tu le disais. — 5. La vue du belvédère est belle : elle promettait de l'être. — 6. Les notes de mon fils sont mauvaises : son professeur me l'avait fait comprendre. — 7. Ce manteau est chaud : le vendeur l'a dit. — 8. Il pleut : la météo l'avait annoncé. — 9. Vous aurez de la peine à vous affirmer : je le prévoyais. — 10. Cette jeune fille est charmante : sa sœur l'est. — 11. Ce chien est bête : je le pensais.

2 **Comparaisons météorologiques**

Voici un tableau de la température et du temps pour une journée.

Températures et temps aujourd'hui			
En France	*Mini*	*Maxi*	*Temps prévu*
Ajaccio	7	16	Nuageux
Bordeaux	8	20	Soleil
Brest	8	17	Soleil
Lille	5	15	Soleil
Limoges	3	17	Soleil
Lyon	1	15	Soleil
Marseille	8	19	Soleil
Nice	9	19	Soleil
Paris	4	17	Soleil
Strasbourg	7	14	Nuageux, puis soleil
… et dans le monde	*Mini*	*Maxi*	*Temps prévu*
Alger	10	20	Éclaircies
Amsterdam	7	13	Nuageux, puis soleil
Athènes (*)	11	18	Couvert
Bonn	6	13	Couvert
Bruxelles	5	14	Nuageux, puis soleil
Casablanca	9	25	Soleil
Copenhague	7	12	Pluie
Dakar (*)	17	23	Soleil
Djerba	10	17	Averses
Dublin	9	14	Nuageux
Genève	1	14	Soleil
Jérusalem (*)	12	18	Soleil
Lisbonne	12	25	Soleil
Londres	5	17	Soleil
Los Angeles (*)	13	20	Soleil
Luxembourg	6	14	Nuageux, puis soleil
Madrid	3	23	Soleil
Marrakech (*)	15	30	Soleil
New York (*)	7	11	Brouillard
Palerme	12	16	Pluie
Rome	12	17	Nuageux, averses
Stockholm	2	8	Pluie
Tunis	10	15	Averses
Pour les villes marquées (*) il s'agit des derniers relevés reçus.			

Remplacez les points de suspension par les mots qui conviennent :

1. Il fait (...) à Ajaccio qu'à Lisbonne — 2. Il fait moins (...) à Strasbourg (...) Marseille. — 3. La température est (...) (...) à Brest qu'à Lille. — 4. C'est Bordeaux qui ... — 5. Il fait meilleur (...) Espagne (...) France. — 6. Il fera (...) beau demain à Bordeaux qu'... — 7. Il y aura du brouillard demain à New-York (...) il n'y en aura pas à Paris. — 8. C'est Dakar qui bat (...) de chaleur. — 9. C'est à Dakar qu'il fait ... — 10. Il y a (...) à Lyon qu'à Athènes

Remplacez les points de suspension entre parenthèses par un mot qui convient choisi dans la liste ci-dessous. Il y a plusieurs possibilités.
ainsi que ; autant que ; aussi que ; comme ; comme si ; d'autant moins ; de même que ; mieux ; moins ; moins bien ; plus.

Ex. : (...) que son professeur l'avait prévu, il a échoué à son examen.
Ainsi que son professeur l'avait prévu, il a échoué à son examen.

1. Il criait (...) on lui avait fait très mal. — 2. Il se passionne pour le sport (...) que pour ses études. — 3. Le maire d'une grande ville n'est pas (...) accessible à ses administrés que celui d'un petit village. — 4. (......) je l'ai toujours souhaité, je me suis inscrit à l'université pour une maîtrise de communication. — 5. (...) on lit, (...) on a envie de lire. — 6. (...) tu t'angoisses pour un rien, tu t'enthousiasmes pour des choses insignifiantes. — 7. Un cadre ancien conviendra (...) à ce tableau qu'un cadre moderne. — 8. Il est (...) riche qu'il ne fait aucune économie. — 9. (...) il a de travail (...) il en fait. — 10. Ton foulard beige va (...) avec la couleur de tes cheveux que le rouge. — 11. (...) je te l'avais prédit, tu as pris froid.

Remplacez les points de suspension par le mot qui convient afin de marquer des degrés dans la supériorité ou l'infériorité :

1. (...) on approfondit une étude, (...) on découvre ses lacunes. — 2. Ce dépliant touristique ne montre pas le pays (...) il est. — 3. Il a (...) envie de faire du ski (...) il est frileux et maladroit. — 4. On a (...) de plaisir à donner (...) à recevoir. — 5. Faites votre travail (...) il faut. — 6. (...) on est de fous, (...) on rit. — 7. Il est (...) vaniteux (...) son cousin germain. — 8. Je n'ai jamais (...) ri de ma vie (...) ce soir-là. — 9. Cette soupière ancienne est (...) belle (...) fragile. — 10. (...) le malade restait couché, (...) il perdait ses forces. — 11. Il était découragé car (...) il creusait ses recherches, (...) la solution était évidente. — 12. Il aurait fallu (...) de soleil pour que les raisins puissent mûrir à temps. — 13. La petite fille est arrivée en pleurant (...) elle avait perdu père et mère (l. parlé). — 14. Elle a (...) besoin de soleil et de ciel bleu (...) elle a été habituée au climat méditerranéen toute son enfance. — 15. Tu te comportes (...) tu étais sorti de la cuisse de Jupiter. (famil.) — 16. Je vous rapporte ces propos (...) je les ai entendus. — 17. Le remède est (...) que le mal.

5

Répondez affirmativement ou négativement à la question en utilisant « le même », « la même », « les mêmes » et en trouvant le substantif ou la nominalisation conceptuelle reprenant l'idée contenue dans la question.

Ex. : Il n'aime que la musique classique. Et sa sœur ?
Réponse : Elle a exactement les mêmes goûts que lui.

1. C'est incroyable, il n'admet pas qu'on le contredise. Sa femme est comme lui ? —

2. Nous avons dérapé sur une plaque de verglas en sortant du tunnel, et vous comment avez-vous eu cet accident ? — 3. Il a très mal réagi en apprenant sa défaite aux élections ; et le second de sa liste ? — 4. J'ai acheté des chaussures, du 35, pour Catherine. Qu'est-ce que tu as pris pour ta fille ? — 5. La police s'est déplacée en hélicoptère pour aller plus vite, et les journalistes ? — 6. Il s'est présenté à Polytechnique, et ton fils ? — 7. Heureusement j'ai pu bénéficier d'une bourse pour faire mes études, et Philippe ? — 8. J'estime que l'abrogation de cette loi est une bonne chose ; qu'en penses-tu ? — 9. Il fait très humide sur cette côte océanique, et dans ta région ? — 10. Elle est toujours prête à rendre service ; sa sœur est aussi gentille ?

Les mots suivants expriment tous l'idée générale de « modèle ». Utilisez-les dans des phrases convenables :
le prototype, l'échantillon, le spécimen, le modèle, la maquette, le patron, l'original, le brouillon, le moule, l'exemple, le type.

1. La vendeuse m'a donné un (…) de tissu pour que je puisse te le montrer avant de passer la commande. — 2. Les baguettes de pain, si typiquement françaises ont toutes la même taille car elles sont faites dans des (…) semblables. — 3. Ce type de voiture que nous avons vu au Salon de l'Auto n'est pas encore commercialisé. Ce que nous avons vu, c'est le (…) ; plus tard cette voiture sera construite en série. — 4. Elle fait ses robes elle-même, mais pour que la coupe soit impeccable, elle se sert toujours d'un (…) élaboré par un professionnel. — 5. Dans un rayon de prêt-à-porter, on trouve généralement un petit nombre de (…), mais dans des tailles et des couleurs différentes. — 6. La photocopie permet la reproduction rapide et la multiplication à l'infini de documents à partir d'un (…). — 7. L'enfant recopie minutieusement le (…) de sa lettre afin de n'avoir aucune rature à faire sur sa page propre. — 8. Dans un exercice de transformation grammaticale, l'(…) est de la plus grande importance puisque toutes les phrases seront construites avec la même structure. — 9. Quand un éditeur lance un livre sur le marché, il envoie un (…) gratuit à ceux qui seront susceptibles de le diffuser. — 10. Le nouvel immeuble n'est pas encore en chantier, mais on peut en voir la (…) dans le hall de l'agence. — 11. Tous les bateaux de ce même (…) ont la caractéristique d'avoir une cabine assez vaste dont les banquettes sont transformables en couchettes.

Pour bien préciser leur pensée les Français aiment utiliser des comparaisons concrètes prises dans leur vie quotidienne. En voici quelques-unes parmi les plus couramment employées.

1. Avec un verbe

arriver comme un chien dans un jeu de quille (les quilles sont des morceaux de bois longs et ronds posés à terre pour jouer ; le chien qui arrive au milieu les fait tomber et perturbe tout le jeu. Il se fait renvoyer brutalement)
dormir comme un loir (un petit animal qui hiberne tout l'hiver)
manger comme quatre
mentir comme un arracheur de dents (autrefois, aller chez le dentiste occasionnait de grandes souffrances ; le dentiste promettait toujours : « vous n'aurez pas mal »)
nager comme un poisson
parler comme un livre
pleurer comme une Madeleine (la Marie-Madeleine de l'Évangile qui avait pleuré en parfumant les pieds de Jésus)

pousser comme un champignon
rire comme un bossu (le rire déforme le corps. *Fam* : se tordre de rire)
se ressembler comme deux gouttes d'eau

2. Avec un adjectif
bavard comme une pie
blanc comme un linge
bon comme le bon pain
clair comme de l'eau de roche
connu comme le loup blanc
faux comme un jeton
fort comme un Turc
heureux comme un poisson dans l'eau
malin comme un singe
riche comme Crésus (roi qui vivait en Lydie – Asie mineure – au Ve siècle avant J.-C. Il avait des richesses fabuleuses, car le Pactole, un fleuve chargé de pépites d'or traversait son royaume)
rusé comme un renard
sourd comme un pot

Essayer d'employer une de ces expressions dans un contexte de votre choix : un portrait, une histoire, une anecdote, etc.

Intégrez chacune de ces comparaisons très courantes portant sur des couleurs dans un contexte approprié de votre choix.
Blanc comme un linge (pâleur)
Blanc comme neige (innocence)
Jaune comme un coing
Jaune comme un citron
Rouge comme une pivoine (sentiment de timidité, de honte)
Rouge comme un coquelicot (sentiment de timidité, de honte)
Rouge comme une écrevisse (cuite, évidemment)
Rouge comme un coq (colère)
Noir comme dans un four.

Voici une série d'expressions équivalant lexicalement à des superlatifs ; après en avoir cherché le sens, intégrez-les dans la phrase qui vous paraît convenir.
l'apogée, le bâton de maréchal, le champion, le comble, le faîte, la lanterne rouge, le maximum, la palme d'or, le sommet, le summum.

1. Elle avait eu le prix Goncourt et elle avait donc obtenu ...... de la célébrité. — 2. À cinquant ans, avec un poste de ministre, il était à ...... de sa carrière. — 3. Il est ...... de slalom géant pour la troisième fois. — 4. En gagnant la coupe du monde, il a atteint ...... de la gloire. — 5. Il n'a pas fait de longues études ; la licence a été pour lui son ...... — 6. Si on devait faire un concours de stupidités, on pourrait lui décerner sans peine ...... — 7. Il travaillait si peu à l'école quand il était petit qu'il était toujours ...... de sa classe. — 8. Pour réussir son concours, il a dû faire état d'un ...... de connaissances. — 9. Le

...... de ses travaux a été la soutenance d'une thèse extrêmement pointue sur les capteurs chimiques. — 10. Le jour de son élection, le Président était au ...... de sa gloire. — 11. Elle était au ...... de la joie de retrouver son fils après ces longues années d'absence.

10 La carte des régions

– Faites l'inventaire des moyens linguistiques utilisés pour exprimer le superlatif

– Reformulez chaque petit texte en mettant en évidence le superlatif (d'infériorité ou de supériorité)

Alsace	Aquitaine	Auvergne	Bourgogne
La plus proche de l'Allemagne, l'une des régions les plus riches de France, renommée pour ses vins blancs.	La région française la plus anglaise (possession des rois d'Angleterre entre le XIIe et le XVe siècle.	Le « cœur » de la France représente 20 % de la surface de la France, la région la moins peuplée (26 hab/km^2)	L'une des plus connues par ses vins, ses coteaux et sa ligne de partage des eaux.
Bretagne	**Centre**	**Champagne-Ardenne**	**Corse**
Symbolisée par le Finistère (qui signifie : fin de la terre), la plus baignée par la mer. Elle a le nombre record d'îles.	La plus enclavée des régions, la moins bien desservie, la plus éloignée de la mer.	Elle abrite Reims et sa célèbre cathédrale avec son ange au sourire, ses sacres et le plus célèbre vin du monde, le champagne.	La plus indomptable des îles qui défend avec fierté sa légendaire beauté.
Île-de-France	**Languedoc-Roussillon**	**Limousin**	**Lorraine**
La plus peuplée, la plus bruyante, celle dont le prix au m^2 est le plus cher.	C'est celle qui compte le plus de monuments romains, la région vinicole qui compte le plus d'appellations différentes.	L'une des plus calmes avec ses plateaux, ses pâturages extrêmement riches et d'excellents fromages.	Le plus important bassin houiller de France avec ses hauts fourneaux, mais aussi l'un des plus grand champ de bataille de France.
Midi-Pyrénées	**Nord-Pas-de-Calais**	**Normandie**	**Pays-de-Loire**
La plus méridionale, la plus désinvolte, la plus méditerranéenne.	La plus chaleureuse par la convivialité de ses habitants, malgré des conditions de vie parfois très dures.	Très connue par les plages de débarquement allié en 1944, mais aussi par les « planches » de Deauville et son excellent cidre.	Le fleuve baigne les plus célébres châteaux de la Renaissance dont le paysage est le plus typiquement français.
Provence-Alpes-Côte d'Azur		**Rhône-Alpes**	
La variété de ses paysages : de la montagne à la mer. Nice et Cannes ne sont-elles pas les villes touristiques les plus connues ?		Seconde région de France, elle peut accumuler les superlatifs : le toit de l'Europe, le plus vaste domaine skiable…	

11 Texte : deux caractères : comparaison

Giton a le teint frais, le visage plein … l'œil fixe et assuré, les épaules larges, l'estomac haut, la démarche ferme et délibérée. Il parle avec confiance ; il fait répéter celui qui l'entretient, et il ne goûte que médiocrement tout ce qu'il lui dit. déploie un ample mouchoir, et se mouche avec grand bruit … Il éternue fort haut. Il dort le jour, il dort la nuit, et profondément … Il occupe à table et à la promenade plus de place qu'un autre … Il s'arrête et l'on s'arrête ; il continue de marcher, et l'on marche : tous se règlent sur lui. Il interrompt, il redresse ceux qui ont la parole : on ne l'interrompt pas ; on l'écoute aussi longtemps qu'il veut parler ; on est de son avis ; on croit les nouvelles qu'il débite. S'il s'assied, vous le voyez s'enfoncer dans un fauteuil, croiser les jambes l'une sur l'autre, froncer le sourcil … Il est enjoué, grand rieur, impatient, présomptueux, colère, libertin[1], politique, mystérieux sur les affaires du temps ; il se croit des talents et de l'esprit. Il est riche.

Phédon a les yeux creux … le corps sec et le visage maigre ; … il oublie de dire ce qu'il sait ou de parler d'événements qui lui sont connus ; et s'il le fait quelquefois, il s'en tire mal, il croit peser à ceux à qui il parle, il conte brièvement mais froidement ; il ne se fait pas écouter, il ne fait point rire. Il applaudit, il sourit à ce que les autres lui disent, il est de leur avis ; il court, il vole pour leur rendre de petits services. Il est complaisant, flatteur, empressé ; il est mystérieux sur ses affaires, quelquefois menteur … Il marche doucement et légèrement … Il n'est jamais du nombre de ceux qui forment un cercle pour discourir ; il se met derrière celui qui parle, recueille furtivement ce qu'il dit, et il se retire si on le regarde … si on le prie de s'asseoir, il se met à peine sur le bord d'un siège ; il parle bas dans la conversation, et il articule mal ; … il n'ouvre la bouche que pour répondre ; il tousse, il se mouche sous son chapeau, il crache presque sur soi, et il attend qu'il soit seul pour éternuer, ou, si cela lui arrive, c'est à l'insu de la compagnie : il n'en coûte à personne ni salut ni compliment. Il est pauvre.

La Bruyère, *Caractères* Des Biens de Fortune

1) En quoi trouvez-vous que ces portraits peints au XVIIe siècle ont vieilli ?
2) Quels sont les éléments de comparaison qui vous paraissent les plus vrais ? Quel titre donneriez-vous à ce texte, de nos jours ?
3) À votre tour, et en vous inspirant de ce texte, faites les portraits comparatifs de :
– un homme très ordonné (maniaque) et un homme négligent (brouillon).
– un enfant qui va à l'école contraint et forcé, et un enfant studieux.

12 **Photo : Comparez ces enfants (ressemblances – différences).**

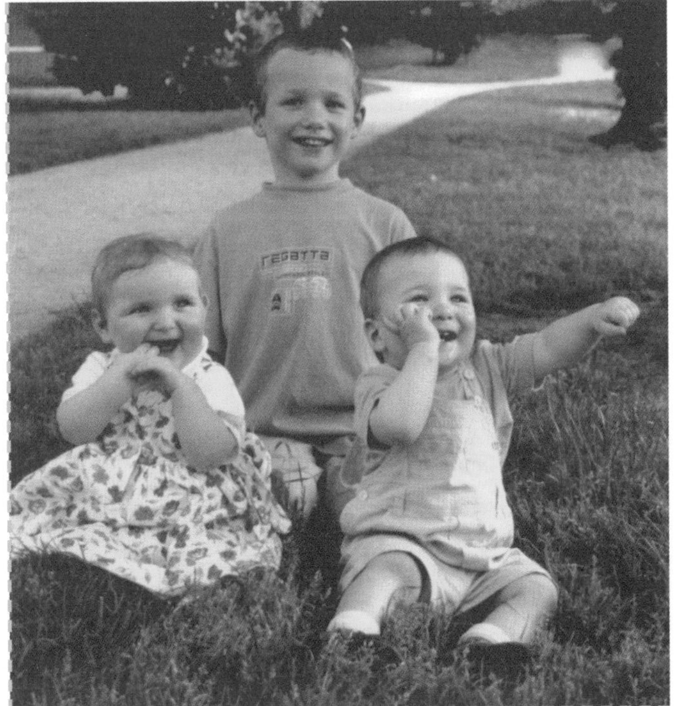

1. Irréligieux, incroyant.

13 Publicité

1. Dans cette page publicitaire relevez les termes de comparaison.
2. Rédigez une publicité du même type pour inciter des locataires à changer d' appartement afin d' en acquérir un plus grand et plus confortable.

Jeune cadre

ceci est pour vous !

- Vous avez trente-cinq ans
- Vous êtes dans la même entreprise depuis plus longtemps que vous ne le voudriez.
- Vous souhaitez un meilleur salaire.
- Vous voulez augmenter vos compétences.
- Vous exigez davantage de responsabilités.
- Vous voulez consacrer moins de temps à des tâches administratives.
- Vous êtes d'autant plus motivé que vous souhaitez voyager.
- Vous voulez améliorer votre pratique des langues étrangères.
- Vous avez envie de découvrir un secteur plus performant.

Alors n'hésitez pas.

Nous sommes une des plus grandes agences de recrutement en France. Nous avons certainement ce que vous cherchez. Contactez-nous sans tarder au 01.42.48.54.54 ou envoyez-nous une lettre de motivation accompagnée d'un C.V. Un spécialiste vous recevra.

L'expression de la cause

Chapitre 31

On peut exprimer les rapports de cause dans des propositions indépendantes et des propositions subordonnées conjonctives.

1 Les propositions indépendantes

- reliées par le signe de ponctuation « : »(deux points)
- ou par les conjonctions de coordination car et en effet (jamais en tête de phrase) ;

a) **avec l'indicatif**

Ex. : Je me suis reposé car j'étais malade.

b) **avec le conditionnel**

Ex. : Ne sors pas sans prendre une veste chaude, car tu prendrais froid.
Ne sors pas sans prendre une veste chaude : en effet tu risquerais de t'enrhumer.

2 Des propositions subordonnées conjonctives

1. Elles sont introduites par les conjonctions suivantes suivies de l'indicatif : **comme ; d'autant plus que ; dès lors que ; du moment que ; étant donné que ; parce que ; pour la seule (simple ou bonne raison) que ; puisque ; sous prétexte que ; surtout que ; vu que.**

- Comme : Toujours en tête de phrase. Est utilisé pour informer d'un fait dont la cause n'est pas connue :

Ex. : Comme j'avais un gros rhume, j'ai pris des médicaments.

- D'autant plus que : implique l'énoncé d'une cause + une comparaison (cf chapitre précédent) :

Ex. : Nous sommes d'autant plus heureux de partir en vacances que le beau temps est annoncé pour toute la semaine.

- Dès lors que : est surtout employé pour argumenter ou se justifier.

Ex. : Dès lors que vous avez signé ce contrat, vous êtes considéré comme engagé vis-à-vis de votre nouvel employeur.

- Du moment que : fait appel à une cause connue par tous.

Ex. : Du moment que tu as envoyé un chèque dans les délais, personne ne peut contester la validité de ta commande.

- Étant donné que : rappelle toujours une cause connue et incontestable. En général il s'utilise en tête de phrase:

Ex. : Étant donné qu'elle a une maîtrise de linguistique, elle peut enseigner le FLE.

■ Parce que : répond toujours à la question « pourquoi ». C'est l'expression de la cause la plus utilisée :
Ex. : Pourquoi n'es-tu pas venu hier comme nous l'avions prévu ?
Parce que j'ai eu un empêchement de dernière minute.

■ Pour la bonne raison que : fait appel en général à une cause évidente ou connue de tous.
Ex. : Pourquoi es-tu si en retard ?
Pour la bonne raison(ou la simple raison) qu'aujourd'hui il y a la grève des transports publics !

■ Puisque : suppose une cause connue des deux interlocuteurs.
Ex. : Puisque tu le connais bien, tu pourras lui demander de t'aider.

■ Sous prétexte que : annonce une cause mensongère.
Ex. : Elle n'est pas venue au travail ce matin sous prétexte qu'elle était très malade ; en réalité j'ai su qu'elle n'avait personne pour garder ses enfants aujourd'hui.

■ Surtout que : s'emploie plutôt à l'oral.
Ex. : Il ne veut pas qu'on aille le voir, surtout qu'il a beaucoup de travail en ce moment.

■ Vu que : s'emploie à l'oral et dans les démonstrations scientifiques.
Ex. : Vu que tu ne m'avais rien dit, j'ai fait ce qui m'a semblé le mieux.
Vu que les bactéries se développent à des températures bien précises, il est indispensable de laver son réfrigérateur régulièrement.

2. D'autres locutions conjonctives sont suivies du subjonctif :
ce n'est pas que ... ; non que ... ; soit que ... soit que ...

■ Ce n'est pas que : élimine en général une première cause.
Ex. : Nous ne t'avons pas téléphoné pour ton anniversaire; ce n'est pas que nous n'ayons pas pensé à toi; mais nous avions des amis à dîner ce soir-là et nous étions débordés.

■ Non que : amène à peu près la même nuance(élimination d'une cause) mais relève d'un langage plus soutenu.
Ex. : Nous apprécions la politique du gouvernement non que nous ayons des sympathies particulières pour tel ou tel ministre mais parce que nous encourageons le respect des droits de l'homme qu'ils ont l'air de garder comme ligne de conduite.

■ Soit que ... soit que ... : marque une alternative (langage plutôt soutenu).
Ex. : Il n'a pas vendu sa voiture soit qu'il n'ait pas trouvé d'acquéreur, soit qu'il ait finalement renoncé à en changer.
Remarque : *ce n'est pas parce que* est suivi de l'indicatif.

3 Autres procédés

1. Des locutions prépositives ou des prépositions suivies d'un nom ou d'un infinitif.
à cause de ; à force de ; du fait de ; en raison de ; faute de ; grâce à ; pour ; sous prétexte de.

■ À cause de : la cause est un élément neutre.
Ex. : À cause de la pollution, beaucoup de gens respirent mal.

■ À force de : une cause+ un effort intensif ou répété.
Ex. : À force de travailler (ou à force de travail) il a fini par être premier à son concours.

■ **Du fait de** : constate une certitude.
Ex. : Du fait de son jeune âge, il n'a pas le droit de s'inscrire au marathon.

■ **En raison de** : constate une cause indiscutable.
Ex. : En raison de son état de santé, il ne peut plus faire de sport violent.

■ **Faute de** : marque une absence, un manque.
Ex. : Faute d'argent, il n'a pu trouver une chambre à louer.

■ **Grâce à** : marque une cause bénéfique.
Ex. : Grâce à l'aide de mes parents, j'ai pu faire des études supérieures.

■ **Pour** : marque une cause connue. Le verbe est alors à l'infinitif passé.
Ex. : Pour des raisons de santé, j'ai dû m'arrêter de travailler.
Pour avoir sauvé un enfant, il a été décoré.

■ **Sous prétexte de** : marque une cause mensongère.
Ex. : Sous prétexte de m'aider, il m'a fait perdre un temps fou.

1 **Reliez les phrases par une tournure exprimant la cause.**
Ex. : J'ai eu un accident de voiture. J'avais l'esprit trop préoccupé par beaucoup de problèmes.
Comme j'avais l'esprit trop préoccupé par beaucoup de problèmes, j'ai eu un accident de voiture.

1. Tu n'es pas raisonnable ; tu seras puni. — 2. Le bébé avait une grosse fièvre ; ses parents ont fait venir le médecin. — 3. Je m'ennuie ici ; il pleut sans cesse. — 4. J'aime bien ce pays ; j'y suis né. — 5. L'atmosphère était houleuse ; on a dû faire évacuer la salle. — 6. J'arrive en retard ; je n'avais pas oublié l'heure du rendez-vous mais la route était déviée. — 7. Vous refusez de m'aider ; j'abandonne mon projet. — 8. Ils ne sont pas venus : ils n'auront pas reçu notre lettre ou ils auront eu un contretemps. — 9. Il n'a pas rendu sa dissertation ; il a prétendu qu'il était malade. — 10. Il neige sans cesse ; je ne puis faire du ski ; j'en profite pour lire.

2 **Même travail :**
1. Très affaibli par le traitement, le malade traversa la chambre en titubant. — 2. Je vous connais bien ; je suis votre voisin. — 3. Le vol fut aisé ; les propriétaires étaient absents depuis plusieurs jours. — 4. Vous ne ferez pas cela ; vous en auriez honte. — 5. Rien ne lui plaît ; il est difficile. — 6. Il s'est rendu sur les lieux ; il avait été convoqué par les experts. — 7. Elle aime les animaux ; elle a adopté un chat. — 8. Le coureur avait suivi un entraînement intensif ; il a gagné le maillot jaune. — 9. Je n'ai pas réussi mon gâteau ; je n'ai pas oublié un seul ingrédient ; mon four ne marchait pas bien. — 10. Nous ne possédons pas tous les éléments nécessaires ; une preuve importante manque ; le jugement est reporté à huitaine.

Dans les phrases suivantes, remplacez le complément de cause par une subordonnée, ou inversement :

1. À cause de sa maladresse, il ne peut planter un clou correctement. — 2. Parce qu'il avait une extinction de voix, il n'a pu faire sa conférence. — 3. Grâce à la gentillesse de son infirmière, le malade a repris courage. — 4. En raison de l'humidité, il a fallu repeindre les volets. — 5. Faute de soins, l'accidenté est entré dans le coma sur le bord de la route. — 6. Étant donné que cette mode a passé, le stock de jupes est resté invendu — 7. Parce qu'on fait cuire longtemps le coq au vin avec des herbes aromatiques, il prend un goût relevé. — 8. Comme il prétendait que sa montre retardait, il n'arrivait jamais à l'heure. — 9. À force de patience, il est venu à bout de travaux délicats. — 10. Il dit qu'il n'ira jamais en Chine pour la bonne raison qu'il en ignore totalement la langue. — 11. Étant donné que l'inspecteur doit venir la semaine prochaine, le comptable met ses livres à jour. — 12. Du fait du changement de directeur, il y a une réduction de personnel. — 13. Attendu que le prévenu est mineur, il sera confié à un centre de redressement pour délinquants. — 14. Magasin fermé pour cause d'inventaire.

4

Pour chacune de ses phrases, exprimez d'abord la cause apparente et ensuite la cause réelle. Utilisez les expressions : ce n'est pas que… c'est que ; ce n'est pas parce que… c'est que… ; non que… mais parce que… ; non parce que… mais que ; Remplacez les points de suspension par les mots qui conviennent

Ex. : J'ai fermé la fenêtre, non que je craigne le soleil, mais parce qu'il y a trop de bruit dans la rue.

1. Si le boulanger a dû fermer sa boutique (…) son pain ait été plus mauvais que celui d'un autre, (…) il n'était pas aimable avec la clientèle. — 2. Je ne veux pas te prêter d'argent (…) je n'aie pas confiance en toi, (…) je crois que tu ne pourras jamais me le rendre. — 3. Si le train est arrivé en retard (…) il n'était pas parti à l'heure, (…) il y a eu un arrêt inattendu en pleine campagne pendant longtemps. — 4. Michel ne regarde pas les matchs à la télévision (…) il ne soit pas sportif (…) il a l'impression d'être trop passif. — 5. Je n'ai pas encore répondu à votre lettre (…) je n'aie pas été heureux de la recevoir, (…) seulement (…) j'ai été submergé de travail et (…) je n'ai pas encore trouvé le temps de le faire. — 6. Ils ne partent pas en vacances (…) ils ne veuillent pas se reposer (…) ils veulent profiter de ce temps libre pour repeindre leur appartement. — 7. (…) j'aie voulu me mettre en avant, mais j'ai cru bien faire d'intervenir à la réunion car il fallait faire une mise au point. — 8. Je vous dis carrément ce qui ne va pas (…) je veuille vous faire de la peine, (…) cela vous permettra de mieux vous organiser dans l'avenir. — 9. (…) ce n'est pas que (…) mais que (…) — 10. (…) ce n'est pas parce que (…) — 11. (…) non que (…) mais parce que (…) — 12. (…) non parce que (…) mais que (…)

Donnez à ces phrases plus d'intensité en les reliant par les expressions : d'autant plus, d'autant moins.

Ex. : Il est riche
Il a gagné au loto
Il est d'autant plus riche qu'il a gagné au loto.

1. Il a été humilié. La réflexion désobligeante venait de son petit frère. — 2. Je ne suis pas

concerné. Je n'ai jamais mis les pieds dans cet organisme. Je me sens en dehors de tout cela. — 3. Elle a été furieuse en rentrant de trouver toute la vaisselle sale dans l'évier. Elle avait compté sur sa fille pour ranger la cuisine. — 4. Il a été déçu de rater son examen. Il était absolument persuadé d'avoir tout réussi. — 5. Je n'ai pas envie de sortir. Il pleut. J'ai oublié mon parapluie au bureau. — 6. Il a été ennuyé que son téléphone soit en dérangement ce jour-là. Il attendait une communication importante. — 7. Il n'a pas fait d'efforts. Il n'était pas motivé pour apprendre le français. Il avait d'autres chats à fouetter. — 8. Elle a été arrogante avec son patron. Ses amies le lui avait déconseillé. — 9. Elle s'est astreinte à un régime sévère. Elle voulait maigrir. — 10. Elle n'est pas gentille avec son père. Il ne s'intéresse à elle que très rarement.

Terminez les phrases :

1. Je lui pardonne en raison de… — 2. Je ne te raconte pas le film puisque… — 3. Comme…, vous avez été induit en erreur. — 4. Ne lui donne pas ton numéro de téléphone, ce n'est pas que…, mais… — 5. Je ne t'ai pas répondu pour la bonne raison que… — 6. Il a réussi à réparer la pendule grâce à… — 7. À force… tu vas lui enlever toute confiance en lui. — 8. Il ferma les volets car… — 9. Étant donné que tu…, commence à mettre la table. — 10. Faute…, il n'est pas allé jusqu'au bout de ses recherches.

7

Remplacez les points de suspension par l'un des mots choisis dans la liste suivante: à force de, car, comme, dès lors que, du moment que, étant donné, parce que, puisque, sous prétexte que, vu que:

1. Pourquoi arrives-tu en retard ? … je n'ai pas entendu sonner mon réveil. — 2. … tu es si intelligent, explique-le lui toi-même. — 3. Ferme la fenêtre … il y a du courant d'air. — 4. … je pars une semaine plus tôt que prévu, je n'ai pas eu le temps de donner les instructions à la poste pour faire suivre mon courrier. — 5. Il s'est dispensé de venir au cours d'histoire … que sa grand-mère était mourante. — 6. Il a fini par devenir champion de tennis … d'entraînement. — 7. … ses notes étaient très mauvaises, nous avons dû mettre notre fils en pension. — 8. … qu'il a pris la décision d'entreprendre des études de médecine, il s'est mis à travailler comme un forcené. — 9. … tu es satisfait de ton travail, je ne vois pas pourquoi tu veux en changer. — 10. … qu'on prend une décision, on ne revient plus en arrière : on s'y tient.

Même exercice avec des conjonctions de cause de votre choix.

1. Je ne te réponds pas … pour le moment je ne vois pas de solution concrète à ton problème. — 2. … elle ne t'est pas venue en aide c'est … elle ne pouvait pas faire autrement. — 3. Sa paresse … il faut bien l'appeler ainsi, a eu dans sa vie des effets désastreux. — 4. Il n'a pas rempli de dossier de candidature … qu'il avait perdu les papiers nécessaires. — 5. Tu as prévu quelque chose pour ce soir ? – Non. – … qu'on aurait pu aller au cinéma avec nos voisins. — 6. Ils sont revenus … ils avaient oublié de fermer le portail. — 7. … j'ai de la peine à calculer vite mentalement, je me suis acheté une calculatrice de poche. — 8. … j'insiste sur ce détail, c'est … il me semble très important. — 9. … qu'il n'a pas touché d'indemnités de chômage depuis deux mois, il a dû entreprendre des démarches auprès de son ASSEDIC.

Les verbes suivants comportent tous une idée de cause avec des nuances diverses.
découler de = s'ensuivre naturellement
dériver de = provenir de
être à l'origine de = être la cause première
être causé par = avoir une cause précise
être dû à = avoir pour cause
être imputé à = être attribué à (à tort ou à raison)
procéder de = tirer son origine, sa cause de.
provenir de = tirer sa cause de
s'inspirer de = tirer son inspiration de.
tirer son origine de = tirer sa cause de
Remplacez les points de suspension par le verbe qui conviendra le mieux.

1. Sa mauvaise humeur … par une déficience de la vésicule biliaire. — 2. Picasso … du bombardement du village de Guernica en Espagne (1937) pour peindre un de ses plus célèbres tableaux. — 3. Le vol des tableaux a été … à une bande d'escrocs internationaux. 4. Beaucoup de troubles cardiaques … de rhumatismes articulaires. — 5. La sous-alimentation est … de maladies endémiques dans des populations déshéritées. — 6. Une grande partie des termes médicaux et pharmaceutiques … du latin. — 7. Tous mes ennuis de santé … à une carence en vitamine C. — 8. Les résultats de tes examens … naturellement du soin que tu auras apporté à tes révisions. — 9. Les manifestations actuelles … à des années de politique sociale défectueuse. — 10. Des dégâts terribles ont été … par un ouragan.

Les noms suivants caractérisent tous une cause précise.
la cause apparente ; la cause profonde ; le ferment (= la cause lointaine, interne) ; le mobile (= la cause d'un crime) ; le motif (= la cause d'un comportement) ; la motivation ; l'origine ; le pourquoi ; le prétexte (cause mensongère) ; la raison ; la source (la cause première) ; le sujet.
Remplacez les points de suspension par le nom qui conviendra le mieux.

1. « Avez-vous trouvé le … du crime » demanda le juge au commissaire ? — 2. Quelle est la … de votre voyage ? — 3. On n'a jamais su pour quel … il était parti. — 4. Pour quelle … avez-vous brusquement tourné à gauche sans mettre votre clignotant ? — 5. Cette invitation m'ennuie. Quel … pourrais-je donner pour m'en dispenser ? — 6. On s'est toujours demandé quelle forte … avait pu la pousser à faire des études d'infirmière. — 7. Je n'ai jamais su le … de leur rupture. — 8. La … de son départ aux USA a été de trouver une meilleure situation mais la … était de rompre avec ses attaches familiales. — 9. La … de tous ses échecs dans les relations humaines vient en premier de son égoïsme. — 10. Quel est le … d'une si grande colère ? — 11. Le … de la Révolution française était prévisible depuis des années.

Expliquez ces quelques phrases très courantes dans la langue française. Si vous le pouvez, donnez un exemple concret pour illustrer votre explication ou placez la phrase dans un contexte concret.

1. Il n'y a pas d'effets sans cause. — 2. Il n'y a pas de fumée sans feu. — 3. Petite cause ; grands effets. — 4. Il n'a pas répondu à ta lettre, et pour cause. — 5. Agir en connai-

sance de cause. — 6. Qui sème le vent, récolte la tempête. — 7. Le témoignage de ses voisins l'a mis hors de cause. — 8. Ne trouvant pas de restaurant, en désespoir de cause nous avons dû dîner d'un morceau de fromage. — 9. Prendre fait et cause pour qqn. — 10. Faire cause commune.

12 **Dans cette lettre, soulignez les expressions qui marquent la cause.**

M. Jacques Blanc
14, rue de la Chaussée d'Antin.
75009 Paris

Monsieur le Percepteur
des Impôts du IXe arrondissement.

Monsieur le Percepteur,

Pour avoir payé mes impôts avec un mois de retard, j'ai été pénalisé assez sérieusement puisque l'on me demande maintenant une somme correspondant à 10 % supplémentaires de la somme exigée.

Ce n'est pas que je refuse de reconnaître mes torts, mais je vous fais remarquer, Monsieur le Percepteur, que si je n'ai pas payé mes impôts dans les délais requis, c'est parce que je ne disposais pas de la somme nécessaire. Ce n'était ni par négligence, ni par désir de frauder : je n'avais pas d'argent n'ayant pu toucher en temps voulu une somme que j'attendais et ayant entre temps perdu mon emploi.

Aussi, vu mon cas (car je me considère comme victime d'une injustice), je vous prierais, monsieur le Percepteur, de bien vouloir examiner ma demande d'exonération de majoration. Étant donné les circonstances particulières que je vous ai exposées, j'espère que vous y serez favorable.

Je vous remercie à l'avance et vous prie de croire, Monsieur le Percepteur, à mes sentiments distingués.

Jacques Blanc

Sur ce modèle, vous écrivez une lettre au président de votre université pour protester contre une décision qui vous paraît injuste : l'interdiction faite aux étudiants qui ne peuvent justifier de leurs absences répétées de s'inscrire aux examens.

13 **Insérez dans les contextes convenables les phrases suivantes :**

— Ce n'est pas une raison !
— C'est une raison suffisante mais pas nécessaire.
— C'est un fait.
— Ce n'est pas un prétexte valable.
— Parce que quoi ?
— Entendu.
— Tu te fiches de moi ?
— Ce n'est pas une excuse.
— Je n'y suis pour rien.
— Et pour cause.
— C'est bien parce que c'est toi.
— N'importe quoi !

Élaboration de dialogues :

1. Vous avez pris le train sans billet. Le contrôleur passe. Il vous demande votre titre de transport. Vous lui expliquez que vous n'êtes pas un resquilleur, mais que vous n'avez pas eu le temps de prendre votre billet en arrivant à la gare, que vous étiez en retard pour telle et telle raison… Vous vous justifiez en argumentant une réponse.
2. Vous avez brûlé un feu rouge. L'agent siffle. Vous ne vous arrêtez qu'au 2e coup de sifflet parce que vous savez que vous n'avez pas pris vos papiers. Il s'approche : « Mais vous n'y êtes plus ? Vous n'avez pas vu que le feu était au rouge ? Donnez-moi les papiers du véhicule… » Essayez de vous défendre et de vous justifier pour éviter d'avoir une contravention.
3. Vous êtes père de famille. Vous venez de voir un mauvais carnet de notes de votre fils. Vous le grondez. Il répond et vous donne toutes les explications nécessaires pour apaiser votre colère.
4. Vous venez de prendre des consommations dans un café avec des amis. Vous n'avez pas assez d'argent pour régler la note. Vous vous levez pour sortir discrètement. Le garçon vous court après et vous ramène, vous menaçant d'aller chercher la police. Vous vous défendez comme vous pouvez…

Texte.

Abonnez-vous sans tarder au journal

Le Petit Savoyard

le quotidien de votre département

- Parce que vous n'avez pas le temps de lire les grands quotidiens mais que vous voulez connaître les grandes lignes des événements de votre pays.
- Parce que vous voulez être au courant des activités culturelles de votre ville.
- Parce que vous êtes passionné par l'administration de votre cité.
- Parce que vous vous intéressez à tous les dynamismes et à toutes les motivations.
- Parce que vous n'avez pas le temps de descendre tous les jours acheter votre journal.

Abonnez-vous sans tarder à notre journal en renvoyant la feuille ci-jointe accompagnée d'une autorisation de prélèvement bancaire.

Nous vous proposons également aujourd'hui une offre de parrainage qui va faire plaisir :

- à vous puisque elle va vous rapporter un chèque parrainage de 15 € qui vous fera bénéficier du premier mois d'abonnement gratuit.
- à votre filleul puisqu'il recevra lui aussi un chèque de bienvenue de 15 € et un premier mois d'abonnement gratuit.

Alors, n'attendez plus. Dépêchez-vous d'écrire.

Bien sincèrement
Toute l'équipe de rédaction du « Petit Savoyard »

Exercices

Dans ce document quel est le but de la répétition des « parce que » et des « puisque » ?
Dans d'autres documents publicitaires écrits que vous trouverez dans la presse ou dans votre boîte aux lettres, relevez comment sont exprimées les relations de cause et comment les motivations que vous n'aviez même pas soupçonnées peuvent être suggérées.

Texte : *Madame Artamont « mange bio »*

Madame Artamont a 43 ans. Elle est toute ronde, petite, vive et dynamique. Elle travaille depuis six ans comme comptable dans une entreprise de jardinerie. Elle a choisi cette entreprise car son bureau donne sur la pépinière et qu'elle peut ainsi regarder pousser les plantes vertes. Bien qu'isolée derrière des vitres plus ou moins claires, elle a l'impression de respirer plus d'oxygène qu'ailleurs. Comme elle est toute seule dans sa pièce, elle n'a pas à respirer la fumée des cigarettes des autres employés. Elle se sert de son vélo pour venir travailler afin de ne pas polluer l'atmosphère avec les gaz d'échappement de sa voiture.

À l'inverse de ses collègues, elle ne déjeune pas au restaurant d'entreprise à midi. Elle ne veut pas manger n'importe quoi, confectionné n'importe comment. Elle achète donc ses salades et ses légumes frais dans un petit marché en plein air installé sur un trottoir, assez loin de chez elle. Elle n'a pas peur de se lever de bonne heure pour aller les acheter avant d'aller au travail, « parce que, dit-elle, je sais que ces légumes et ces pommes n'ont pas été pulvérisés avec des pesticides. » Elle connaît bien le marchand d'œufs et de volailles. Elle est allée visiter son installation à quelques kilomètres de là. Elle sait que les poules sont élevées en plein air et nourries avec du bon grain.

Chaque jour, elle se hâte pour rentrer chez elle à midi, car elle n'a qu'une demi-heure pour déjeuner. Elle préfère manger toute seule un œuf à la coque et une salade verte que d'acheter un sandwich dans le bistro proche de son bureau. « Un sandwich tout prêt ? mais je ne sais pas ce qu'il y a dedans ? Je ne sais pas s'il a été préparé dans les règles de l'hygiène les plus élémentaires ! Je suis très exigeante ». Elle ne consomme que de l'huile d'olive, des produits naturels et fait cuire elle-même son pain le samedi, en même temps que de grandes tartes aux pommes, car elle achète de la farine bio chez un cultivateur qu'elle connaît.

B. Guerry
Portraits inédits

1) Quelles sont les motivations essentielles de Mme Artamont ?
2) Avez-vous les mêmes ? Expliquez pourquoi.

L'expression de la conséquence

Chapitre 32

On peut exprimer les rapports de conséquence dans des propositions indépendantes et des propositions subordonnées.

1 Les propositions indépendantes

a) **par la ponctuation : les deux points « : »**
Ex. : Il nous reste peu de temps : il ne s'agit pas de traîner.

b) **par les conjonctions ou les locutions conjonctives de coordination suivantes :**
Alors ; aussi ; c'est pourquoi ; de là ; dès lors ; d'où ; donc ; en conséquence ; et ; par conséquent.
Ex. : Il a perdu sa tenue de sport ; de là la colère de sa mère.
Il a eu une bronchite le mois dernier ; dès lors est très attentif à ne pas prendre froid.
Il n'a rien fait de toute l'année et il a raté ses examens !
Remarque : avec aussi, l'inversion du sujet et du verbe est fréquente.
Ex. : Il ne s'habituait pas au climat ; aussi a-t-il cherché à aller travailler ailleurs pour changer de région.

2 Les propositions subordonnées

1. À l'indicatif :
Elles sont introduites par les locutions conjonctives suivantes :
au point que, à tel point que, de telle façon que, de telle manière que, de telle sorte que, de sorte que, si … que, si bien que, tant de … que, tant et si bien que, tellement de … que, tellement que.
Ex. : Elle a trop mangé, si bien qu'elle a été malade.

Les locutions : **de telle façon que, de telle manière que, de telle sorte que** expriment une manière de faire qui entraîne une conséquence.
Ex. : Il a fait ses réservations très longtemps à l'avance, de telle manière (de telle sorte, de telle façon) qu'il a pu avoir les meilleures places.

Les locutions : **à tel point que, au point que, si, tant, tant et si bien que, tellement** marquent des degrés d'intensité entraînant une conséquence.
Ex. : Elle a tellement mangé qu'elle est devenue obèse.
Elle a mangé au point de devenir obèse.
Elle a mangé à tel point qu'elle est devenue obèse.

Les locutions verbales **avoir faim, avoir soif, avoir envie, avoir besoin, avoir mal** etc. se construisent avec **si** ou avec **tellement** :
Ex. : Il avait si mal à la tête qu'il a pris deux comprimés d'aspirine
Il avait tellement mal à la tête qu'il a pris deux comprimés d'aspirine.

2. Au subjonctif (ou à l'infinitif si le sujet des deux verbes est le même.)
Elles sont introduites par les locutions conjonctives suivantes : assez pour que, suffisamment pour que; trop pour que.
Ex. : La maison est assez (suffisamment) grande pour y loger toute la famille.
Il est trop fatigué pour que tu puisses lui demander de t'aider. (= il est très fatigué si bien que tu ne peux pas lui demander de t'aider)

3 Tournures ou mots exprimant la conséquence

a) les expressions, et, il faut … pour que … ou il suffit … pour que … suivies du subjonctif.
Ex. : Un petit effort et on se comprendra mieux.
Il faut un petit effort pour mieux se comprendre.
Il suffit d'un petit effort pour qu'on puisse mieux se comprendre.

b) Certains verbes portent en eux-mêmes une idée de conséquence:
amener ; attirer ; causer ; créer ; déchaîner (=faire naître avec violence) ; déclencher ; déterminer ; entraîner ; être responsable de ; éveiller ; inciter (= encourager à) ; occasionner ; prêter à (= donner matière à) ; procurer ; produire ; provoquer ; soulever ; susciter(= faire naître).
Ex. : L'interprétation de ce chef d'orchestre a déclenché un tonnerre d'applaudissements.
Son comportement m'a amené à prendre des distances avec lui.

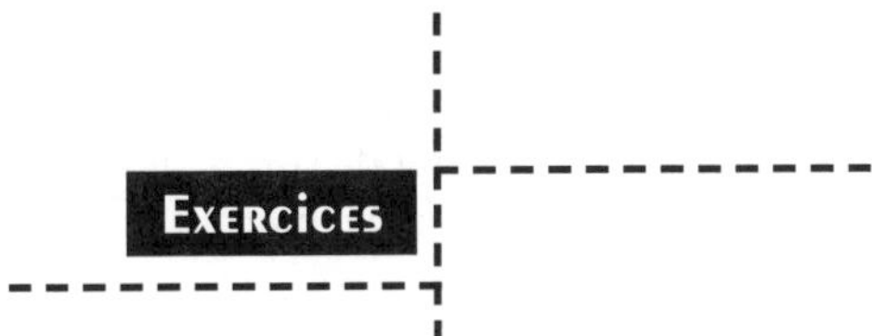

1 **Trouvez la conséquence :**
1. Elle a mis des oignons de tulipes dans son jardin (si bien que …). — 2. Il n'a pas la télévision (de sorte que) … — 3. Tu bois trop de café (si bien que …). — 4. Odile est réservée (si… que …). — 5. La façade de la maison est vétuste (trop … pour que …). — 6. Il a laissé son livre dans le jardin pendant la nuit (de sorte que …). — 7. Ta robe est froissée (tellement … que …). — 8. Le chemin était plein d'ornières (tant et si bien que) — 9. Tes affaires sont en désordre (à tel point que…). — 10. Valérie parle trop (si bien que…). — 11. Sa montre ne marche plus (c'est pourquoi …) — 12. Elle avait mis un chapeau ridicule (assez … pour …). — 13. Tu n'es pas assez couvert (de sorte que …) — 14. Cette plante est fragile (trop … pour que …).

2 **Même travail :**
1. L'automobiliste est passé quand le feu était rouge (en conséquence …). — 2. Le réveil n'a pas sonné (aussi…) — 3. La neige était poudreuse (trop pour que …). — 4. Elle n'a pas su tenir sa langue (fam.) (alors …). — 5. Les artichauts étaient trop chers (de sorte que …). — 6. Son compte bancaire n'était plus alimenté (par conséquent …). — 7. Il n'avait pas réparé les freins de sa bicyclette (c'est pourquoi …). — 8. Les rivières sont

polluées (à tel point que ...). — 9. Elle bégaye (tellement que ...). — 10. La mer est mauvaise (si ... que). — 11. Il est toujours dans les nuages (si bien que ...). — 12. Il n'a qu'une parole (donc ...). — 13. Il est en pays de connaissance (assez ... pour). — 14. Il a relu le texte (de telle manière que ...)

Reliez les phrases suivantes par des conjonctions ou des locutions conjonctives de conséquence : ainsi ; aussi ; c'est pourquoi ; de sorte que ; de là ; donc ; dès lors etc.

Ex. : Il avait vieilli ; elle ne l'a pas reconnu tout de suite.
Il avait vieilli ; aussi ne l'a-t-elle pas reconnu tout de suite.

1. Il est fatigué : il est resté au lit. — 2. Le garçon jouait de la guitare très tard tous les soirs : le voisin était excédé. — 3. Il avait des préoccupations : il restait des heures sans parler. — 4. Il n'était pas habitué à faire du vélo : au bout de trois heures il n'en pouvait plus. — 5. La colère se lit en ce moment sur son visage : elle a l'air d'avoir dix ans de plus que son âge. — 6. Elle ne fait attention à rien: on ne peut rien lui confier. — 7. Il ment comme il respire : on ne le croit plus. — 8. C'est un enfant plein d'imagination: avec lui on peut s'attendre à n'importe quelle bêtise. — 9. La luminosité était forte: la photo a été surexposée. — 10. Elle n'avait pas assez appris le code de la route: elle a eu son permis de conduire de justesse.

Dans les phrases suivantes, ajoutez une idée d'intensité dans les conséquences :
(Vous pouvez utiliser tellement, tant, si... que, au point que etc.).

Ex. : Le ténor a chanté longtemps. Il a maintenant une extinction de voix.
Le ténor a chanté longtemps, au point d'avoir maintenant une extinction de voix.
Le ténor a chanté si longtemps qu'il a maintenant une extinction de voix.

1. Il avait de l'argent. Il a cru qu'il pouvait le dilapider. — 2. Il faisait froid. Nous avions l'onglée malgré nos gants. — 3. Il s'est fatigué à construire sa maison lui-même. Il est tombé malade peu de temps après. — 4. Elle a caché ses bijoux. Elle ne les retrouve plus. — 5. Il a crié. Il a terrorisé ses enfants et le chien est allé se coucher sous l'armoire. — 6. La grève a été dure ces jours-ci. Elle a paralysé tout le pays. — 7. Le racisme existe encore. Il crée quelquefois des relations exacerbées entre les gens, dans le métro par exemple. — 8. Il a été humilié devant ses camarades ; il en garde un souvenir cuisant. — 9. Elle a eu des revers dans son existence ; elle a perdu toute joie de vivre. — 10. Le lac est gelé ; on peut patiner sur sa surface.

Remplacez les points de suspension par le mot qui convient. Tous ces substantifs ont le sens de « conséquence ».
conséquence ; contre-coup ; corollaire (= conséquence directe d'une vérité ou d'un théorème déjà démontré) ; effets ; fruit ; impact ; retentissement ; réaction ; ricochet ; suites.

1. Le discours du président de la République a eu un grand ... sur l'opinion des électeurs. — 2. Cette tornade a eu des ... catastrophiques. — 3. Il est mort des ... d'un accident de la route. — 4. Quand le Renard voyait un champ de blés mûrs, il pensait par ... au Petit Prince. — 5. On peut tirer de ce théorème plusieurs ... et leurs ... — 6. La nouvelle de l'assassinat du Président a eu un... considérable sur le monde entier. — 7. Croyez-vous

que l'abolition de la peine de mort ait eu pour … une recrudescence de la criminalité ? — 8. Le … de cette époque de puritanisme a été un relâchement dans les mœurs. — 9. Ce livre fut le … de leur collaboration. — 10. L'insolence de sa réponse a provoqué chez son père une … de colère.

Même exercice avec les substantifs suivants :
l'aboutissement ; les conclusions ; l'incidence ; une influence ; l'issue ; les lendemains ; la portée ; le produit ; les retombées ; les séquelles ; les tenants et les aboutissants.

1. Quelle a été l'… de ses démarches. — 2. Est-ce que tu mesures la … de tes paroles ? — 3. Les … de la « révolution de 1968 » en France se mesurent encore au début du XXIe siècle. — 4. Pour porter un jugement équitable sur cette affaire il faudrait mieux en connaître les … et les … — 5. Sa réussite est l'… de longues années d'efforts. — 6. Le médecin l'a mis en garde contre les … de la grippe. — 7. Ces licenciements massifs ont eu de tristes … — 8. Maintenant il nous faut tirer les … des événements de ces derniers jours. — 9. Le ministre du Budget craignait que la hausse des impôts ait une … fâcheuse sur la consommation. — 10. Il ne s'est jamais douté de l'… de son comportement sur la santé sur l'état psychologique de ses enfants.

7 **Même exercice :**
Choisissez dans la liste suivante : amener ; causer ; déterminer ; entraîner ; éveiller ; inciter ; occasionner ; procurer ; provoquer ; soulever ; susciter.

Ex. : Il est arrivé alors qu'on ne l'attendait pas si bien que l'assistance en a été perturbée.
Son arrivée inattendue a provoqué des perturbations dans l'assistance.

1. Il est intervenu de telle façon que tous ont applaudi. — 2. Sa remarque était si drôle que tout l'auditoire s'est mis à rire. — 3. Il se comportait de façon si bizarre que ses voisins ont eu des soupçons. — 4. Il vient de faire un héritage ; c'est pourquoi son entourage est jaloux. — 5. Il a échoué plusieurs fois si bien qu'il a révisé certaines de ses conceptions. — 6. Il a fait un film très original ; c'est pourquoi il a eu les éloges unanimes des critiques. — 7. Il a été cambriolé plusieurs fois de suite, de sorte qu'il a fait installer un système d'alarme dissuasif. — 8. Les propositions qu'il a faites étaient telles qu'on a tout de suite été enthousiasmé. — 9. Il a fait exceptionnellement froid, aussi y a-t-il eu des dégâts incalculables.

Reliez les phrases suivantes en exprimant d'abord la conséquence et ensuite la cause :

Ex. : Nous sommes en retard.
Notre voiture est tombée en panne.
a) Notre voiture est tombée en panne, si bien que nous sommes en retard. (en conséquence… donc… etc.)
b) Nous sommes en retard parce que notre voiture est tombée en panne. (c'est à cause d'une panne de voiture… car nous avons eu une panne etc.)

1. Elle a demandé qu'on baisse le son du poste de radio.
Elle avait la migraine.
2. Il y a eu des giboulées, du soleil et de la pluie.
Les pelouses ont reverdi en deux jours.

3. Je ne retourne plus chez ce pâtissier.
   Il vend ses gâteaux trop cher.
4. Un poste était vacant.
   Il a présenté sa candidature.
5. Il raconte toujours des anecdotes amusantes.
   On aime bavarder avec lui.
6. Elle a dépensé tout son argent en futilités.
   Elle ne peut plus payer son loyer.
7. Il est perclus de rhumatismes.
   Il prend chaque jour des analgésiques.
8. Il est avare.
   Il ne veut pas profiter des agréments de la vie.
9. Elle reste toujours dans son coin.
   Elle ne sait pas danser
10. Il est impulsif.
    Il ne fait que des bêtises.

Trouvez 10 slogans publicitaires exprimant la conséquence :

Ex. : Il suffit d'un peu de beurre dans un plat *pour* lui donner le goût de la bonne cuisine française. *Une noisette de beurre dans un plat, et* vous avez le goût de la bonne cuisine française.

1. Il suffit … pour … — 2. Quelques gouttes de … pour … — 3. Seulement … et … — 4. Il faut seulement … pour … — 5. Il n'est pas besoin de … pour … — 6. Il est urgent de … pour … — 7. Un peu de … et … — 8. Il ne faut pas plus de … pour …

Terminez les phrases suivantes afin qu'elles comportent une conséquence implicite :

Ex. : Tu n'as pas travaillé…
Tu n'as pas travaillé, tu as raté ton examen.

1. Tu as voulu avoir une mobylette, (…) — 2. Tu as voulu n'en faire qu'à ta tête, (…) — 3. Tu n'as pas débranché le fer électrique en partant, (…) — 4. Cette année le 1er mai tombe un dimanche, (…) — 5. Les partis politiques tirent tous la couverture à eux, (…) — 6. Il est débrouillard, (…) — 7. La S.N.C.F. sera en grève jeudi, (…) — 8. Tu as jeté tes mégots sur le tapis, (…) — 9. Il dit n'importe quoi à n'importe qui, (…) — 10. Il a un caractère épouvantable, (…)

Les phrases suivantes de langage familier, expriment toutes des conséquences. Trouvez les contextes dans lesquels vous pouvez les insérer :

1. Tant pis pour lui !
2. C'est toujours la même chose !
3. Cela se termine toujours de la même façon.
4. … résultat : il est parti.
5. Du coup, il ne sait plus à quel saint se vouer.
6. C'est encore moi qui trinque.
7. On paye les pots cassés.
8. Heureusement qu'il y a papa derrière !

9. Ne t'étonne pas qu'il te fasse la tête.
10. Il ne l'emportera pas au paradis !
11. On ne m'y prendra pas deux fois !

Vous exposez des conséquences :
Vous venez d'assister à un accident.

— Une voiture est arrivée sur la droite, (...) — Le conducteur était distrait, (...) — Il était en train de gronder sa petite fille qui s'amusait à essayer d'ouvrir la portière, (...) — Il avait la tête tournée en arrière, (...) — Il était énervé, (...) — Il n'a pas vu arriver la voiture etc, (...)

Vous êtes marchand de légumes et vous expliquez la hausse des prix à une cliente mécontente :

— Il y a eu une vague de froid, (...) — Tout a gelé, (...) — Les camions n'ont pas pu circuler pendant plusieurs jours, (...) — Les routes étaient enneigées et après il y a eu les barrières de dégel, (...) — Il faut attendre les tomates d'Espagne et les oranges du Maroc, (...)

Vous êtes professeur. Vous êtes devant une classe particulièrement indisciplinée qui vient de chahuter. Cette indiscipline ne sera pas sans conséquence, (...).

Texte
Dans le texte, soulignez les expressions de la conséquence.

L'arrivée de Julien Sorel

Monsieur de Rénal a décidé de faire venir un précepteur pour ses enfants. Sa femme ne supporte pas cette idée car elle imagine que ce sera un vieux prêtre grincheux et sévère.

« Avec la vivacité et la grâce qui lui étaient naturelles quand elle était loin du regard des hommes, Mme de Rénal sortait par la porte-fenêtre du salon qui donnait sur le jardin, quand elle aperçut près de la porte d'entrée la figure d'un jeune paysan presque encore enfant, extrêmement pâle et qui venait de pleurer (...)

Le teint de ce petit paysan était si blanc, ses yeux si doux, que l'esprit un peu romanesque de Mme de Rénal eut d'abord l'idée que ce pouvait être une jeune fille déguisée, qui venait demander quelque grâce à M. le maire. Elle eut pitié de cette pauvre créature, arrêtée à la porte d'entrée, et qui évidemment n'osait pas lever la main jusqu'à la sonnette. Mme de Rénal s'approcha, distraite un instant de l'amer chagrin que lui donnait l'arrivée du précepteur. Julien, tourné vers la porte, ne la voyait pas s'avancer. Il tressaillit, quand une voix douce dit tout près de son oreille :

« Que voulez-vous ici, mon enfant ? »

Julien se tourna vivement, et, frappé du regard si rempli de grâce de Mme de Rénal, il oublia une partie de sa timidité. Bientôt, étonné de sa beauté, il oublia tout, même ce qu'il venait faire. Madame de Rénal avait répété sa question.

« Je viens pour être précepteur, madame », lui dit-il, tout honteux de ses larmes qu'il essuyait de son mieux.

Madame de Rénal resta interdite, ils étaient fort près l'un de l'autre à se regarder. Julien n'avait jamais vu un être aussi bien vêtu et surtout une femme avec un teint si éblouissant, lui parler d'un air doux. Mme de Rénal regardait les grosses larmes qui s'étaient arrêtées sur les joues si pâles d'abord et maintenant si roses de ce jeune paysan. Bientôt elle se mit à rire, avec toute la gaieté folle d'une jeune fille, elle se moquait d'elle-même, et ne pouvait se figurer tout son bonheur. Quoi, c'était là ce précepteur qu'elle s'était figuré comme un prêtre sale et mal vêtu, qui viendrait gronder et fouetter ses enfants !

« Quoi, Monsieur, lui dit-elle enfin, vous savez le latin ? »

Ce mot de Monsieur étonna si fort Julien qu'il réfléchit un instant.

« Oui madame », dit-il timidement.

Mme de Rénal était si heureuse, qu'elle osa dire à Julien :

« Vous ne gronderez pas trop ces pauvres enfants ? »

« Moi, les gronder, dit Julien étonné, et pourquoi ? »

— N'est-ce pas, Monsieur, ajouta-t-elle après un petit silence et d'une voix dont chaque instant augmentait l'émotion, vous serez bon pour eux, vous me le promettez ? »

S'entendre appeler de nouveau monsieur, bien sérieusement et par une dame si bien vêtue, était au-dessus de toutes les prévisions de Julien (…) Madame de Rénal, de son côté, (…) trouvait l'air timide d'une jeune fille à ce fatal précepteur dont elle avait tant redouté pour ses enfants la dureté et l'air rébarbatif. Pour l'âme si paisible de Madame de Rénal, le contraste de ses craintes et de ce qu'elle voyait fut un grand événement. Enfin elle revint de sa surprise.(…)

« Entrons, Monsieur », lui dit-elle (…)

Stendhal
Le Rouge et le Noir, chapitre VI.

14 Relevez les expressions de la conséquence dans la lettre de George Sand après la mort du peintre Eugène Delacroix :

Nohant, 18 août 1863

« Oui, j'ai le cœur navré. J'ai reçu de lui le mois dernier une lettre où il me disait qu'il prenait part à notre joie d'avoir un enfant[1], et où il me parlait « d'un mieux sensible » dans son état. J'étais si habituée à le voir malade que je ne m'en alarmais pas plus que de coutume. Pourtant sa belle écriture ferme était bien altérée. Mais je l'avais déjà vu ainsi plusieurs fois. Mon brave ami Dessauer était près de nous quelques jours plus tard. Il l'avait vu. Il l'avait trouvé livide, mais pas tellement faible qu'il ne lui eût parlé longtemps de moi et de nos vieux souvenirs avec effusion. J'ai appris sa mort par le journal ! C'est un pélerinage que je faisais avec ma famille et avant tout, chaque fois que j'allais à Paris. Je ne voulais pas qu'il fût obligé de courir après moi qui ai toujours beaucoup de courses à faire. Je le surprenais dans son atelier[2]. « Monsieur n'y est pas ! » — Mais il entendait ma voix et accourait en disant : « Si fait, si fait, j'y suis ». Je le trouvais, quelque temps qu'il fît, dans une atmosphère de chaleur tropicale et enveloppé de laine rouge jusqu'au nez, mais toujours la palette à la main, en face de quelque toile gigantesque ; et après m'avoir raconté sa dernière maladie d'une voix mourante, il s'animait, causait, jetait son cache-nez, redevenait jeune et pétillant de gaîté et ne voulait plus nous laisser partir. Il fouillait toutes ses toiles et me forçait d'emporter quelque pochade admirable d'inspiration. La dernière fois l'année dernière (quand je vous ai vu), j'ai été chez lui avec mon

1. Le petit-fils de George Sand.
2. Place de Furstenberg.
3. Deux grandes œuvres de Delacroix se trouvent dans l'église Saint-Sulpice (chapelle de droite).

fils et Alexandre Dumas fils, de là, nous avons été à Saint-Sulpice[3] et puis nous sommes retournés lui dire que c'était sublime, et cela lui a fait plaisir. C'est que c'est sublime en effet, les défauts n'y font rien...

(...) Vous êtes aimable de me parler de lui, et vous partagez mes regrets comme vous partagez mon admiration... Mon fils, qui a été son élève et un peu son enfant gâté, est bien affecté...

George Sand

Texte : Dans ce texte relevez toutes les manières d'exprimer la conséquence.

Les petits boulots

Il suffit de réfléchir un peu et de ne pas avoir peur de se fatiguer pour gagner quelque argent. Un automobiliste s'arrête au feu rouge avec un pare-brise à travers lequel il ne voit plus rien. Hop ! Tu te précipites et en une minute tu lui nettoies sa vitre : il te passe une pièce. Si tu es un peu leste tu peux faire cela pendant deux ou trois heures ; tu as vite gagné une bonne petite somme.

Pour la Toussaint, tout le monde va porter des fleurs au cimetière. Tu repères une vieille dame trop fragile pour porter toute seule son pot de chrysanthèmes. Tu lui proposes tes services pour l'accompagner jusqu'à la tombe de son mari. Trop reconnaissante, elle te refile une bonne pièce. Et tu recommences...

Pour Noël, si tu peux te faire embaucher comme Père Noël dans un grand magasin, tu as un bon boulot pendant quelques jours. Il suffit de ne pas avoir peur du froid, et d'être assez plaisantin pour faire sourire les gosses au moment de la photo ; les parents seront tellement ravis qu'ils te glisseront un billet en douce.

Si tu es assez dégourdi pour manier un peu le pinceau et les couleurs, tu peux aussi décorer des vitrines ; des sapins, du houx, un peu de neige et hop ! tu donnes un petit air de fête à un bistro banal ! Aussi, le patron enchanté de voir arriver des inscriptions pour le dîner du réveillon, te paie bien et te demande de revenir l'année suivante !

À la sortie de la gare, tu peux aussi te rendre utile. Les gens arrivent chargés de valises encombrantes qu'ils ont peine à porter. Tu leur proposes ton aide pour les accompagner jusqu'à leur voiture. Évidemment tu leur fais un grand sourire pour les rassurer... et ils ne disent pas non. Ils te donnent une pièce pour te remercier et ainsi de suite. Il suffit d'avoir un peu d'imagination et de débrouillardise. N'est-ce pas vrai ?

B. Guerry
Portraits inédits

L'expression du but

Le but est un projet, un résultat qu'on veut atteindre, un objectif qu'on se fixe. C'est pourquoi il entraîne généralement l'emploi du subjonctif.

On exprime le but à atteindre.

1. Par des locutions suivies du subjonctif :

pour que afin que de peur que de crainte que … ne (littéraire)	+ subj	pour que … ne pas afin que … ne pas de peur que … ne pas de crainte que … ne pas	+ subj
de sorte que de façon que de manière que	+ subj	*Remarque :* si la phrase est à l'indicatif, il s'agit d'une simple conséquence et non d'un but.	

Ex. : Le professeur parle lentement pour que les étudiants puissent le comprendre.
Le professeur parle lentement de peur que les étudiants ne le comprennent pas.

Attention : trois de ces locutions ont un double emploi : de façon que ; de manière que, de sorte que.
Si elles sont suivies de l'indicatif elles expriment une conséquence.
Si elles sont suivie du subjonctif elles expriment un but.
Ex. : Elle avait oublié son parapluie de sorte qu'elle a été trempée en deux minutes.
Il a donné des explications très claires de sorte que tout le monde comprenne

2. Par « que » + le subjonctif dans une phrase à l'impératif.

Ex. : Parle plus fort qu'on puisse t'entendre.

3. Par une proposition relative au subjonctif.

Après des verbes exprimant une recherche, un souhait, une attente etc. : avoir envie, chercher, désirer, préférer, souhaiter, vouloir etc.
Ex. : Je cherche une villa qui ait une piscine.
J'ai envie d'une villa qui ait une piscine.
Je veux une villa qui ait une piscine etc.

Attention : si on dit : « je cherche la villa qui a une piscine », cela veut dire que cette villa existe, que je l'ai vue et que l'objet de la recherche n'est plus un projet, un but à atteindre, mais une réalité.

4. Avec un infinitif précédé de ces locutions :
à dessein de, afin de, avec l'intention de, dans le but de, dans le dessein de, dans l'intention de, de crainte de, de façon à, de manière à, de peur de, en sorte de, en vue de, histoire de (langue parlée) etc.
Ex. : Il a téléphoné à sa mère avec l'intention de lui faire plaisir.
Il a téléphoné à sa mère, histoire de lui faire plaisir.

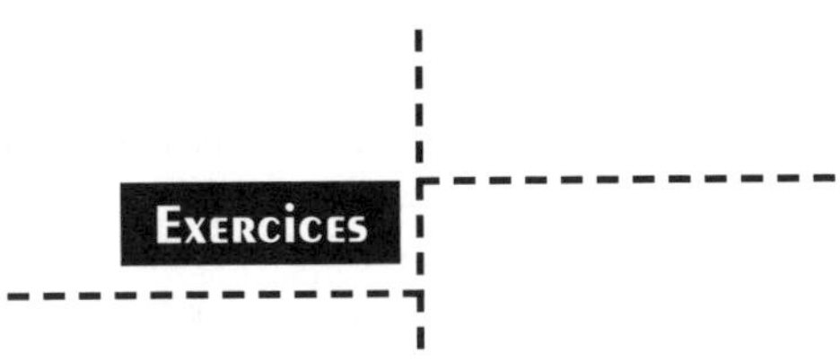

1 **Terminez les phrases suivantes en employant le mode correct :**
1. Le peintre va retapisser la chambre afin que … — 2. Le jardinier arrose les légumes de manière qu'ils … — 3. Elle a pris son parapluie de crainte de… — 4. Je t'ai mis ton réveil à l'heure afin que … — 5. La maman marchait doucement de façon que … — 6. Il articulait avec soin en sorte de … — 7. Il fait trop chaud. Ouvrez la porte pour … — 8. Ne parle pas trop fort de crainte que … — 9. Je vais vous relire le texte de sorte que … — 10. Tu reculeras la voiture afin de … — 11. Lève-toi de bonne heure demain matin pour que … — 12. La fleuriste change l'eau des fleurs chaque jour afin que … ne … pas … — 13. Quand tes amis viennent te voir tu leur fais écouter des disques pour que … ne … pas … — 14. J'ai réparé tout de suite l'accroc de mon pantalon afin de ne pas …

2 **Trouvez des slogans publicitaires humoristiques en complétant les phrases suivantes :**
1. Pour être en bonne santé (…)
2. Pour que votre vaisselle soit étincelante (…)
3. Pour gagner beaucoup d'argent (…)
4. Pour ne pas avoir l'air grognon (…)
5. Pour que votre jardin soit votre fierté (…)
6. Pour ne pas être habillé triste (…)
7. Pour passer des vacances heureuses (…)
8. Pour être au courant de l'actualité (…)

Les mots suivants ont tous un sens de but avec quelques nuances. Employez-les dans les phrases convenables :
Dessein. fin. objectif. objet. propos. terme. visée.
1. Mon (…) premier est de gagner la Coupe du monde. — 2. Il a eu des (…) trop ambitieuses. — 3. Une seule chose compte pour moi : atteindre l'(…) que je m'étais fixé. — 4. Qui veut la (…) veut les moyens. — 5. Il a fini par arriver à ses (…) : brouiller entre eux tous les membres de sa famille. — 6. Je n'ai pas encore compris l'(…) de sa lettre. — 7. En guettant sa victime, l'assassin méditait de noirs (…) — 8. Mon (…) est avant tout de vous faire connaître la vie et l'œuvre de cet écrivain mal connu. — 9. Il est nécessaire que vous fixiez un (…) à vos travaux, sans quoi vous ne les finirez jamais. — 10. J'ai utilisé de l'encre rouge à (…) : afin de mieux attirer l'attention sur mon adresse.

De manière à ; de manière que ; de façon à ; de façon que ; de sorte que.

1. Faites photocopier ce document *de façon que* chacun en ait un exemplaire. — 2. La conférence était donnée en traduction simultanée *de sorte que* tout le monde comprenait — 3. La maman marchait lentement *de façon que* l'enfant puisse la suivre sans peine. — 4. Nous sommes partis assez tôt *de manière à* pouvoir faire quelques courses avant le déjeuner. — 5. Tout de suite après son accident, il avait fait la cure thermale conseillée par son médecin, *de manière que* sa jambe avait retrouvé toute sa souplesse. — 6. Il faudra lui donner tous les renseignements *de sorte qu'*il n'ait aucune difficulté à traiter cette affaire. — 7. Nous avons fait mettre des doubles vitres *de façon à* ne plus entendre le bruit de la circulation. — 8. Dites-lui bien les dessous de cette histoire *de manière qu'*il sache à quoi s'en tenir. — 9. Durant la maladie de sa grand-mère, elle s'était installée dans la chambre voisine *de manière à* l'entendre si elle appelait. — 10. Notre voisin a gagné au tiercé une belle somme *de sorte qu'*il a décidé de s'acheter une voiture neuve. — 11. L'infirmière avait fait aussitôt une piqûre au blessé *de façon qu'*il ne souffrait plus. — 12. Je vais vous faire un plan détaillé *de sorte que* vous ne vous perdiez pas.

– Étudiez les phrases ci-dessus.

• Quels modes sont employés ?

• Qu'expriment-ils, but ou conséquence ?

Reliez les couples de phrases par une des expressions étudiées ci-dessus :

1. Il a avalé un calmant — Il n'avait plus mal au bout de 10 minutes.
2. J'ai pris une aspirine — Je ne voulais plus souffrir.
3. Une guêpe l'a piqué — Sa main s'est mise à gonfler.
4. Il a expliqué la difficulté — Il voulait être compris.
5. Il a expliqué encore une fois la difficulté — Il souhaitait que les élèves comprennent.
6. Il a expliqué encore une fois la difficulté — Cette fois-ci tout le monde a compris.
7. Au lieu du train, il a pris l'avion — Il sera de retour plus tôt que prévu.
8. Il avait souligné en rouge l'heure du rendez-vous — Il ne voulait pas l'oublier.
9. Marchez sur la pointe des pieds — Personne ne doit vous entendre.
10. Elle s'était maquillée soigneusement — Elle voulait qu'on ne la reconnaisse pas.

Répondez à ces questions par une relative au subjonctif exprimant le but :

Ex. : Voudriez-vous une femme sportive ?
Je voudrais plutôt une femme qui sache bien faire la cuisine.

1. Voulez-vous un appartement orienté au nord ? Non je voudrais un appartement qui (...) — 2. Désirez-vous une robe du soir ? Non je désire une robe qui (...) — 3. Souhaitez-vous un mari médecin ? Non je souhaite un mari qui (...) — 4. Cherchez-vous la traduction en français de ce roman ? Non je cherche une édition qui (...) — 5. Aimeriez-vous avoir des enfants silencieux ? — 6. Habiteriez-vous ce quartier périphérique ? — 7. Mangeriez-vous une salade niçoise ? — 8. Donneriez-vous votre confiance au premier venu ? — 9. Irez-vous faire cette randonnée de six heures en montagne ? — 10. Allez-vous acheter une voiture très puissante ? — 11. Souhaitez-vous harmoniser vos rideaux et votre dessus-de lit ? — 12. Que pensez-vous installer dans votre appartement ? Un éclairage central ou de petites lampes ? — 13. Quel genre d'études aimeriez-vous entreprendre ? — 14. Avez-vous une idée de l'endroit où vous irez passer vos vacances ?

Insérez dans des contextes convenables les réponses suivantes :

Ex. : But entrevu comme possible : **Pourquoi pas ?**

Je t'assure, tu dois te fixer comme objectif de parler au moins deux langues vivantes.
– Eh bien oui, pourquoi pas ?

But mal défini : **Où voulez-vous en venir ?**

– Je t'assure, tu dois te fixer comme objectif de parler au moins deux langues vivantes.
– Je n'ai jamais dit le contraire. Tu crois que je n'en suis pas capable ? Tu crois que je ne suis pas assez travailleur ? pas assez intelligent ? Pas doué comme toi ? Où veux-tu en venir ? Précise ta pensée. Dis ce que tu n'oses pas me dire !

À vous

But nécessitant un encouragement :

Allez, vas-y !
Prends ton courage à deux mains.
Ne baisse pas les bras.
On y arrivera.
Ne t'en fais pas. Tout ira bien.

But entraînant le découragement :

À quoi bon ?
Je ne sais pas comment m'y prendre.
Je ne sais pas par quel bout commencer.
Je n'en vois pas l'issue.
Je ne suis pas encore sorti de l'auberge.
C'est trop dur (difficile).
Je n'y arriverai pas.
J'ai vu trop grand.

But non atteint :

C'est raté.
J'ai voulu courir deux lièvres à la fois.
On ne m'y reprendra pas.

But atteint :

C'est fait.
Mission accomplie.
Euréka !
L'essentiel c'est d'avoir atteint le but que nous nous étions proposé.

Texte

Vivre, c'est construire des projets.

On ne peut pas imaginer la vie sans buts que l'on se propose d'atteindre. Si l'on n' attend plus rien de l'avenir, l'existence est morne car le projet fait partie de notre énergie vitale, de notre projection dans le temps, de notre motivation profonde. Il n'y a pas que les étudiants, les sportifs, les artistes, les politiciens qui se lancent des défis. Chaque être humain a le droit, pour ne pas dire le devoir, de se définir pour lui-même des objectifs précis, au-dessus des événements de la routine quotidienne. Pour l'un ce sera de construire une maison, de creuser une piscine dans son jardin ou toute autre réalisation concrète ; pour un autre ce sera telle performance intellectuelle ; pour un troisième telle création. Mais pour tous, la vie c'est d'élaborer des projets et de les réaliser dans les temps qu'on s'est fixé. S'il fallait se contenter de manger, boire, dormir (« métro, boulot, dodo » comme on dit quelquefois) la vie serait trop terne. Nous sommes faits pour nous dépasser sans cesse. C'est ce qui donne du sel à notre existence.

1) Êtes vous d'accord avec les idées exprimées dans ce texte ?
2) Avoir un but dans la vie vous paraît-il une condition indispensable à l'existence ?
3) Quels sont les buts, les projets de vie qui vous paraissent essentiels ?
4) Connaissez-vous des gens qui n'ont plus de buts ?
5) Quels sont les événements de la vie humaine qui empêchent de se fixer des objectifs ?

L'expression de la concession, de l'opposition et de la restriction

Chapitre 34

La concession, l'opposition et la restriction sont trois relations logiques proches qu'il convient cependant de définir :
– la concession : consiste à accorder à son interlocuteur que l'on admet ce qu'il dit ou ce qu'il fait. Cela entraîne donc une restriction dans ce que l'on pense soi-même et une certaine opposition avec sa propre pensée.
Ex. : Tu as raison sur ce point, je te l'accorde mais je pense que…
– l'opposition représente un certain désaccord avec la pensée d'un interlocuteur.
Ex. : Je ne suis pas du tout d'accord avec toi.
– la restriction : implique des nuances ou des limitations dans la pensée.
Ex. : Je suis d'accord avec toi sur certains points cependant sur d'autres je me permets de penser autrement.

Ces relations logiques de concession, d'opposition et de restriction s'expriment :

1 Dans les propositions indépendantes

1. Par les conjonctions de coordination suivantes :
Cependant, en revanche, mais, néanmoins, or, par contre, pourtant, quand même, tout de même (lang. parlé) , **toutefois**, etc.
Ex. : Il devait venir à vingt heures ; or il n'est pas venu.

2. Par la locution avoir beau + l'infinitif.
Ex. : Il a beau faire très attention à sa santé, il est tout le temps malade.

3. Par le renversement de la phrase avec « que »
Ex. : Je l'aurais vu de mes propres yeux que je ne le croirais pas.
L'aurais-je vu de mes propres yeux que je ne le croirais pas.

2 Dans des propositions subordonnées conjonctives

Trois modes sont possibles :

- subjonctif
- indicatif
- conditionnel

1. Subjonctif

Les locutions conjonctives suivantes entraînent le subjonctif :
Bien que ; encore que ; quelque… que… ; quel que… ; qui… que… ; quoi… que… quoique… ; si… que.

Ex. : Bien qu'il ait été très fatigué ce soir-là, il a écouté une émission tardive à la télévision (opposition).
Je trouve qu'il a tort, encore que ses vues sur la situation politique actuelle ne soient pas totalement fausses (concession ou restriction).
Quelle que soit la décision que tu prennes, je ne te critiquerai pas. (concession).

2. Indicatif

Les locutions conjonctives suivantes entraînent l'indicatif :
Alors que ; même si ; tandis que ; tout… que.

Ex. : Même si je l'avais vu de mes propres yeux, je ne le croirais pas.
Tout jeune qu'il est, sa réussite est déjà magnifique.

3. Conditionnel

Les conjonctions ou locutions conjonctives suivantes entraînent le conditionnel :
Alors même que ; quand ; quand bien même.

Ex. : Quand (ou quand bien même ou alors même) que tous tes amis t'abandonneraient, je resterais toujours avec toi.

Remarque : On peut aussi supprimer la conjonction et faire une inversion (avec ou sans « que ») :

Ex. : Tous tes amis t'abandonneraient-ils, je resterai toujours avec toi.

Ces constructions relèvent du style élégant et ne peuvent s'exprimer que lorsqu'on veut apporter de la gravité à ses propos.

La conjonction **si** + **indicatif** exprime une idée d'opposition dans une construction du type suivant :

Ex. : Si elle a des qualités, elle a aussi des défauts

3 Dans des propositions relatives

Il est nécessaire de séparer l'antécédent du relatif, par une virgule :

Ex. : Cette fille, qui a incontestablement de grosses qualités, a aussi des défauts.

4 Autres procédés

1. L'utilisation des prépositions suivantes + un nom :

En dépit de ; malgré ; nonobstant (un peu ancien)

Ex. : Malgré son jeune âge, il a de l'expérience.
En dépit des années, il se porte très bien.

2. Au lieu de, loin de ; sans + infinitif ; quitte à (+ l'infinitif) :
Ex. : Au lieu de rester à ne rien faire, tu devrais ranger ta chambre.
Loin de vouloir te faire de la peine, il faut pourtant que je te dise…
Sans vouloir te vexer, il faut que je te dise…
Quitte à te vexer, il faut que je te dise…

3. Des phrases avec
« Cela n'empêche pas que », « il n'en reste pas moins vrai que », « il n'empêche », « n'empêche ».
Ex. : Elle se dit malade, cela n'empêche pas qu'elle aille danser tous les soirs.
Elle se dit malade, il n'empêche qu'elle va danser tous, les soirs.
Elle se dit malade, n'empêche qu'elle va danser tous les soirs.
Elle se dit malade, il n'en reste pas moins vrai qu'elle va danser tous les soirs.

1 Mettez les verbes entre parenthèses au temps voulu :

1. Il emporte un parapluie bien que le temps (être) au beau fixe.— 2. Elle gardait son manteau sur elle bien que la salle (être) chauffée. — 3. Quelque désireux qu'il (être) de ne pas manquer ce rendez-vous, il a trouvé le moyen d'arriver trop tard. — 4. Quoique sa maladie (être) sans espoir, il fait de nombreux projets d'avenir. — 5. Si limité dans son budget qu'il (être), il trouvait moyen de rapporter un souvenir à chacun. — 6. Ils ont continué leur travail dans le jardin quoique le temps (être) incertain. — 7. Quoique la Tour Eiffet (a) plus de cent ans, elle tient toujours debout. — 8. Tout astucieux qu'il (être), il s'est fait rouler. — 9. Alors qu'il (ne pas se douter), son fils ne faisait que des bêtises. — 10. Si prestigieuse et robuste qu'elle (être), on ne peut demander l'impossible à une voiture. — 11. Quoi que tu (faire), qui que tu (être), avec lui tu auras toujours tort.

2 Substituez l'expression « avoir beau » aux autres structures exprimant l'opposition.

Ex. : La maison est grande et pourtant elle ne contient pas tout le monde.
La maison a beau être grande, elle ne peut contenir tout le monde.

1. Tu avais envie de rire et pourtant tu as gardé ton sérieux. — 2. Il y a du soleil mais il fait très froid. — 3. Bien que ce garçon soit très jeune, il a de la maturité d'esprit. — 4. Tu es apparemment très engagé dans la vie politique ; cependant tu t'abstiens de voter. — 5. On a l'impression qu'il agit d'une manière inconséquente, mais il garde son bon sens et sa raison. — 6. Je n'ai que parcouru votre livre mais je sais déjà qu'il me passionnera. — 7. Malgré leur valeur, j'ai dû me débarrasser de certains meubles car je ne savais plus où les mettre. — 8. Bien qu'il ait en général un certain respect vis-à-vis de ses parents, le petit garçon a haussé les épaules quand sa mère lui a parlé. — 9. Il parle à mots couverts, cependant je comprends tout ce qu'il veut dire.

Remplacez les points se suspension par l'expression d'opposition qui convient :

1. (...) elle soit vétuste, cette grande maison a encore belle allure. — 2. Cette robe me plaît (...) elle n'est plus très à la mode. — 3. Mes plantes ont gelé cet hiver : (...) tous mes soins elles n'ont pas reverdi au printemps. — 4. (...) que soit ma fatigue, j'assisterai au mariage de mon amie. — 5. (...) compétent soit (...), aucun médecin n'est complètement à l'abri d'une erreur. — 6. Le printemps (...) être précoce cette année, aucune violette n'a encore fleuri. — 7. Tu redoutes le froid et (...) tu ne prévois pas un chauffage d'appoint pour les demi-saisons. — 8. Un moustique, (...) il est très petit peut vous agacer toute une nuit. — 9. (...) qu'il avait un contrat de travail à durée indéterminée, il a été licencié sans préavis. — 10. Il est très timide et (...) il a osé prendre la parole en public.

Même exercice :

1. (...) mille et une péripéties que je te raconterai à notre arrivée, nous sommes bien rentrés chez nous. — 2. (...) elle a traversé de grosses épreuves, elle a toujours le sourire. — 3. Il (...) être sourd, il entend toujours tout ce qu'on ne voudrait pas qu'il entende. — 4. Je ne te comprends pas ; (...) tu as des problèmes de santé importants, tu ne veux pas te soigner. — 5. Dans la vie, (...) il y a des roses, il y a aussi des épines. — 6. Quand tu seras en voyage, envoie-moi un petit mot pour me rassurer ; (...) court soit (...), il me fera grand plaisir. — 7. Il avait une forte fièvre et (...) il a voulu partir. — 8. (...) tu faisais acte de présence, je saurais bien qu'en réalité tu ne serais là que par convenance. — 9. (...) amoureux de Paris (...) soit, il habite la province. — 10. (...) qu'il a une certaine aisance financière, il préfère se priver de tout plutôt que de dépenser de l'argent.

5

Introduisez une idée d'opposition dans les phrases suivantes en utilisant les locutions : alors que, tandis que, pendant que et quand.

1. Il travaille toute la journée durement/sa femme regarde la télévision couchée sur son canapé. — 2. Il sait surfer sur Internet avec facilité/il ne sait pas faire une addition correctement. — 3. Elle a deux filles. L'une est expansive/l'autre est refermée sur elle-même. — 4. Il est resté étendu sur une chaise longue en fumant une cigarette/tout le monde s'affairait autour de lui pour préparer le repas. — 5. France-Inter diffuse des informations pour grand public/France-Culture s'adresse à des auditeurs plus cultivés. — 6. Il est passionné par la peinture impressionniste/il ne comprend rien à la peinture abstraite. — 7. Nous vivons dans le luxe d'une société de consommation/la moitié de l'humanité meurt de faim. — 8. Il circule à vélo/il aurait dix fois les moyens de s'offrir une voiture. — 9. Il a engagé des frais énormes/il n'a même pas de quoi payer ses factures. — 10. Tu regardes la télévision/je t'explique des choses importantes.

Introduisez vous-même maintenant une idée d'opposition de votre choix dans les phrases suivantes. Vous varierez les tournures autant que possible.

Ex. : Il sait travailler vite : il n'arrivera pas à finir dans les délais prévus.
Bien qu'il sache travailler vite, il n'arrivera pas à finir dans les délais prévus.
Il sait travailler vite et pourtant il n'arrivera pas à finir dans les délais prévus.

1. Il est malade ; il mène une vie tout à fait normale. — 2. Ce commerçant a l'air honnête, il ne faut pas s'y fier. — 3. Son chien a l'air doux et sympathique ; il mord ceux qui l'ap-

prochent de trop près. — 4. Il sort avec une canne blanche comme un aveugle ; il y voit suffisamment pour se conduire. — 5. Mes souliers neufs me font mal aux pieds ; je les mets tous les jours. — 6. Tu t'es trompé ; tu n'as pas perdu confiance en toi. — 7. Le cambrioleur se dissimulait derrière une cagoule ; il a été reconnu et arrêté. — 8. Tu as l'air souvent triste ; tu as tout pour être heureuse. — 9. Il bannit certaines expressions vulgaires de son vocabulaire ; il est souvent grossier quand il ne se contrôle plus. — 10. Il était vif et plein de gaîté autrefois ; il est maintenant morne et affaissé.

7 **Au contraire. En revanche. Par contre.**

Ces trois mots marquent tous les trois une opposition et ont à peu près le même sens. L'usage cependant veut que :

« Au contraire » s'emploie pour des faits d'ordre différents.

« En revanche » pour des faits du même ordre.

« Par contre » s'emploie dans les deux cas, mais est surtout admis dans le langage parlé. Dans un langage plus soigné on lui préférera « en revanche ».

Ex. : Il ne dit pas un mot d'allemand ; en revanche il parle parfaitement bien l'anglais.
Emmanuel est turbulent. Matthieu au contraire est un enfant très calme.

Établissez des rapports de contraste ou d'opposition entre les faits suivants en utilisant les expressions « en revanche » (pour les faits du même ordre) ou « au contraire » (pour les faits d'ordres différents). Évitez « par contre » (admis dans le langage parlé mais quelquefois contesté) :

1. Stéphane n'est guère doué pour les mathématiques ; il s'intéresse (...) à tout ce qui est artistique. — 2. Il a fait beau en Provence pendant toutes les vacances de Pâques. En Normandie (...) il n'a fait que pleuvoir. — 3. Jacques est ordonné ; Jean (...) est le désordre incarné. — 4. L'écolière n'a rien retenu de l'explication donnée par le professeur ; (...) elle a su répéter tout ce que son petit camarade lui avait raconté pendant la classe. — 5. En France le prix de l'essence a diminué ces jours-ci ; le prix des péages (...) a augmenté. — 6. Il ne fait aucun progrès ; (...) il régresse ! — 7. Elle fait très bien la pâtisserie ; (...) elle ne sait absolument pas faire cuire une viande. — 8. Il n'a pas voulu se mettre en avant ; (...) il a voulu que ce soit son ami qui ait la préséance. — 9. Nous ne tenons pas spécialement à aller voir ce film ; (...) nous sommes ouverts à toute autre proposition intéressante. — 10. Il veut bien habiter Paris ; (...) il ne veut pas habiter dans un appartement au fond d'une cour sombre ; il veut de la verdure et de la clarté.

 **Remplacez les points de suspension par : quoique, quoi que, quel (le) que soit, quelque... que...**

1. Gardons confiance (...) il advienne. — 2. Je suis toujours critiqué (...) je fasse. — 3. (...) il soit encore jeune, il est acariâtre. — 4. Il faudra le comprendre (...) sa réaction. — 5. Il a mis à jour tout son courrier (...), en général, il soit très négligent. — 6. Elle fait toujours son lit avant de partir (...) l'heure. — 7. Il ne te prendra jamais au sérieux (...) tu dises. — 8. Il faudra tout de même qu'il limite son ambition (...) ses prétentions. — 9. Il a souvent eu l'occasion de lui pardonner (...) rancunier qu'il soit. — 10. Il est tellement susceptible qu'il se fâche (...) on lui dise. — 11. Il sera à même de me comprendre (...) ses préjugés et ses idées préconçues. — 12. Il ne remercie jamais (...) le cadeau qu'on lui apporte. — 13. Il a bon fond (...) cynique qu'il soit dans ses propos.

Dans les phrases suivantes, la conjonction « et » marque-t-elle l'addition, la conséquence ou l'opposition (dans ce dernier cas précisez si vous voyez une nuance d'ironie) ?

1. Il veut partir pour une expédition polaire et il ne supporte pas le froid ! — 2. En gesticulant elle a renversé sa tasse de café et elle a fait une tache sur son chemisier. — 3. Ils sont écologistes et ils laissent traîner les papiers de leur pique-nique au milieu du pré ! — 4. Ils n'ont pas trouvé d'hôtel et ils ont dû dormir dans la voiture. — 5. Elle a acheté des disques et elle les a écoutés. — 6. Elle n'aime pas la musique classique et elle a acheté plusieurs enregistrements des symphonies de Beethoven ! — 7. Il est d'une honnêteté à toute épreuve et on l'accuse de compromission. — 8. Il n'a pas d'argent derrière lui et sa situation est plus que précaire. — 9. Il a cru bien faire en prenant sa mère chez lui et maintenant il n'en peut plus. — 10. Il dit qu'il n'aime pas les fruits de mer et il a demandé des huîtres !

À vous :
1) une phrase avec et marquant l'opposition.
2) une phrase avec et marquant l'opposition (nuance d'ironie).
3) une phrase avec et marquant la conséquence.

Reliez les phrases suivantes en exprimant d'abord l'opposition et ensuite la cause, si possible à l'aide d'un nom.

Ex. : Il a eu de l'avancement. Sa situation n'est pas stable. Nous sommes en période de crise économique.
Bien qu'il ait eu de l'avancement, sa situation n'est pas stable du fait de la crise économique actuelle.

1. Jacques a réussi son examen.
— Il n'est pas content.
— Il n'a pas eu la note qu'il voulait.
2. Mon frère a l'air guéri.
— Il prend encore des antibiotiques.
— On craint une rechute.
3. Il est d'un tempérament fragile.
— Il peut faire pas mal de sport.
— Il a un bon entraînement.
4. Elle ne veut pas apprendre l'anglais.
— Elle est partie pour Londres.
— Une de ses amies a insisté pour qu'elle y aille.
5. Il connaît bien Paris.
— Il se perd dans certains quartiers.
— Il n'a pas de plan.
6. Elle n'a jamais rien tricoté.
— Elle a réussi à faire un chandail à son fils.
— Elle y a mis beaucoup de patience et de bonne volonté.
7. Il a posé sa candidature.
— Son dossier n'a pas été accepté.
— Sa vue était trop mauvaise.
8. Il s'entendait bien avec son frère.

— Ils se sont disputés.
— Il y a eu des malentendus regrettables.

9. La barque était amarrée.
— La tempête l'a emmenée au loin.
— Elle était attachée par de solides cordages.

10. Il n'aime pas les gâteaux.
— Il a apporté des tartes pour le dessert.
— Nous avons protesté.

Relevez dans cette lettre toutes les expressions qui marquent la concession, la restriction ou l'opposition.
À votre tour, écrivez une lettre dans laquelle vous expliquerez que vous avez vu un film dont vous avez apprécié le scénario mais dont l'interprétation était vraiment mauvaise.

Robert,

Bien qu'il m'en coûte, j'ai décidé de te quitter malgré la peine que je risque de te faire.

Ma décision est irréversible. Tu auras beau dire, tu auras beau faire, je ne changerai en rien ma détermination.

Peut-être plus tard, pourrons-nous repenser à cela. Mais pour l'instant je n'en peux plus et je pense que, quoi qu'il en soit, il n'est pas possible d'envisager en ce moment de vivre en commun ou tout simplement de nous rencontrer à nouveau.

Je tiens pourtant à te dire que je n'oublierai par certains bons moments que nous avons passés ensemble, même si, plus tard ils ont été ternis par trop de mésententes ou de malentendus.

Si douloureux que cela puisse être pour l'un et pour l'autre, il faut maintenant nous en tenir là.

Je te demande de ne rien faire pour le moment, quelle que soit ton envie de réagir en recevant cette lettre. J'ai besoin de prendre du recul pour mûrir tout cela malgré l'apparente indifférence dont tu m'accuseras.

Tâche de m'oublier.

Juliette

Insérez ces réponses dans un contexte convenable. (Le sentiment d'indignation qu'elles expriment implique souvent une situation d'opposition, de contraste ou de concession inacceptable.)

1. Mais c'est incroyable !
2. C'est quand même malheureux.
3. Cela paraît aberrant.
4. C'est inimaginable !
5. Ça alors, c'est le comble !
6. Je n'ai plus confiance en lui. C'est fini.
7. Il y a de quoi se taper la tête contre les murs.
8. C'est totalement injuste.
9. Il faudra faire une réclamation.

Texte

1) Dans ce texte situé à la 1re page de son ouvrage sur Paris, Zola veut suggérer une impression d'ensemble de la capitale vue du sommet de la butte. Quelle est cette impression ?

2) Comment Zola établit-il l'opposition entre les quartiers de l'est et ceux de l'ouest. Où est le point d'articulation de cette opposition ?

3) Relevez tous les mots qui suggèrent que Paris est enveloppé dans la brume ce jour-là, et tous ceux qui peignent les couleurs

4) La misère est-elle évoquée dans ce texte ? Par quelles phrases ?

Paris
vu par Émile Zola

Ce matin-là vers la fin de janvier, l'abbé Pierre Froment, qui avait une messe à dire au Sacré-Cœur de Montmartre, se trouvait dès huit heures sur la butte, devant la basilique. Et, avant d'entrer, un instant, il regarda Paris, dont la mer immense se déroulait à ses pieds.

C'était, après deux mois de froid terrible, de neige et de glace, un Paris noyé sous un dégel morne et frissonnant. Du vaste ciel, couleur de plomb, tombait le deuil d'une brume épaisse. Tout l'est de la ville, les quartiers de misère et de travail, semblaient submergés dans des fumées roussâtres, où l'on devinait le souffle des chantiers et des usines ; tandis que, vers l'ouest, vers les quartiers de richesse et de jouissance, la débâcle du brouillard s'éclairait, n'était plus qu'un voile fin, immobile de vapeur. On devinait à peine la ligne ronde de l'horizon, le champ sans bornes des maisons apparaissait tel qu'un chaos de pierres, semé de mares stagnantes, qui emplissaient les creux d'une buée pâle, et sur lesquelles se détachaient les crêtes des édifices et des rues hautes, d'un noir de suie. Un Paris de mystère, voilé de nuées, comme enseveli sous la cendre de quelque désastre, disparu à demi déjà dans la souffrance et dans la honte de ce que son immensité cachait.

Émile Zola
Paris (Les trois villes)

Exercices

14 Pour ou contre ?

1) Au cours d'un réunion municipale deux conseillers s'affrontent sur le thème de l'énergie. Imaginez ce que dit le partisan écologiste, ce qu'il concède, ce à quoi il s'oppose.

Pour l'énergie nucléaire	Contre l'énergie nucléaire
• La France n'a pas de pétrole • Les réserves de charbon diminuent • Avec le nucléaire, la France n' aurait-plus à dépendre d'importations étrangères • L'énergie nucléaire est propre • C'est une forme moderne d'énergie	

2) Imaginez un débat entre plusieurs personnes ; certaines sont contre les films de violence, en particulier à la télévision aux heures de grande écoute ; d'autres au contraire sont des passionnées des films de violence et pensent qu'ils n'ont aucun impact sur la société.

Arguments pour	Arguments contre

L'expression de l'hypothèse et de la condition

Des procédés différents permettent d'exprimer l'hypothèse et la condition.

Chapitre 35

1 Si + indicatif + (indicatif ou conditionnel)

C'est le procédé le plus habituel. Selon les temps respectifs de l'indicatif et du conditionnel, on peut exprimer différentes possibilités :

1. La probabilité (condition qui entraîne l'idée de futur)

a) **Si + présent de l'indicatif + présent de l'indicatif : probabilité presque certaine.**
Ex. : Si je gagne à la loterie, je m'achète une voiture.

b) **Si + présent de l'indicatif + futur = probabilité presque certaine.**
Ex. : Si je vais à Londres cet été, j'apprendrai l'anglais.

c) **Si + passé composé + présent de l'indicatif = probabilité presque certaine.**
Ex. : Si j'ai fini avant six heures je vous rejoins au bistro.

d) **Si + passé composé + futur = probabilité presque certaine.**
Ex. : Si j'ai fini avant six heures, je vous rejoindrai au bistro.

2. L'éventualité

a) **Si + imparfait + conditionnel présent. (= possibilité)**
Ex. : Si j'allais à Londres cet été, j'apprendrais l'anglais.

b) **Si + plus-que-parfait + conditionnel présent.**
Ex. : Si le peintre n'avait pas fini les travaux demain soir, je te préviendrais.

c) **l'emploi de deux conditionnels sans « si « exprime une idée d'éventualité dans le langage parlé.**
Ex. : Tu serais à sa place, tu ne ferais pas beaucoup mieux.

3. La condition dans le passé

a) **Si + plus-que-parfait + conditionnel présent.**
Ex. : Si tu avais écouté mes conseils, tu ne serais pas dans cet état.

b) **Si + plus-que-parfait + conditionnel passé (regret)**
Ex. : Si j'avais pu aller à Londres cet été, j'aurais appris l'anglais.

4. La double hypothèse

Quand il y a deux hypothèses (Si… et Si…), pour éviter la répétition de si, on exprime la première par **si + indicatif** et la seconde par **que + subjonctif.** Elles sont suivies du futur ou du conditionnel.

Ex. : **Si tu viens** en France cet été et **que tu aies envie** de visiter les châteaux de la Loire, **je t'accompagnerai** avec plaisir.
Si tu venais en France cet été et **que tu aies envie** de voyager un peu, **je t'accompagnerais** avec plaisir.
Si tu étais venu avec ton mari, **j'aurais pu** faire sa connaissance

2 Les locutions conjonctives

1. Avec le subjonctif

On exprime aussi la condition et l'hypothèse par l'emploi de certaines locutions conjonctives toujours employées avec le subjonctif :

À condition que, à moins que (+ ne explétif), à supposer que, en admettant que, en supposant que, pour autant que, pour peu que, pourvu que, que, si tant est que, soit que… soit que…

Ex. : Je viendrai te voir demain **à moins que** tu ne sois invité chez des amis.
Je viendrai te voir **en supposant que** tu ne sois pas invité chez des amis.
Je viendrai te voir **pourvu que** tu ne sois pas invité.
Je préfère te prévenir bien à l'avance, **pour peu que** tu sois déjà invité.

2. Avec le conditionnel

D'autres locutions conjonctives sont toujours employées avec le conditionnel :

Au **cas où, dans le cas où, dans l'hypothèse où.**

Ex. : **Au cas où** je serais absent quand tu viendras, tu déposeras (ou tu déposerais) le paquet chez le gardien.

3 Autres procédés

L'infinitif s'emploie après :

a) **Les locutions : à, à condition de, à moins de, de, quitte à, sans, etc.**

Ex. : **À** t'entendre, on dirait que tu es millionnaire !

À condition de se lever de bonne heure, on peut faire beaucoup de choses dans une journée.

J'achèterais bien cette voiture qui est tout à fait au-dessus de mes moyens, **quitte à** faire des économies sur d'autres choses (= même si je dois faire des économies sur autre chose).

b) **Un gérondif en tête de phrase**

Ex. : En travaillant plus régulièrement, tu aurais de meilleurs résultats.

c) **Un adjectif apposé à un nom ou un pronom**

Ex. : Plus jeune, il aurait fait ce travail plus rapidement.

d) **Une proposition relative au conditionnel**

Ex. : Un sportif qui ne ferait pas un entraînement quotidien régulier ne pourrait pas participer à des compétitions internationales.

e) **un nom précédé des prépositions : avec, dans, en, en cas de, sauf.**

Ex. : Avec de la ténacité, on arrive à tout. (= Si on a de la ténacité)
Dans la détresse, (= si on est dans la détresse) on a besoin d'avoir des amis qui vous entourent.
Je serai au rendez-vous sauf événement imprévu. (= si un événement imprévu ne survient pas).

f) **des adverbes comme : autrement sinon.**

Ex. : Dépêche-toi, sinon tu vas manquer le train !
Dépêche-toi, autrement tu vas manquer le train !

g) **une tournure de phrase qui sous-entend une condition :**

Ex. : Le dentiste m'a dit : « Encore cinq minutes de patience et c'est fini. » (= si vous avez encore cinq minutes de patience).
« Trois mots de plus comme ceux-là et je sortais de la pièce ». (= s'il avait dit trois mots de plus)

1 **Mettez au temps voulu les infinitifs entre parenthèses :**

1. Si l'avion de Rome n'a pas de retard, mon ami (arriver) à 16 heures. — 2. Si j'étais riche je (passer) ma vie en voyages. — 3. Si tu confiais à un inconnu le code secret de ta carte de crédit, tu (pouvoir) te faire voler sans difficulté. — 4. Si tu avais roulé à la vitesse permise, tu (ne pas avoir) d'accident. — 5. S'il ne m'avait pas aidé, je (ne pas venir) à bout de mon travail. — 6. S'ils (ne pas venir me chercher), je prendrai un taxi. — 7. Sans l'intervention d'un de ses amis, il (ne jamais obtenir) cet emploi. — 8. À condition que tu (avoir) ton permis de conduire et que tu (avoir réglé) les problèmes d'assurance, tu pourras emprunter ma voiture. — 9. Si nous ne (partir) pas tout de suite, nous arriverons en retard. — 10. Avec quelques points de plus il (avoir réussi).

2 **Même exercice.**

1. Nous viendrons dîner chez vous à condition que vous nous (recevoir) en toute simplicité. — 2. Allons donc au cinéma ce soir ! à moins que vous (avoir) d'autres projets. — 3. Au cas où tu (ne plus avoir) d'argent, dis-le moi ; je t'en prêterai pour te dépanner quelques jours. — 4. Si tu (vouloir) visiter l'Alsace et que tu (vouloir) emmener tes amis, on peut l'envisager sérieusement. — 5. Ils s'acclimateront bien à ce nouveau quartier pourvu que leurs nouveaux voisins (être) aimables et accueillants. — 6. Adresse-toi à ce bureau d'embauche à supposer que ton profil (pouvoir) correspondre à une offre d'emploi. — 7. Dans l'hypothèse où votre adversaire (contester) votre sincérité, votre avocat (devoir) vous aider. — 8. Un économiste qui (ne pas savoir) faire des prévisions (ne pas avoir) d'impact sur l'opinion. — 9. Si tu (vouloir) que je t'aide à faire ton exercice et que tu (avoir) un peu de temps ce soir, ce serait bien le jour de s'y mettre.

Exercices

Mettez au temps voulu les verbes entre parenthèses :

1. Si vous (vouloir) bien vous entendre avec lui, il vous faudra vous plier à son caractère. — 2. Si tu partais en vitesse, tu me (faire) plaisir (fam.). — 3. Je viendrai dîner chez vous à condition que vous me (recevoir) sans façon. — 4. S'il avait débuté plus tôt et qu'il (avoir) plus de confiance en lui-même, il (devenir) un acteur célèbre. — 5. Pour peu que la vipère (être effrayé), elle devient agressive. — 6. Au cas où tu (en être de sa poche) préviens-moi, je te rembourserai la différence. — 7. Un politicien qui ne (connaître) rien à l'économie, (n'avoir) aucun avenir. — 8. S'il est vrai que l'équitation (se démocratiser) de plus en plus, elle reste encore un sport coûteux. — 9. Nous pourrions aller faire de l'escalade à moins que vous ne (avoir) le vertige. — 10. Dans le cas où vous (avoir entendu parler) de cette histoire, il pourrait vous donner des explications entre quatre yeux (l. parlé). — 11. Vous pourrez sous-louer votre appartement pourvu que cette clause (être) bien inscrite dans votre bail. — 12. Dans l'hypothèse où votre adversaire (contester) votre déclaration, demandez conseil à votre assurance. — 13. (Être)-vous le seul à me l'affirmer, je vous croirais. — 14. Adressez-vous à ce bureau d'embauche à supposer que votre cas (pouvoir) y être résolu.

4

« Pour peu que » annonce une condition, mais une condition de petite portée qui change un état ou une action.

Ex. : Il est déjà très nerveux. Pour peu que ses enfants crient un peu trop fort, il devient agressif et crie encore plus fort qu'eux.
Ma salle de classe n'est pas très grande ; si de nouveaux étudiants arrivent, ils devront écrire sur leurs genoux. … ; pour peu que de nouveaux étudiants …

Introduisez l'expression « pour peu que » dans les phrases suivantes :

1. C'est une petite fille délicate ; elle s'enrhume dès qu'il fait froid. — 2. La salle de cinéma est petite ; si on est un peu en retard, on n'a plus de place. — 3. Ne laisse pas traîner la bouteille d'eau de Javel ; l'enfant voudra jouer avec ; ce serait une catastrophe. — 4. Ses journées sont trop bien organisées ; s'il a un imprévu, cela le met de mauvaise humeur. — 5. C'est une rue agréable ; dès qu'il y a un rayon de soleil, elle prend une allure pimpante et joyeuse. — 6. Il habite au-dessus d'un restaurant ; en été lorsque les fenêtres sont ouvertes, l'odeur des frites arrive jusqu'au milieu du salon. — 7. Il est très susceptible ; dès qu'on lui dit quelque chose qui ne lui plaît pas, il fait la tête pendant une semaine. — 8. Un étranger à Paris est vite démonté ; s'il ne comprend pas les explications des passants interpellés, il se sent perdu. — 9. Ils arriveront à s'entendre s'ils veulent accepter des concessions mutuelles. — 10. Les voyages de nuit en voiture sont dangereux ; si le conducteur s'assoupit un moment, il peut perdre le contrôle de son véhicule.

Dans les phrases suivantes « pourvu que » peut traduire la condition sans nuance particulière ou un souhait. Relevez la nuance en distinguant les deux sens :

1. Vous pouvez retenir votre place dans l'avion dès maintenant pourvu que vous confirmiez votre réservation huit jours avant le départ. — 2. On arrive toujours à atteindre le but qu'on s'est fixé pourvu qu'on y mette de la persévérance et de l'opiniâtreté. — 3. Je voudrais arriver à Nice avant midi. Pourvu qu'il n'y ait pas trop d'embouteillages sur la route. — 4. Allez ! On va faire des crêpes, ce sera un bon dessert… Pourvu qu'il reste encore de la farine dans le placard ! — 5. Tu pourras changer d'orientation plus tard pourvu que tu ne recules pas devant de nouvelles études. — 6. Jérôme pourra nous

accompagner en vacances pourvu qu'il soit rentré le 15 août au plus tard. — 7. Pourvu qu'il fasse beau demain afin que nous puissions partir en randonnée ! — 8. Il pourra briguer ce poste pourvu qu'il ait une bonne formation en informatique. — 9. Il a l'intention d'intervenir à l'assemblée générale pourvu qu'on lui donne la parole — 10. Ma mère n'est jamais inquiète quand nous rentrons tard, pourvu qu'on lui passe un coup de fil pour l'en avertir.

Remplacez la locution « au cas où » (+ verbe) par « en cas de » (+ nom) :
Ex. : Au cas où les voitures se heurteraient, la ceinture de sécurité peut sauver la vie des passagers → en cas de collision…

1. Au cas où vous seriez malade, il faudrait fournir un arrêt de travail signé par votre médecin traitant. — 2. Au cas où vous ne payeriez pas votre facture, celle-ci serait majorée de 10 %. — 3. Au cas où vous seriez volé, l'assurance vous donnerait une indemnité. — 4. Au cas où vous vous désisteriez, vos places ne seraient pas remboursées. — 5. Au cas où l'on n'assiste pas quelqu'un qui est en danger, on peut être condamné. — 6. Au cas où un pays tiers n'interviendrait pas, ce pourrait être la guerre civile. — 7. Au cas où cette loi serait promulguée, il y aurait des manifestations dans le pays. — 8. Au cas où vous ne répondriez pas à la lettre recommandée du notaire, vous seriez passible d'un procès. — 9. Au cas où je ne recouvrerais pas les sommes avancées, je les poursuivrais en justice. — 10. Au cas où le médecin se serait trompé dans son diagnostic, il ne faudrait pas hésiter à demander une consultation chez un autre.

« Si » a de nombreux emplois en français. Quel est son emploi dans les phrases suivantes : hypothèse, interrogation, affirmation, conséquence, concession, opposition, cause ?
1. *S*'il avait voulu se donner un peu plus de peine, il aurait maintenant une situation très au-dessus de celle qu'il a actuellement. — 2. Je me demande *si* ce ne serait pas le moment de me mettre en quête d'un nouvel appartement. — 3. Comment aurais-je pu répondre à votre lettre *si* je ne l'ai pas reçue ! — 4. Il dormait *si* profondément que la sonnerie du téléphone ne l'a pas réveillé. — 5. *Si* cette ville a des quartiers bruyants et fatigants, elle a aussi des quartiers charmants et pleins de poésie où il fait bon flâner. — 6. Il aurait mieux fait de ne pas venir me voir. J'ai eu plus de peine en écoutant ce qu'il m'a dit que *s*'il n'était pas venu. — 7. « Vous n'avez pas rangé votre bibliothèque comme vous aviez prévu de le faire aujourd'hui ? — Oh ! que *si* ! » — 8. Je ne sais pas *si* je dois me manifester ou pas… — 9. *Si* intéressant que puisse être un livre, il est rare qu'on le lise d'une traite. — 10. « Votre mari n'a pas pu venir avec vous ? — *Si*, *si*, il arrive. Il est allé garer la voiture. » — 11. *Si* Patrice est joyeux et aimable, sa sœur est toujours renfrognée.

« Si » n'exprime pas toujours la condition. Trouvez un synonyme dans les phrases suivantes en changeant éventuellement les temps des verbes :
1. Je te prête mes jumelles *si* tu en prends bien soin. — 2. *Si* tu le voyais, tu pourrais lui donner ma nouvelle adresse. — 3. Je me demande *si* cette carte est encore valable. — 4. *Si* Annette est espiègle, sa sœur est plutôt morose. — 5. Tu n'as pas l'air convaincu ? Mais *si* ! — 6. *S*'il a d'excellents résultats en mathématiques, il en a de moins bons en physique. — 7. Après tout, ce n'est pas *si* difficile que ça à faire. — 8. Elle était *si* transie de froid qu'elle tremblait de tous ses membres. — 9. *S*'ils étaient seuls, ils mangeaient à la cuisine ;

si les enfants étaient là, ils prenaient leurs repas dans la salle à manger. — 10. *Si* je te fais cette remarque, c'est que je la crois justifiée. — 11. *Si* tu n'avais pas compris, il fallait me le dire.

Transformez les phrases suivantes d'après le modèle en utilisant l'expression « même si » :
Attention : des transformations seront quelquefois nécessaires pour que la phrase soit logique.

Ex. : « Tu me souhaites mon anniversaire parce que quelqu'un te l'a rappelé ? »
Réponse : « Je t'aurais souhaité ton anniversaire même si personne ne me l'avait rappelé. »

1. Tu prends un apéritif parce que tu as soif ? — 2. Tu achètes des souliers neufs parce que tu dois aller à un mariage ? — 3. Tu as lu cet article parce que quelqu'un t'en a parlé ? — 4. Tu t'es mis au bridge parce que tes amis y jouent ? — 5. Vous allez en Italie parce que vous aimez la peinture ? — 6. Tu fais du sport parce que tu as une épreuve d'athlétisme à passer ? — 7. Tu utilises la carte bleue parce que tu as une billetterie à côté de chez toi ? — 8. Tu as révisé cette leçon parce que ton professeur te l'a demandé ? — 9. Tu as voulu voir ce magasin parce que tu voulais acheter quelque chose ? — 10. Tu as mis ce chapeau parce que tu as craint que le soleil ne soit trop chaud ?

Complétez les phrases suivantes à votre gré :

1. On ne peut pas conduire une voiture sans assurance, mais si on le pouvait ... — 2. Je ne fais jamais de croisière, mais si j'en avais la possibilité ... — 3. On lui reproche toujours d'être casanier, mais s'il était moins fatigué ... — 4. Il a l'habitude de passer l'aspirateur, mais si un jour il oubliait ... — 5. Ma sœur n'a pas eu la chance d'apprendre à jouer du piano, mais si elle avait pu ... — 6. Je ne regarde pas la télévision, mais si les programmes étaient plus intéressants ... — 7. Il n'a pas pu accompagner ses amis en Tunisie, mais s'il avait eu des vacances ... — 8. Elle n'a pas pu adopter le chien qu'elle avait trouvé mais si elle avait eu une villa ... — 9. Je ne suis jamais allé au Japon, mais si j'avais une occasion ... — 10. Je ne peux pas lire tout ce qui me fait envie, mais si j'en avais le temps ...

Dans les situations suivantes que feriez-vous ? Répondez par une phrase complète :

Ex. : Si vous aviez acheté un blouson trop petit ?
Si j'avais acheté un blouson trop petit j'irais le rapporter.

1. Si on vous accusait injustement.
2. Si vous n'aviez rien à manger.
3. S'il manquait 10 € dans la monnaie qu'on vous rend.
4. En cas d'incendie.
5. Si vous n'aviez pas trouvé de logement en arrivant.
6. Si vous deviez recevoir un ami de votre pays et si vous deviez lui faire visiter une région de France.
7. Si vous deviez rapporter à votre mère un cadeau typiquement français.
8. Si vous deviez parler d'un écrivain français.
9. Si vous deviez parler d'une habitude française qui vous a amusé ou surpris.
10. Si vous deviez préparer un plat typiquement français.

Ces réponses en « français familier » correspondent à des phrases comprenant une hypothèse (redoutée, souhaitée, inattendue, surprenante, etc.) Insérez-les dans le contexte convenable :

1. Admettons ! — 2. Avec des si … — 3. Et puis quoi encore ? — 4. Ce n'est pas le moment. — 5. À la rigueur. — 6. N'y pense pas. Un jour à la fois … — 7. Ce serait la catastrophe. — 8. C'est paniquant. (fam.) — 9. Avec un peu de chance … — 10. Ce serait magnifique, vraiment !

Texte :
Remarquez l'emploi que Rousseau fait du conditionnel dans ce texte.

« Si j'étais riche… »

Je n'irais pas me bâtir une ville en campagne, et mettre au fond d'une province les Tuileries devant mon appartement. Sur le penchant de quelque agréable colline bien ombragée, j'aurais une petite maison rustique, une maison blanche avec des contrevents verts ; et quoique une couverture de chaume soit en toute saison la meilleure, je préférerais magnifiquement, non la triste ardoise, mais la tuile, parce qu'elle a l'air plus propre et plus gai que le chaume, qu'on ne couvre pas autrement les maisons dans mon pays, et que cela me rappellerait un peu l'heureux temps de ma jeunesse. J'aurais pour cour une basse-cour, et pour écurie une étable avec des vaches, pour avoir du laitage que j'aime beaucoup. J'aurais un potager pour jardin, et pour parc un joli verger semblable à celui dont il sera parlé ci-après. Les fruits, à la discrétion des promeneurs, ne seraient ni comptés ni cueillis par mon jardinier ; et mon avare magnificence n'étalerait point aux yeux des espaliers superbes auxquels à peine on osât toucher. Or, cette petite prodigalité serait peu coûteuse, parce que j'aurais choisi mon asile dans quelque province éloignée où l'on voit peu d'argent et beaucoup de denrées, et où règnent l'abondance et la pauvreté.

Là, je rassemblerais une société, plus choisie que nombreuse, d'amis aimant le plaisir et s'y connaissant, de femmes qui pussent sortir de leur fauteuil et se prêter aux jeux champêtres, prendre quelquefois, au lieu de la navette et des cartes, la ligne, les gluaux, le râteau des faneuses, et le panier des vendangeuses. Là, tous les airs de la ville seraient oubliés et, devenus villageois au village, nous nous trouverions livrés à des foules d'amusements divers qui ne nous donneraient chaque soir que l'embarras du choix pour le lendemain. L'exercice et la vie active nous feraient un nouvel estomac et de nouveaux goûts. Tous nos repas seraient des festins, où l'abondance plairait plus que la délicatesse. La gaieté, les travaux rustiques, les folâtres jeux, sont les premiers cuisiniers du monde, et les ragoûts fins sont bien ridicules à des gens en haleine depuis le lever du soleil. Le service n'aurait pas plus d'ordre que d'élégance : la salle à manger serait partout, dans le jardin, dans un bateau, sous un arbre, quelquefois au loin, près d'une source vive, sur l'herbe verdoyante et fraîche, sous des touffes d'aunes et de coudriers ; une longue procession de gais convives porterait en chantant l'apprêt du festin ; on aurait le gazon pour table et pour chaise, les bords de la fontaine serviraient de buffet, et le dessert pendrait aux arbres. Les mets seraient servis sans ordre, l'appétit dispenserait des façons ; chacun, se préférant ouvertement à tout autre, trouverait bon que tout autre se préférât de même à lui : de cette familiarité cordiale et modérée naîtrait, sans grossièreté, sans fausseté, sans contrainte, un conflit badin plus charmant cent fois que la politesse, et plus fait pour lier les cœurs. Point d'importun laquais épiant nos discours, critiquant tout bas nos maintiens, comptant nos morceaux d'un œil avide, s'amusant à nous faire attendre à boire, et murmurant d'un trop long dîner. Nous serions nos valets pour être nos maîtres, chacun serait servi par tous ; le temps passerait sans le compter ; le repas serait le repos, et durerait autant que l'ardeur du jour. S'il passait près de nous quelque paysan retournant au travail, ses outils sur l'épaule, je lui réjouirais le cœur par quelques bons propos, par quelques coups de bon vin qui lui feraient porter plus gaiement sa misère ; et moi j'aurais aussi le plaisir de me sentir émouvoir un peu les entrailles, et de me dire en secret : « Je suis encore homme. »

Si quelque fête champêtre rassemblait les habitants du lieu, j'y serais des premiers avec ma troupe ; si quelques mariages, plus bénis du ciel que ceux des villes, se faisaient à mon voisinage, on saurait que j'aime la joie, et j'y serais invité. Je porterais à ces bonnes gens quelques dons simples comme eux, qui contribueraient à la fête ; et j'y trouverais en échange des biens d'un prix inestimable, des biens si peu connus de mes égaux, la franchise et le vrai plaisir. Je souperais gaiement au bout de leur longue table ; j'y ferais chorus au refrain d'une vieille chanson rustique, et je danserais dans leur grange de meilleur cœur qu'au bal de l'Opéra.

Jean-Jacques Rousseau
Émile

Texte

1) Relevez les procédés grammaticaux et lexicaux exprimant le rêve.
2) À quel endroit du texte, les rêves peuvent-ils se concrétiser ?
3) Quels sont les procédés grammaticaux qui l'indiquent ?
4) Conditionnel… imparfait… plus-que-parfait… passé-simple… Remarquez comment le passage d'un temps à l'autre traduit une progression d'abord dans la pensée puis dans la réalité.

Rêves d'étudiants…

… Ils rêvaient de vivre à la campagne, à l'abri de toute tentation. Leur vie serait frugale et limpide. Ils auraient une maison de pierres blanches, à l'entrée d'un village, de chauds pantalons de velours côtelé, de gros souliers, un anorak, une canne à bout ferré, un chapeau, et ils feraient chaque jour de longues promenades dans les forêts. Puis, ils rentreraient, ils se prépareraient du thé et des toasts, comme les Anglais, ils mettraient de grosses bûches dans la cheminée ; ils poseraient sur le plateau de l'électrophone un quatuor qu'ils ne se lasseraient jamais d'entendre, ils liraient les grands romans qu'ils n'avaient jamais eu le temps de lire, ils recevraient leurs amis.

Ces échappées champêtres étaient fréquentes, mais elles atteignaient rarement le stade de vrais projets. Deux ou trois fois, il est vrai, ils s'interrogèrent sur les métiers que la campagne pouvait leur offrir : il n'y en avait pas. L'idée de devenir instituteurs les effleura un jour, mais ils s'en dégoûtèrent aussitôt, pensant aux classes surchargées, aux journées harassantes. Ils parlèrent vaguement de se faire libraires-ambulants, ou d'aller fabriquer des poteries rustiques dans un mas abandonné de Provence. Puis il leur plut d'imaginer qu'ils ne vivraient à Paris que trois jours par semaine, y gagnant de quoi vivre à l'aise le reste du temps, dans l'Yonne ou dans le Loiret. Mais ces embryons de départ n'allaient jamais bien loin. Ils n'en envisageaient jamais les possibilités ou, plutôt les impossibilités, réelles.

Ils rêvaient d'abandonner leur travail, de tout lâcher, de partir à l'aventure. Ils rêvaient de repartir à zéro, de tout recommencer sur de nouvelles bases…

L'idée, pourtant, faisait son chemin, s'ancrait lentement en eux. À la mi-septembre au retour de vacances médiocres gâchées par la pluie et le manque d'argent, leur décision semblait prise. Une annonce parue dans *Le Monde*, aux premiers jour d'octobre offrait des postes de professeurs en Tunisie. Ils hésitèrent. Ce n'était pas l'occasion idéale — ils avaient rêvé des Indes, des États-Unis, du Mexique. Ce n'était qu'une offre médiocre, terre-à-terre, qui ne promettait ni la fortune ni l'aventure. Ils ne se sentaient pas tentés. Mais ils avaient quelques amis à Tunis, d'anciens camarades de classe, de faculté, et puis la chaleur, la Méditerranée toute bleue, la promesse d'une autre vie, d'un vrai départ, d'un autre travail : ils convinrent de s'inscrire. On les accepta.

Georges Perec

Les Choses, une histoire des années soixante

Les emplois du conditionnel

Chapitre 36

1 Les temps du conditionnel

Le conditionnel est un mode qui comporte trois temps :

■ **Le présent**

Ex. : J'aimerais

■ **Le passé 1re forme**

Ex. : J'aurais aimé. (généralement employé)

■ **Le passé 2e forme**

Ex. : J'eusse aimé (très littéraire ; forme semblable au plus-que-parfait du subjonctif).

2 Les emplois du conditionnel

1. **Il exprime une action soumise à une condition exprimée ou sous-entendue** (cf chapitre précédent sur l'hypothèse et la condition) ;
Ex. : Si j'étais riche, je ferais construire une maison.
Si j'avais été riche, j'aurais fait construire une maison.

2. **Le futur dans le passé**
Lorque le futur est amené par un verbe à un temps passé, le verbe au futur se transforme en un verbe au conditionnel, mais il n'y a aucun sens de condition dans cette forme. Il s'agit d'une simple règle de concordance des temps.
Ex. : Je sais qu'il viendra.
Je savais qu'il viendrait.

3. **Les sens particuliers du conditionnel**

a) **on emploie le conditionnel pour annoncer un fait douteux, incertain, non-confirmé.**
Ex. : Une manifestation violente aurait eu lieu aujourd'hui. Il y aurait des blessés.

b) **pour atténuer un ordre par politesse :**
Ex. : Je voudrais vous parler.

c) **comme protestation ou indignation :**
Ex. : Moi, je t'aurais fait du tort, mais tu n'y penses pas !

d) **pour exprimer une fiction :**
Ex. : Tu serais une sorcière et moi je t'aurais caché ton balai !

e) **l'hypothèse** (déjà vu au chapitre précédent)
Ex. : Au cas où il aurait beaucoup de fièvre, il faudrait appeler le médecin.

f) **la concession, l'opposition** (cf chapitre sur concession)
Ex. : Quand bien même elle serait dans son tort, ayez un peu d'indulgence pour elle.
Serait-il bien malade, il viendrait (quand même) travailler.

g) **le verbe savoir au conditionnel (+ infinitif) précédé de la négation « ne » a le sens de « pouvoir ».**
Ex. : Je ne saurais vous dire (= je ne peux vous dire) combien ce cadeau me touche et me fait plaisir.

EXERCICES

1 **Mettez au temps voulu les infinitifs entre parenthèses ; précisez le sens du conditionnel.**

1. Elle m'a promis qu'elle (venir) me voir pendant les vacances. — 2. Mozart (avoir donné) son premier concert à l'âge de cinq ans. — 3. Son fils (être très malade) mais elle n'en parle pas. — 4. Quoi ! tu m'(avoir caché) cette grande nouvelle, mais c'est impensable ! — 5. Il a voulu partir à l'autre bout du monde : qui l'(avoir cru) ? — 6. « Jouons aux Indiens. Tu (être) le shérif. Moi je (être) le chef de la tribu ». — 7. Nous ne (savoir) vous dire combien nous sommes touchés par toutes vos marques d'amitié. — 8. Il y a bien longtemps que je n'ai plus reçu de vos nouvelles. Ne vous (être)-il pas arrivé quelque chose d'ennuyeux ? — 9. On m'a dit qu'il (être) très menteur. — 10. Je (boire) bien un coca-cola. Est-ce que par hasard il y en (avoir) un bien frais dans ton réfrigérateur ? — 11. Quand bien même elle (avoir faire) une faute d'orthographe, ce ne (pas être) dramatique. — 12. Je pensais qu'il (avoir mis) les clés dans la boîte aux lettres.

2 **Mettez au temps voulu les infinitifs entre parenthèses.**

1. Au cas où vous (ne pas le savoir), Pierre et Amélie vont bientôt se marier. — 2. Ne crois-tu pas qu'il (être temps) de passer ton permis de conduire ? — 3. On (dire) que le temps va changer. — 4. Un camion (s'être renversé). La circulation (être coupée) sur la nationale 7. Une déviation (être prévue). — 5. Tu sais bien que s'il ne tenait qu'à moi, il y (avoir) longtemps que nous (avoir visité) New-York. — 6. Soyez certain que je (faire) l'impossible pour vous rendre service. — 7. Quand bien même le résultat des élections (être douteux), le candidat (être souriant) jusqu'au dernier moment. — 8. Si j'osais, je (demander) bien un autographe au champion. — 10. On m'a dit que le magasin (être fermé) pour une semaine. 10. Même si j'avais trop de travail, je ne me (plaindre) pas.

3 **En utilisant le conditionnel le plus souvent possible imaginez des réactions aux situations suivantes :**

1. Vous venez de faire des achats dans un grand magasin. Au moment de payer vous vous apercevez que vous n'avez pas assez d'argent. Que dites-vous à la caissière ? — 2. Vous êtes dans le train. Le contrôleur passe. Il vous reproche de ne pas avoir composté votre billet. Vous cherchez des excuses afin de ne pas payer une amende. — 3. Vous venez de

découvrir que votre meilleur ami a depuis longtemps des problèmes d'argent que vous ignoriez. Vous lui reprochez de ne pas vous en avoir parlé et vous cherchez des solutions. — 4. Vous avez prêté votre équipement de ski à un ami. Il vous le rend abîmé et incomplet. Vous le lui reprochez. — 5. Vous avez donné des photos à développer. Au moment où vous allez les chercher, on vous annonce qu'elles sont perdues. Vous adressez de violents reproches au vendeur.

Étudiez les valeurs des conditionnels contenus dans ce texte.

Chez le docteur

– Bonjour , docteur.
– Qu'est-ce qui vous amène ?
– Eh bien voilà ; je viens vous voir parce que je me suis blessé en sautant d'une fenêtre. Il est possible que je me sois cassé une jambe. Je souffre beaucoup.
– Vous avez sauté d'une fenêtre ? mais quelle idée ! Vous ne vous doutiez pas que vous pourriez vous casser quelque chose en sautant d'un étage ?
– Je ne m'en doutais absolument pas. J'avais misé sur ma jeunesse, ma souplesse et mon aptitude à faire du sport. Comme le premier étage me semblait assez peu haut, j'ai pensé que je retomberais aisément sur mes pieds. Je n'ai jamais pensé que je pourrais me casser quelque chose.
– Pourquoi avez-vous eu cette idée incroyable ?
– Eh bien voilà ! J'avais travaillé tard dans mon bureau hier soir. Tout d'un coup je me suis aperçu que le gardien était parti après avoir fermé toutes les portes à clé. Je n'avais pas d'autres issue, sinon il aurait fallu que je passe toute la nuit dans mon bureau. Je n'avais rien à manger ni à boire sous la main. Je n'avais que la moquette pour m'allonger… Si j'étais resté enfermé, la perspective était redoutable… J'ai regardé par la fenêtre, j'ai évalué la distance et je me suis laissé glisser. Si j'avais su que je souffrirais tant, il est évident que je ne l'aurais pas fait. Pourvu que vous puissiez vite me guérir. Je pars en vacances la semaine prochaine. Il est hors de question que je ne puisse pas marcher, vous vous en doutez. Si je dis à ma femme qu'il faut tout annuler, elle va être furieuse.
– Monsieur, même si je voulais vous voir partir en vacances en bon état je ne le pourrais pas. Il va falloir vous mettre un plâtre pendant quarante jours, puis il faudrait encore envisager une rééducation.
– Et après je marcherais normalement ?
– Le garantirais-je (que) je mentirais.
– Si je reculais la date de mes vacances, est-ce que je pourrais partir sur mes deux jambes avant la fin de l'été ?
– Je crains plutôt que vous en ayez quatre. Je peux éventuellement vous en améliorer deux, mais, en tout état de cause, les deux autres vous seraient indispensables.
– Vous voulez dire que j'aurais des béquilles pendant deux mois ? Docteur, vous me feriez un si grand plaisir si vous pouviez me dispenser de cette contrainte qui me semble au-dessus de mes forces ! Vous ne pourriez pas m'opérer ? est-ce que je ne serais pas guéri plus rapidement ?
– Je vais téléphoner à un de mes confrères chirurgien. S'il n'était pas trop surchargé, il pourrait éventuellement vous donner un rendez-vous rapidement et nous verrions avec lui ce que nous pourrions envisager.
– Ah ! Merci. Si je pouvais être sur mes deux jambes très rapidement, je vous en aurais une immense reconnaissance.

Révision générale des modes

Chapitre 37

On se reportera pour chaque cas particulier et pour les détails, aux chapitres correspondants. Nous donnons ici un résumé des indications principales de l'emploi de chaque mode.

1 On emploie l'indicatif

1. **Après la plupart des expressions qui marquent le temps**
(sauf avant que, en attendant que, jusqu'à ce que, etc.)
Ex. : Il est parti dès que je suis arrivé.
Il n'a pas cessé d'avoir des ennuis depuis qu'il est revenu de vacances.

2. **Après les locutions qui expriment une cause ou une conséquence**
Ex. : Il a cessé de fumer parce que le médecin le lui a interdit.
Elle avait veillé plusieurs soirs de suite, si bien qu'elle était très fatiguée

3. **Après certaines expressions qui marquent l'opposition : tandis que, alors que, tout… que…, etc.**
Ex. : Il regardait la télévision tandis que sa sœur faisait ses devoirs avec une grande application.

4. **Après les verbes d'opinion à la forme affirmative**
Ex. : Je crois qu'il a bien fait d'envoyer cette lettre.

2 On emploie le conditionnel

1. **Dans une phrase exprimant la condition, introduite par « si »**
Ex. : Si j'avais de l'argent, je partirais en voyage
Si j'avais eu de l'argent, je serais parti en voyage

2. **Après certaines locutions : quand bien même, au cas où, dans le cas où, dans l'hypothèse où**
Ex. : Quand bien même il aurait la somme nécessaire, il n'achèterait pas de voiture.
Au cas où vous auriez un renseignement à me demander, je reste à votre entière disposition.

3. **Pour exprimer la politesse, une suggestion, un souhait…**
Ex. : Je voudrais une baguette bien cuite.
On pourrait s'arrêter cinq minutes.
J'aimerais tant qu'il revienne !

3 On emploie le subjonctif

1. Après les verbes exprimant la volonté avec ses nuances : obligation, ordre, souhait, désir, intention, défense, refus, etc.

Ex. : Je veux que vous **m'écoutiez**.
Je souhaite qu'il **réussisse**.
J'accepte qu'il **vienne**.

2. Après tous les verbes qui expriment un sentiment : amour, haine, indignation, etc.

Ex. : Il est heureux que ses enfants **aient réussi** leurs examens.
Je redoute qu'il ne **vienne** trop tard.
Je suis indigné (surpris, furieux, désolé, etc.) qu'il ne **soit** pas **venu**.

3. Après les verbes qui expriment le doute, la possibilité

Ex. : Je doute qu'elle **soit rentrée**.
Je ne crois pas qu'elle **soit rentrée**.
Il est possible qu'elle **soit rentrée** sans que je m'en sois aperçu.

4. Après les conjonctions exprimant le but, l'opposition, la concession, la condition et dans certains cas le temps, la cause, la conséquence

Ex. : Il a téléphoné en arrivant *pour que* sa famille **soit rassurée**.
*Bien qu'*il **soit** encore très jeune, il comprend beaucoup de choses.
J'irai à ta rencontre *pour peu que* cela te **fasse** plaisir.
Je travaillerai *jusqu'à ce que* tu **viennes**.
Je ferai les courses *avant que* mes amis (ne) **arrivent**.
J'irai voir mon voisin à l'hôpital, *non que* nous **ayons** des relations très suivies en général, mais parce que cela lui fera plaisir.
Il marchait trop vite *pour qu'*on **puisse** le suivre.

Rappel

Après les verbes de volonté, de sentiment, de doute et certaines conjonctions
— si les sujets des deux verbes sont différents → subjonctif
Ex. : « *Je* souhaite que *tu* **réussisses**. »
« *Il* travaille pour que *ses parents* **soient** fiers de lui. »
— si les sujets des deux verbes sont les mêmes → infinitif
Ex. : « ~~Je souhaite que je réussisse~~ » → je souhaite **réussir**
« ~~Je travaille pour que j'obtienne une promotion~~ » → je travaille pour **obtenir** une promotion.

5. Après les phrases commençant par une complétive introduite par que

Ex. : « Qu'il **soit** malade, c'est évident. »

6. Dans une subordonnée relative

a) dont l'antécédent est précédé un superlatif ou d'un terme apparenté (le seul, le premier, l'unique, le dernier) = appréciation, opinion subjective.
Ex. : C'est *le plus beau jardin* que j'**aie vu**.
Cependant, on mettra l'indicatif si l'on veut simplement indiquer un degré de classement.
Ex. : C'est *le premier candidat* (c.a.d. le candidat numéro un) qui **a trouvé** la bonne réponse.

b) dont l'antécédent est indéterminé (personne, peu de, rien, quelque chose, etc.) ou précéd d'un indéfini (un… qui…)
Ex. : Il n'y a *personne* qui sache prendre cet enfant aussi bien que vous. Y aurait-il *un* élèv *qui* connaisse la réponse ?

c) dont l'antécédent est précédé d'un verbe exprimant la recherche, le souhait (voir pag 192. — 3).

CONJONCTIONS SUIVIES DE L'INDICATIF

Relations logiques	Conjonctions
TEMPS	Quand — Lorsque — Au moment où Comme — Alors que — Tandis que À mesure que — Pendant que — En même temps que — Tant que Aussi longtemps que Toutes les fois que — Chaque fois que — Aussi souvent que Après que — Une fois que — Dès que — Aussitôt que — Sitôt que À peine… que Maintenant que — À présent que — Depuis que
CAUSE	Parce que — Comme Puisque — Étant donné que — Vu que — Du moment que Pour la seule/simple et bonne raison que D'autant plus/moins/mieux que Dès lors que — Dès l'instant où Attendu que Sous prétexte que Ce n'est pas parce que … que — non parce que
CONSÉQUENCE	Si bien que De (telle) sorte/façon/manière que Au point que — À tel point que — Tant et si bien que Si/tellement + adjectif ou adverbe que Verbe + tant/tellement que Tant/tellement de que — un(e)tel(le) que — de tel(le)s +nom que
COMPARAISON	Comme — De même que — Ainsi que — Tel(les) que — Comme si Aussi/moins/plus + adjectif ou adverbe que Verbe + autant/plus/moins que Autant/plus/moins de + nom que
CONDITION HYPOTHESE	Si Si par hasard — Si jamais — Si par bonheur — Si par malheur — Si par chance — Si seulement Sinon — Autrement — Sans quoi — Faute de quoi
OPPOSITION CONCESSION	Tandis que Alors que Même si Tout + adjectif/adverbe que

CONJONCTIONS SUIVIES DU SUBJONCTIF

Relations logiques	Conjonctions toujours suivies du subjonctif	Conjonctions suivies du subjonctif si les sujets des 2 verbes sont différents	Prépositions de remplacement + infinitif si les 2 sujets sont les mêmes
BUT		pour que afin que de façon que de manière que de sorte que de peur que de crainte que	pour afin de de façon à de manière à en sorte de de peur de de crainte de
OPPOSITION **CONCESSION**	bien que quoique quelque + adj ou adv que si + adj ou adv que quelque(s) + nom que pour … que qui que, où que, quoi que quel que encore que	sans que	sans
CONDITION **HYPOTHÈSE**	à supposer que en supposant que supposé que en admettant que pourvu que pour peu que si tant est que pour autant que soit que … soit que	à condition que à moins que	à condition de à moins de
TEMPS	jusqu'à ce que d'ici que d'ici à ce que	avant que en attendant que le temps que	avant de en attendant de le temps de
CAUSE	non que ce n'est pas que soit que … soit que		
CONSÉQUENCE		trop + *adjectif* / *adverbe* pour que trop de + nom pour que	trop + *adjectif* / *adverbe* pour trop de + nom pour

VERBES PROCHES DE SENS
MAIS SUIVIS DE L'INDICATIF OU DU SUBJONCTIF

Suivis de l'indicatif	Suivis du subjonctif
1. Verbes exprimant une réalité	
Espérer Se douter Il paraît que Il me semble que Sentir Heureusement que Il est probable que Il est vraisemblable que	Souhaiter Douter Il semble que Tous les verbes de sentiment Etre heureux que Il est possible/ peu probable que Il est peu vraisemblable que
Le fait est que Le fait que (+ fort degré de réalité)	Le fait que (+ degré hypothétique de réalité)
2. Verbes introducteurs d'un message	
dire, écrire, crier, téléphoner… : suivis de l'indicatif, ces verbes présentent un fait réel *Ex.* : Il dit qu'il est malade.	ces mêmes verbes seront suivis du subjonctif s'ils introduisent un ordre *Ex.* : Il dit qu'on aille chercher un médecin.
3. Verbes polysémiques	
– Supposer/imaginer (dans le sens de penser : à la forme affirmative)	– Supposer/imaginer (dans le sens de faire une hypothèse) • à la forme interrogative ou négative • à l'impératf
– Comprendre (dans le sens de se rendre compte)	– Comprendre (dans le sens de saisir ou accepter)
– Admettre (dans le sens de reconnaître)	– Admettre (dans le sens de tolérer)
– Prétendre (dans le sens de déclarer : à la forme affirmative)	– Prétendre (dans le sens de déclarer : à la forme négative ou interrogative) (dans le sens d'exiger à toutes les formes)
– Entendre (verbe de perception = saisir)	– Entendre (dans le sens de vouloir)

Exercices

1

Indicatif ? Subjonctif ?

Reliez les deux phrases en une seule selon le modèle :

Je partirai dans une heure ; c'est possible
Il est possible que je parte dans une heure.

1. Il nous écrira régulièrement ; c'est préférable. — 2. Nous l'informerons de la situation ; il le faut. — 3. Ce mariage se fera ; c'est certain. — 4. Elle réussira ; je le crois. — 5. Elle réussira ; je l'espère. — 6. Elle réussira ; j'en doute. — 7. Il viendra avec nous; je m'en réjouis. — 8. Il partira ce soir ; c'est probable. — 9. Tu prendras des précautions ; cela serait bon. — 10. Il s'est trompé ; cela m'étonnerait. — 11. Elle a pris ses précautions ; c'est peu probable. — 12. Dis-moi la vérité ; c'est indispensable. — 13. Ecris-lui ; elle le désire. — 14. Elle reçoit des visites ; c'est rare. — 15. Il boit beaucoup ; je l'ai constaté.— 16. Il boit beaucoup ; je le vois. — 17. Elle viendra demain ; je le sais. — 18. Elle viendra demain ; nous l'exigeons. — 19. Elle viendra demain ; elle l'a promis. — 20. Elle viendra demain ; ce n'est pas certain.

Indicatif ? Subjonctif ? Infinitif ?

1. Il sort beaucoup ; je le regrette. — 2. Prends du repos ; il est temps. — 3. Je l'ai vexée ; j'en suis désolé. — 4. Ne viens pas si tôt ; ce n'est pas nécessaire. — 5. Tu ne le connais pas ? c'est dommage. — 6. Ne revenez plus ; elle le désire. — 7. Nous avons été trompés ; nous en sommes furieux. — 8. Nous avons été trompés ; nous en sommes convaincus. — 9. Elle reviendra bientôt ; cela me fait très plaisir. — 10. Cet enfant guérira ; tout le monde le souhaite. — 11. Vous ne le verrez pas ; c'est préférable. — 12. Il est père de trois beaux enfants ; il en est heureux. — 13. Il pleut ; je le regrette. — 14. Il pleut ; c'est vrai. — 15. Elle n'a pas compris la question ; elle en est irritée. — 16. Il ne réussira jamais ; elle le pense. — 17. Ils ne peuvent pas communiquer ; c'est désolant. — 18. Il reviendra un jour ; je ne le crois pas. — 19. Elle doit savoir la vérité ; c'est vrai. — 20. Elle doit savoir la vérité ; c'est indispensable.

Selon le cas, remplacez l'infinitif entre parenthèses par un indicatif ou un subjonctif :

1. J'espère que tu m'(écrire). — 2. Je souhaite que tu (venir) avec moi au cinéma ce soir. — 3. Avant de sortir, nous attendons qu'il (ne plus pleuvoir). — 4. Il me semble que tu (être) bien joyeux aujourd'hui ! — 5. Ton père est à l'hôpital. Faut-il que je (aller) le voir ? — 6. Tu savais qu'il (devoir) s'absenter ? — 7. Il semble qu'il (avoir) raison. — 8. Elle cherche un emploi qui lui (permettre) d'aller chercher ses enfants à l'école le soir. — 9. Que nous (sortir) ou que nous (regarder) la télévision à la maison, tout me fait plaisir. — 10. À supposer qu'il (être) malhonnête on ne peut lui laisser les clés de la maison. — 11. Je doute qu'il (venir) avec nous. — 12. Il est probable que sa candidature ne (être) pas acceptée. — 13. Il est possible que ses parents (avoir) des ennuis après tout ce qu'il a fait.

Mettez au mode voulu les infinitifs entre parenthèses.

1. Penses-tu qu'il (être) capable de mémoriser ces techniques en quelques jours ? — 2. Je ne pense pas qu'il (être) malhonnête. — 3. Je souhaite que vous (faire) la connaisance de ma famille. — 4. Victor Hugo est le plus grand poète que la France (avoir connu). — 5. C'est l'homme le plus intelligent que nous (avoir rencontré) jamais. — 6. Je sens que je

(devoir vous prévenir) avant de venir. Je vous aurais moins dérangés. — 7. Il est impor tant que mes amis proches (savoir) ce qui m'est arrivé. — 8. Il me semble que vous (avoi fait) des progrès. — 9. Il est temps que nous (rentrer) : la nuit tombe. — 10. Il sembl que ce (être) une erreur de votre part.

Même travail.

1. Ce sont les premiers arrivés qui (avoir) les meilleures places. — 2. Il est urgent que t (aller) réserver ta place. — 3. Il est indéniable que la majorité à l'Assemblée national (aller) changer. — 4. Elle prétend qu' il (être) l'auteur de cette lettre anonyme. — 5. Il es probable que nous (aller) en vacances dans les Pyrénées cette année. — 6. Le fait qu'i (être venu) prouve qu'il n'était pas fâché. — 7. Il est digne qu'on lui (faire) confiance. — 8. Je ne suis pas sûr que cette solution (être) la meilleure. — 9. Je ne crois pas que mo père (avoir raison). — 10. Elle a mauvaise mine, non qu'elle (être malade) mais elle s (fatiguer) beaucoup ces derniers temps.

Même travail.

1. Le professeur disait à ses élèves : « Mon plus grand désir est que vous (faire) de progrès ». — 2. S'il (pleuvoir) dimanche et qu'il (faire) froid nous resterions au coin d feu. — 3. Il s'est plaint qu'on (l'avoir puni) alors qu'il n'avait rien fait de mal. — 4. Ne v pas te figurer que tu (être) le centre de l'univers. — 5. Le directeur de l'usine entend qu son personnel (ne pas être en retard) le matin à l'ouverture de l'atelier. — 6. Je veux bie que vous (avoir) des initiatives mais je voudrais bien aussi que vous (ne pas dépasser) vo attributions. — 7. Elle voulait que son fils (s' inscrire) à une formation. — 8. J'ai di qu'on (faire suivre) mon courrier mais l'employé de la poste me (dire) qu'il (falloir remplir un imprimé et payer 20 €. — 9. Pour peu qu'elle (être) de bonne humeur, ell est charmante. — 10. Si tu (vouloir) t'investir dans tes études et que le travail (ne pas t faire peur) , tu dois réussir dans la vie.

Même travail.

1. Il s'est endormi en regardant la télévision. Le fait est que l'émission (être) bie ennuyeuse. — 2. Si tu (ne pas avoir) de motivations et que tout travail te (paraître) tro fatigant, tu n'as pas beaucoup de chances de t'insérer un jour dans le monde du travail — 3. Je resterai à la maison jusqu'à ce que tu (venir) me chercher. — 4. Pour peu qu'o le (contredire) il se met en colère tout de suite. — 5. Dès que le médecin me (donner) s prescription, je suis allé acheter les médicaments à la pharmacie. — 6. Si tu (dire) de choses désagréables aux gens et que tu (faire) le vide autour de toi, ne t'étonne pas de n plus avoir d'amis. — 7. Pour que la bonne entente (règner) dans la maison, il faut qu chacun (savoir faire) un petit effort pour les autres de temps en temps. — 8. Lorsqu'i (avoir) des problèmes et que (ne pas pouvoir) les résoudre comme il (vouloir), il es énervé au possible. — 9. Je savais qu'il (ne pas écrire) pour le Jour de l'An. — 10. Il a di qu'il (en avoir assez) que ses parents lui (faire des recommandations) sans cesse.

Même travail.

1. Craignant que vous ne (être fatigué), je n'ai pas osé vous proposer de sortir. — 2. Mo ami est reparti aux USA sans que je (pouvoir) lui dire au revoir. — 3. Il demanda qu'o lui (faire) une faveur. — 4. J'ai attendu tranquillement que vous me (faire signe). — 5.

Sa grande peur était qu'on (venir à) découvrir son secret. — 6. Avant qu'on (avoir le temps) d'évacuer la foule, la voiture avait explosé. — 7. Avant que le soleil (avoir disparu) à l'horizon, elle a pris une photo de ce site magnifique. — 8. Elle aurait voulu qu'on l'(entourer) sans cesse. — 9. Il parlait lentement pour que la traduction (être faite) simultanément. — 10. Je ne bougeais pas afin que personne ne (pouvoir) se douter que j'(être) là. — 11. Elle aurait voulu qu'il y (avoir) toujours des invités, des rires d'enfants et des dîners joyeux dans sa maison. — 12. Peu importait que mon village (être) proche ou éloigné, l'essentiel pour moi c'était qu'il (exister) dans mes pensées. — 13. Mon histoire est vraie en tous points, si invraisemblable qu'elle (paraître). — 14. Pourvu que tu (venir) à l'heure pile, ce sera suffisant.

Terminez les phrases suivantes :

1. Je ne t'ai pas téléphoné puisque… — 2. Elle ira passer quelques jours chez ses amis bien que… — 3. Je viendrai vous voir dès que… — 4. Elle emmènera ses enfants à la piscine à condition que… — 5. Elle n'aimait que les films d'amour tandis que son mari… — 6. Si nous avions eu la somme nécessaire… — 7. Elle s'était recoiffée avant que… — 8. Comme je m'apprêtais à sortir… — 9. Je vous préviens qu'il y a une foire à la brocante au cas où… — 10. Il avait fait un tel effort que…

Même exercice :

1. Il est probable que… — 2. Il est possible que… — 3. Il est souhaitable que… — 4. Il est désolant que… — 5. Il est impensable de… — 6. Il est tout à fait normal que… — 7. Il est très ennuyeux de… — 8. Il n'est pas bien de… 9. — Il est trop tard pour… — 10. Ce n'est pas avantageux de…

Même exercice :

1. Je ne doute pas que… — 2. Je suis sûr que… — 3. Je ne crois pas que… — 4. Je ne sais pas si… — 5. J'espère que… — 6. Je souhaite que… — 7. Je doute que… — 8. Je me suis rendu compte que… — 9. J'aime que… — 10. Je ne peux pas supporter que…

Même exercice :

1. Je redoute de… — 2. Je ne suis pas sûr de… — 3. Je regrette de… — 4. Je crains de… — 5. J'ai déjà dit que… — 6. J'ai refusé de… — 7. J'ai accepté de… — 8. Je ne me souviens pas de… — 9. Je ne suis pas certain de… — 10. J'ai décidé de…

Même exercice :

1. Je viendrai à moins que… — 2. C'est le plus beau jardin que… — 3. Vous êtes la seule personne à qui… — 4. Personne ne … à son invitation. — 5. Quand bien même il pourrait voyager, il… — 6. Si j'en avais eu les moyens… — 7. Il a déposé un dossier de candidature bien que… — 8. Il a baissé le son du poste de télévision pour… — 9. Je t'accompagnerai à condition que… — 10. Je ne dirai rien sauf si…

Même exercice :

1. Il s'en est fallu de quelques minutes que… — 2. Le chef d'orchestre a demandé aux violons de jouer en sourdine de telle sorte que… — 3. Y aurait-il une personne ici

qui… — 4. Il ne sait pas planter un clou correctement, tout bricoleur qu'il… — 5. Vous pourrez voter aux prochaines élections pourvu que… — 6. Nous ferons ce voyage dans la mesure où… — 7. Il a fallu lui donner des explications incroyables avant qu'il… — 8. Il a passé son permis de conduire sans que… — 9. Il a été renvoyé de la classe en raison de… — 10. S'il a fait cette bêtise et que…

Donnez le sens du subjonctif dans « Vienne la nuit, sonne l'heure »

Le pont Mirabeau

Sous le pont Mirabeau coule la Seine
Et nos amours
Faut-il qu'il m'en souvienne
La joie venait toujours après la peine

Vienne la nuit sonne l'heure
Les jours s'en vont je demeure

Les mains dans les mains restons face à face
Tandis que sous
Le pont de nos bras passe
Des éternels regards l'onde si lasse

Vienne la nuit sonne l'heure
Les jours s'en vont je demeure

L'amour s'en va comme cette eau courante
L'amour s'en va
Comme la vie est lente
Et comme l'Espérance est violente

Vienne la nuit sonne l'heure
Les jours s'en vont je demeure

Passent les jours et passent les semaines
Ni temps passé
Ni les amours reviennent
Sous le pont Mirabeau coule la Seine

Vienne la nuit sonne l'heure
Les jours s'en vont je demeure.

Guillaume Apollinaire
Alcools

Cohérence textuelle 1

Trouvez une phrase pouvant précéder chacune des phrases suivantes et constituant un ensemble logique .

Ex. : ……… par conséquent il a été mis à la porte de l'entreprise.
→ Il avait commis une faute professionnelle grave, par conséquent il a été mis à la porte de l'entreprise.

1. ...., pourtant elle n'est pas encore mariée. — 2. Pierre : « .... ? » – Paul : « Mais si j'en ai acheté. » — 3. ...., c'est pourquoi il a décidé de déménager. — 4. ...., bref il a été réélu. — 5. ...., aussi s'est-elle précipitée vers la sortie. — 6. .... et même je garderai votre chien. — 7. .... ; d'ailleurs nous l'avions tous averti. — 8. ...., à plus forte raison s'il pleut. — 9. ...., il s'est aussi plaint du bruit de la rue. — 10. ...., du moins il devrait essayer de le faire. — 11. ...., par ailleurs ce produit ne présente aucune contre-indication. — 12. ...., en effet il était très enrhumé. — 13. ...., notamment pour les personnes âgées.— 14. ...., voire mortelles. — 15. .... ; en fait ça a coûté bien plus cher. — 16. ...., d'autre part il a une licence de mathématiques. — 17. ...., c'est-à-dire une forme assez grave de jaunisse. — 18. ...., par exemple devant la bibliothèque. — 19. .... ; quant aux Alpes, ce sont les montagnes les plus jeunes. — 20. .... ; finalement, j'ai tout de même accepté sa proposition.

Cohérence textuelle 2

Complétez les phrases suivantes de façon que l'ensemble ait un sens.

1. ...., par contre son frère est charmant. — 2. .... , sinon je reviendrai en train. — 3. ...., en revanche il est excellent en mathématiques. — 4. ...., c'est pourquoi il a échoué. — 5. ...., cependant je ferai tout mon possible pour y être. — 6. ...., autrement je vous aurais averti. — 7. ...., or ce mot ne figurait pas dans le dictionnaire. — 8. ...., le cas échéant la semaine prochaine. — 9. ...., en tout cas, pas avant lundi. — 10. ...., de plus elle est très économique. — 11. ...., en outre j'ai assisté à la représentation générale. — 12. .... car il n'avait pas été prévenu. — 13. .... ; de fait, c'est un excellent docteur. — 14. ...., alors elle s'est cassé la jambe. — 15. .... ; au contraire, je l'ai adoré. — 16. .... ; en somme nous n'avons pas été perdants ! — 17. .... ; en outre, vous aurez une prime de déplacement. — 18. .... ; ainsi l'affaire est sans intérêt. — 19. – « .... » – « C'est certes une bonne idée. » — 20. .... puisque tu y tiens tellement !

Les niveaux de langage

Chapitre 38

Le français dispose, pour formuler une même idée, de diverses possibilités d'expression syntaxique et lexicale.
Ces niveaux de langue correspondent à des situations bien différentes qu'il est essentiel de distinguer afin de n'employer chacune de ces tournures qu'à bon escient.
Il est déconseillé d'user des mêmes expressions dans le langage écrit et dans la conversation : des structures de la langue classique peuvent paraître précieuses ou sophistiquées dans le français parlé tandis que des tournures familières sembleront déplacées ou même grossières dans un français plus soutenu.

1 Différences grammaticales

1. Temps et modes :

a) Le passé simple tend à disparaître dans le langage parlé où il est en général remplacé par le passé composé.

b) Le passé antérieur est rarement utilisé dans la conversation.

c) Le passé surcomposé est employé dans le langage familier. Il remplace le passé antérieur.

d) Le subjonctif n'apparaît oralement qu'au présent et au passé. L'imparfait et le plus-que-parfait relèvent du langage littéraire, tout en pouvant apparaître dans un langage oral soutenu. Il en va de même pour le conditionnel passé 2e forme.

2. Tournures :

Les tournures interrogatives et négatives sont altérées.
Ex. : « Je ne sais pas » peut devenir « je sais pas » ou « J'sais pas ».
« Où habitez-vous » peut devenir « Vous habitez où ? »
« Ce n'est pas vrai » peut devenir « C'est pas vrai »
Le ne explétif est réservé à la langue soutenue. Certains pronoms personnels sont déformés.
Ex. : « Y vient pas. » « T'as compris ? »

2 Différences lexicales

La langue française dispose d'une grande richesse de vocabulaire pour exprimer un même concept.

Exemples :

Manger	Allons nous restaurer (langue soutenue, un peu archaïque) Allons manger (français commun) Allons casser la croûte (ou la graine) (français familier) Allons prendre un petit quelque chose (français familier) Allons bouffer (français vulgaire)
Enfants	Vos héritiers, votre progéniture, vos rejetons (langue soutenue, un peu ironique) Vos enfants (français standard) Vos mioches, vos gosses, vos gamins (français populaire) Les moutards, les morveux, les lardons (français argotique)
Allez-vous en !	Pourriez-vous me laisser tranquille ? (français soutenu) Veuillez quitter céans (langue volontairement affectée) Et si vous vous en alliez ? (langue désinvolte) File ; dégage ; débarrasse le plancher en vitesse (langue familière) Tire-toi. Tu te tailles, Barre-toi (langue argotique)
Cela m'est égal	Cela m'indiffère (langue soutenue) Cela ne me fait rien (français commun) Je m'en moque pas mal (langue familière) Cela ne me fait ni chaud ni froid (langue familière) Je m'en balance, je m'en fiche (langue argotique) Je m'en fous ; je m'en bats l'œil (registre grossier)
Taisez-vous	Veuillez vous taire (demande polie) Un peu de silence, s'il vous plaît ! (demande commune) Je vous ai déjà dit de vous taire (langue impérative) Ferme-la ! La ferme ! La boucle ! (langue très familière) Ta gueule ! (registre grossier) Chut ! (onomatopée courante)

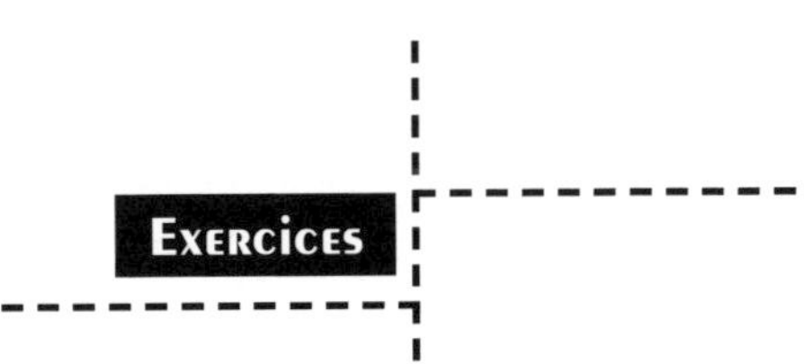

1 **À quel niveau de langue appartiennent les phrases suivantes ? Que signifient les expressions ou les mots en italique ?**

1. Edouard, cette peinture surréaliste, *ça m'interpelle drôlement*. — 2. Ce film, *il est extra, génial*. — 3. Ce bonhomme est terriblement *roublard*. — 4. C'est un *fin renard*. — 5. Dans son discours, *il a écorché* tous les noms propres. — 6. La Fureur de Lire : « Les 16 et 17 octobre, la France entière *va bruire du chuchotis* des pages qu'on tourne ; le livre sera *à la fête*, et nous aussi. » — 7. « Difficile de créer une maison d'édition en France aujourd'hui et de *trouver un créneau* qui ne soit pas déjà occupé par quelque grand. » — 8. C'est une étude très *pointue*. — 9. « Ce livre est celui d'un aventurier qui a *déposé quelques pierres du Petit Poucet* dans sa mémoire pour retrouver son chemin. » — 10. Il circule dans Paris à vélo. Pour lui c'est chaque jour un véritable *parcours du combattant*.

Les expressions suivantes ont été employées par des écrivains ou des journalistes. Trouvez un mode d'expression moins imagé :

1. Le journaliste Yves Mourousi assure que le Président parle en français *vachement branché.* — 2. Le Premier ministre, Édith Cresson, *avait remué des vagues* en déclarant à la presse *qu'elle n'en avait rien à cirer* de leur opinion. — 3. Une *roublardise* immense s'étalait partout. — 4. Il avait l'air, ce matin-là, d'un gamin sénile, *resquilleur* et *ficelard.* — 5. C'est *un attrape-nigaud !* — 6. *Elle baragouinait* des choses à demi exprimées. — 7. Elle faisait *du potin* avec sa cuiller, je l'ai fait taire. — 8. Ce soir, *j'ai été* dans un petit *bistrot louche* du port. — 9. Le chemin de fer, on l'appelait tantôt *le tortillard* à cause de ses innombrables détours, tantôt *le tacot..* — 10. Ce que les voitures vont vite maintenant ! Il va se faire *écrabouiller !*

Que veulent dire les expressions ou les mots en italique ?

1. Être *vanné.* — 2. Avoir *la poisse.* — 3. Avoir *un grain.* — 4. Ne pas avoir *froid aux yeux.* — 5. *Avoir besoin d'oxygène* (sens figuré). — 6. *Aller au charbon* (sens figuré). — 7. *Être sur le gril* (sens figuré). — 8. *Recevoir un bon savon.* — 9. Aimer recevoir *des coups d'encensoir.* — 10. Aller *en taule.*

Dans *Exercices de Style*, Raymond Queneau s'est amusé à raconter 99 fois le même fait divers insignifiant en variant le style. Relevez dans les textes suivants tous les procédés grammaticaux et lexicaux justifiant les titres donnés par l'auteur.

Notations

Dans l'S, à une heure d'affluence. Un type dans les vingt-six ans, chapeau mou avec cordon remplaçant le ruban, cou trop long comme si on lui avait tiré dessus. Les gens descendent. Le type en question s'irrite contre un voisin. Il lui reproche de le bousculer chaque fois qu'il passe quelqu'un. Ton pleurnichard qui se veut méchant. Comme il voit une place libre, se précipite dessus.
Deux heures plus tard, je le rencontre Cour de Rome, devant la gare Saint-Lazare. Il est avec un camarade qui lui dit : « Tu devrais faire mettre un bouton supplémentaire à ton pardessus. » Il lui montre où (à l'échancrure) et pourquoi.

Récit

Un jour vers midi du côté du parc Monceau, sur la plate-forme arrière d'un autobus à peu près complet de la ligne S (aujourd'hui 84), j'aperçus un personnage au cou fort long qui portait un feutre mou entouré d'un galon tressé au lieu de ruban. Cet individu interpella tout à coup son voisin en prétendant que celui-ci faisait exprès de lui marcher sur les pieds chaque fois qu'il montait ou descendait des voyageurs. Il abandonna d'ailleurs rapidement la discussion pour se jeter sur une place devenue libre.
Deux heures plus tard, je le revis devant la gare Saint-Lazare en grande conversation avec un ami qui lui conseillait de diminuer l'échancrure de son pardessus en faisant remonter le bouton supérieur par quelque tailleur compétent.

Passé indéfini

Je suis monté dans l'autobus de la porte Champerret. Il y avait beaucoup de monde, des jeunes, des vieux, des femmes, des militaires. J'ai payé ma place et puis j'ai regardé autour

de moi. Ce n'était pas très intéressant. J'ai quand même fini par remarquer un jeune homme dont j'ai trouvé le cou trop long. J'ai examiné son chapeau et je me suis aperçu qu'au lieu d'un ruban il y avait un galon tressé. Chaque fois qu'un nouveau voyageur est monté, il y a eu de la bousculade. Je n'ai rien dit, mais le jeune homme au long cou a tout de même interpellé son voisin. Je n'ai pas entendu ce qu'il lui a dit, mais ils se sont regardés d'un sale œil. Alors, le jeune homme au long cou est allé s'asseoir précipitamment.
En revenant de la porte Champerret, je suis passé devant la gare Saint-Lazare. J'ai vu mon type qui discutait avec un copain. Celui-ci a désigné du doigt un bouton juste au-dessus de l'échancrure du pardessus. Puis l'autobus m'a emmené et je ne les ai plus vus. J'étais assis et je n'ai pensé à rien.

Vulgaire

L'était un peu plus dmidi quand j'ai pu monter dans l'esse. Jmonte donc, jpaye ma place comme de bien entendu et voilàtipas qu'alors jremarque un zozo l'air pied, avec un cou qu'on aurait dit un télescope et une sorte de ficelle autour du galurin. Je lregarde passeque jlui trouve l'air pied quand le voilàtipas qu'ismet à interpeller son voisin. Dites donc, qu'il lui fait ,vous pourriez pas faire attention, qu'il ajoute, on dirait, qu'i pleurniche, quvous lfaites essprais, qu'i bafouille, deummarcher toutltemps sullé panards, qu'i dit. Là-dssus, tout fier de lui, i va s'asseoir.
Comme un pied.
Jrepasse plus tard Cour de Rome et jl'aperçois qui discute le bout de gras avec un autre zozo de son espèce. Dis donc, qu'i lui faisait l'autre, tu dvrais, qu'i lui disait, mettre un ottbouton, qu'il ajoutait, à ton pardingue, qu'i concluait.

Raymond Queneau
Exercices de Style

5

Texte : *Cyrano de Bergerac*
Relevez dans cette tirade célèbre les termes par lesquels Rostand désigne le nez.

Ce texte est extrait d'une comédie de l'écrivain Edmond Rostand qui a connu un succès considérable et jamais égalé lorsqu'il fit jouer en 1897 sur la scène du Théâtre Français, sa pièce Cyrano de Bergerac.
Le passage du « nez » est particulièrement célèbre. Le poète Cyrano, vaguement ressemblant à un écrivain français ayant vécu au XVIIe siècle, est affublé d'un nez particulièrement long qui lui vaut les quolibets de tous ceux qui ne sont pas capables de l'aimer pour sa générosité de cœur et son esprit brillant. Un jeune et fade personnage, Christian de Neuvilette, vient de lui dire avec platitude, qu'il a un « nez très grand » sans savoir l'exprimer autrement. Cyrano va lui répondre avec humour et intelligence, en empruntant toutes les images ou métaphores qui lui permettent d'exprimer la même idée de manières fort diverses.

LE VICOMTE

Personne ?
Attendez ! Je vais lui lancer un de ces traits !...
Il s'avance vers Cyrano qui l'observe, et se campant devant lui d'un air fat.
Vous... vous avez un nez... heu... un nez... très grand.

CYRANO, *gravement.*

Très.

LE VICOMTE, *riant.*

Ha !

CYRANO, *imperturbable.*

C'est tout ?...

LE VICOMTE

Mais...

CYRANO

Ah ! non ! c'est un peu court, jeune homme !
On pouvait dire. — Oh ! Dieu !... bien des choses en somme...
En variant le ton, — par exemple, tenez :
Agressif : « Moi, monsieur, si j'avais un tel nez,
Il faudrait sur-le-champ que je me l'amputasse ! »
Amical : « Mais il doit tremper dans votre tasse :
Pour boire, faites-vous fabriquer un hanap ! »
Descriptif : « C'est un roc !... c'est un pic !... c'est un cap !
Que dis-je, c'est un cap ?... C'est une péninsule ! »
Curieux : « De quoi sert cette oblongue capsule ?
D'écritoire, monsieur, ou de boîte à ciseaux ? »
Gracieux : « Aimez-vous à ce point les oiseaux
Que paternellement vous vous préoccupâtes
De tendre ce perchoir à leurs petites pattes ? »
Truculent : « Ça, monsieur, lorsque vous pétunez,
La vapeur du tabac vous sort-elle du nez
Sans qu'un voisin ne crie au feu de cheminée ? »
Prévenant : « Gardez-vous, votre tête entraînée
Par ce poids, de tomber en avant sur le sol ! »
Tendre : « Faites-lui faire un petit parasol
De peur que sa couleur au soleil ne se fane ! »
Pédant : « L'animal seul, monsieur, qu'Aristophane
Appelle Hippocampelephantocamélos
Dut avoir sous le front tant de chair sur tant d'os ! »
Cavalier : « Quoi, l'ami, ce croc est à la mode ?
Pour pendre son chapeau, c'est vraiment très commode ! »
Emphatique : « Aucun vent ne peut, nez magistral,
T'enrhumer tout entier, excepté le mistral ! »
Dramatique : « C'est la mer Rouge quand il saigne ! »
Admiratif : « Pour un parfumeur, quelle enseigne ! »
Lyrique : « Est-ce une conque, êtes-vous un triton ? »
Naïf : « Ce monument, quand le visite-t-on ? »
Respectueux : « Souffrez, monsieur, qu'on vous salue,
C'est là ce qui s'appelle avoir pignon sur rue ! »
Campagnard : « Hé, ardé ! C'est-y un nez ? Nanain !
C'est queuqu'navet géant ou ben queuqu'melon nain ! »
Militaire : « Pointez contre cavalerie ! »

Pratique : « Voulez-vous le mettre en loterie ?
Assurément, monsieur, ce sera le gros lot ! »
Enfin parodiant Pyrame en un sanglot :
« Le voilà donc ce nez qui des traits de son maître
A détruit l'harmonie ! Il en rougit, le traître ! »
— Voilà ce qu'à peu près, mon cher, vous m'auriez dit
Si vous aviez un peu de lettres et d'esprit :
Mais d'esprit, ô le plus lamentable des êtres,
Vous n'en eûtes jamais un atome, et de lettres
Vous n'avez que les trois qui forment le mot : sot !
Eussiez-vous eu, d'ailleurs, l'invention qu'il faut
Pour pouvoir là, devant ces nobles galeries,
Me servir toutes ces folles plaisanteries,
Que vous n'en eussiez pas articulé le quart
De la moitié du commencement d'une, car
Je me les sers moi-même, avec assez de verve,
Mais je ne permets pas qu'un autre me les serve.

Edmond Rostand
Cyrano de Bergerac

Vocabulaire

Quelques difficultés lexicales.

Chapitre 39

Choisissez l'expression convenable :

Du moment que / Au moment où.

1. (...) il m'a fixé un rendez-vous ici, je sais qu'il viendra, même s'il doit être en retard. — 2. (...) tu m'as téléphoné, j'étais en train de chercher ton numéro dans l'annuaire pour t'appeler. — 3. (...) je t'ai promis de te prêter 100 €, tu sais vraiment que tu peux compter sur moi. — 4. (...) l'horloge a sonné, elle est entrée dans la pièce.

À ce moment-là / En ce moment.

1. Autrefois, il habitait dans le quartier des Halles. (...), le Centre Pompidou n'avait pas encore été construit. — 2. (...) il a un énorme travail car il prépare l'index de sa thèse — 3. Je ne sais pas ce que cet enfant a (...) : il est nerveux et pénible ; il doit couver une maladie. — 4. J'ai passé de très bonnes vacances parce que (...), je ne savais pas encore que ma mère était si malade.

Par moments / pour le moment / dans un moment / un moment.

1. Il n'a que 18 ans. (...) il ne sait pas encore quelles études il veut faire. — 2. (...) il envisage de faire sa médecine, mais le lendemain il change d'avis et il parle de préparer le concours d'entrée à H.E.C. — 3. « Laisse-moi finir ce travail. (...) j'aurai l'esprit plus libre et je pourrai regarder avec toi les photos que tu as rapportées. » — 4. (...) on voit passer sur son visage des expressions de lassitude. — 5. (...) laissez-moi tranquille : j'ai besoin de me reposer quelques instants. — 6. Pierre doit arriver (...) ; il ne saurait tarder ; commençons à déjeuner sans lui. Il nous rattrapera ! — 7. (...) ! Excusez-moi ! On m'appelle sur une autre ligne. — 8. (...) : répétez ce que vous venez de dire. Je crois que j'ai mal entendu. — 9. Le docteur va pouvoir vous recevoir (...)

Même exercice avec : Dès (temps) / Dès que (temps) / Dès lors (conséquence)

1. (...) l'aurore, elle s'active dans la maison. — 2. Il s'aperçut que son fils lui avait menti. (...) il n'accorda plus aucun crédit à ce qu'il disait. — 3. Nous partirons en voyage (...) tu seras rétabli. — 4. Il s'est disputé un jour avec sa belle-famille ; (...) les relations ont été détériorées.

Même exercice avec :

Tant (conséquence) / Si tant est (hypothèse) / Tant et si bien (cause)

1. Il a (...) veillé pour travailler qu'il s'est abîmé les yeux. — 2. Elle a (...) de soucis qu'elle en a des insomnies. — 3. Si tu veux avoir des nouvelles de sa santé, tu peux en demander à son mari (...) qu'il veuille bien t'en donner. — 4. La secrétaire a multiplié les fautes de frappe (...) que son patron lui a donné son congé au bout de quelques jours.

— 5. Si tu as besoin d'argent tu peux demander à Pierre de t'en prêter (...) qu'il en ait encore à son compte... — 6. Il a souvent téléphoné à ses amis dans toute la France et à l'étranger (...) que lorsque la note est arrivée, il n'avait pas l'argent pour la payer !

Tant de (conséquences) / Tant que (temps)
1. Il a mis (...) de jours pour réparer sa toiture, que la maison a été inondée par la pluie à plusieurs reprises. — 2. Tu peux venir chez moi (...) tu voudras. — 3. (...) tu ne sauras pas si ton dossier a été accepté, tu ne pourras faire de projets.

Pour peu que (hypothèse) / Il s'en faut de peu (locution adverbiale)
1. (...) tu sois honnête avec toi-même, tu comprendras bien que tu as eu une attitude inadmissible. — 2. (...) qu'il gagne le record de vitesse dans l'épreuve de natation. — 3. On ne comprend rien à ce film (...) qu'on ait une minute d'inattention dans la première séquence. — 4. (...) que nous nous soyons rencontrés à Londres la semaine dernière.

Complétez les phrases suivantes par le verbe approprié, puis essayez de déduire le fonctionnement de ces verbes.

1) Savoir – connaître
1. Il ... Paris comme sa poche. — 2. ... -tu qu'elle est mariée ? Oui, mais je ne ... pas son mari. — 3. Vous ne devez pas ramasser ces champignons sans les ... — 4. Maintenant, vous ... à quoi vous en tenir. — 5. Je ne lui ... que des qualités. — 6. ... -vous nager ? — 7. Il ... très bien la musique. — 8. Ne le dites pas à qui vous ... — 9. Tu as vu cette fille, qui est-ce ? Je la ... mais je ne peux pas me souvenir de son nom. — 10. Elle ... sa leçon par cœur. — 11. Il nous a fait ... qu'il était bien arrivé. — 12. Avez-vous déjà rencontré Simon ? Non, alors il faut que je vous le fasse ... — 13. Je ne le ... pas si avare. — 14. Elle ... parfaitement son rôle. — 15. C'est un médecin très sérieux. Je ... bien mais il n'est pas très aimable. — 16. C'est un médecin très sérieux. Vous le ... ? — 17. Elle ... le latin mais ne ... pas le grec. — 18. Il ... ses limites. — 19. La concierge ... tout ce qui se passe dans la maison. — 20. Cette pièce ... un grand succès.

2) Revenir – retourner – rentrer
1. Il est parti en vacances et il est ... au bout de deux jours. — 2. Elle ... tous les ans dans son village natal. — 3. Il faut qu'il ... chez le médecin. — 4. Êtes-vous content de votre séjour ici ? ...-vous l'année prochaine ? — 5. Maintenant que je suis chez moi, je n'ai plus qu'une idée c'est de ... à la campagne. — 6. Est-ce qu'elle est toujours en voyage ? Non elle est ... — 7. « ... à votre place » a dit le professeur à l'élève ! — 8. Je ne me sens pas bien, je ... chez moi. — 9. J'avais oublié ma montre, je suis ... la chercher. — 10. — « Tu pars ? » — « Non je » ... — 11. Cette exposition m'a plu, j'y suis ... 2 fois. — 12. Hier soir, je suis ... à 1 heure du matin. — 13. J'en ai assez, je ... — 14. L'assassin ... toujours sur les lieux du crime. — 15. « Quand vous aurez les résultats de ces analyses, ... me voir » lui a dit le médecin. — 16. Hier, pour une fois, elle est ... de bonne heure. — 17. Nous sommes ... par le train de 19 h 30. — 18. Dans le jeu de l'oie, si vous tombez sur le numéro 14 vous devez ... à la case départ. — 19. La directrice est occupée, pouvez-vous ... demain ? — 20. Quand tu ..., tu seras gentil de mettre la table.

3) Mener – porter – amener – apporter – emmener – emporter – ramener – rapporter
1. Je vais ... ce chèque à la banque. — 2. À tout à l'heure, je ... Nicolas chez le dentiste. — 3. Je te prête ces disques, mais ...-les moi demain. — 4. Il va pleuvoir, je ... mon para-

pluie. — 5. Il ne se sent pas bien ; … -le chez lui. — 6. Je vous … de bonnes nouvelles. — 7. Tous les chemins … à Rome. — 8. Elle … un chapeau vraiment ridicule. — 9. Il a, par mégarde, … mes clés. — 10. Je vous … mon frère pour que vous puissiez le connaître. — 11. Elle … son mari par le bout du nez. — 12. Ce mauvais chemin les a … à leur point de départ. — 13. Elle s'est coupée ; vite, … -moi de l'alcool. — 14. Où tout cela peut-il nous … ? — 15. Toutes les critiques de ce film m'… à penser qu'il ne vaut pas le déplacement. — 16. Ce collier te plaît. Et bien … -le. — 17. Les infirmiers ont … le blessé dans l'ambulance. — 18. C'est le Président qui a … les débats. — 19. Il lui a … du Maroc un plateau en cuivre splendide. — 20. Si vous ne trouverez pas de taxi, je vous … à l'aéroport.

Dire et ses composés :

a) Complétez les phrases suivantes avec le verbe dire ou un des verbes de la même famille :

1. — Tu le sais que je t'aime !
   — Mais … -le moi encore.
2. La voyante lui avait … qu'elle allait bientôt rencontrer l'homme de sa vie.
3. (Au tribunal) Jurez de … toute la vérité, rien que la vérité.
4. Ils espéraient pouvoir acheter cet appartement mais comme ils n'ont pas obtenu de prêt, ils ont dû se … .
5. Elle a … la guerre qui lui avait pris son fils.
6. Les enfants ont tendance à … tout le monde et en particulier leurs parents.
7. Nos voisins passent leur temps à … sur les jeunes du 3e.

b) Complétez les phrases suivantes avec une expression formée à partir de dire : c'est-à-dire, soi-disant, par ouï-dire, le qu'en dira-t-on, soit dit en passant, les on-dit, cela va sans dire, à vrai dire.

1. Il s'est absenté, …… pour une affaire urgente.
2. Tu m'as rendu un grand service. Désormais tu peux compter sur mon aide, ………
3. Tu as raison, c'est une excellente idée ; …… je n'y avais pas pensé.
4. Elle s'habille n'importe comment et se moque complètement du …… .
5. Je ne l'ai vu écrit nulle part ; je ne le sais que par …… .
6. Le plus simple c'est de faire des pommes de terre en robe de chambre, …… bouillies avec leur peau.
7. Je vois que tu as peu d'estime pour lui ; …… je partage ton point de vue.
8. Il ne jamais écouter tous les… .

N.B. : « Soi-disant » s'emploie couramment pour « prétendument ».

Poser et ses composés :
Trouvez le verbe de la même famille que « poser » approprié

1. C'est à cette occasion que fut … la première pierre.
2. Le maire a … sa signature au bas du document.
3. Elle avait … son menu avec beaucoup de soin.
4. Le général a … une gerbe sur la tombe du soldat inconnu.
5. Nous allons … ce nombre en facteurs premiers.
6. Vous pouvez … de votre après-midi.
7. N'êtes-vous pas … par les odeurs du chlore ?

8. Le milieu artistique l'avait ... au choix d'une profession musicale.
9. Vous pouvez ... vos meubles dans mon garage.
10. Il a ... le sujet avec la plus grande clarté.
11. Je ne voudrais pas vous ... mon point de vue.
12. Il s'est ... pour les séparer.
13. Dans ce texte, les phrases sont simplement ... ; il faut ajouter les conjonctions qui manquent.
14. Il ne se démonta pas et ... à ses interlocuteurs des arguments valables.
15. Il faudra ... quelqu'un à la garde de l'immeuble.
16. Je vous ... bien de venir dormir à la maison, mais ça ne sera pas très confortable.
17. Si vous avez mal, vous pouvez ... votre jambe sur ce tabouret.
18. Je ... que vous êtes conscient de ce que vous avancez.
19. Pour gagner de la place, ils ont mis des lits ... .
20. Dans ce film, il a ... l'intrigue dans notre époque.

Porter et ses composés :
Trouvez le mot approprié (verbe, adjectif ou nom) de la famille de porter.

1. Ça y est, on peut partir. Tu as pensé à ... un vêtement chaud ?
2. J'espère que, à votre retour, vous me ... de bonnes nouvelles !
3. Les livreurs n'utilisaient un ... que pour les marchandises légères.
4. Trois semaines avec ce marteau-piqueur sous les fenêtres, c'est ... !
5. Le blessé a été ... en ambulance.
6. La France ... son pétrole en majorité des pays arabes.
7. Pour travailler dans le TGV, il a pris son ordinateur ... .
8. Cette règle ne ... aucune exception.
9. — Comment va le bébé ?
   — Il... à merveille.
10. C'est parce qu'elle n'arrivait plus à ... les voisins qu'elle a déménagé.
11. Parmi les personnes qui avaient été ..., bien peu ont survécu.
12. C'est lui qui t'a ... ces fleurs ?
13. Notre pays ... des produits agricoles et des voitures.
14. Jette cette jupe, elle n'est plus ... .
15. Elle avait ... toute son affection sur cet animal.
16. Elle est vraiment médisante, elle passe son temps à ... des histoires sur tout le monde.
17. Les skieurs qui ont un accident en haut des pistes sont le plus souvent ...
18. Autrefois , dans les villages, des ... passaient pour approvisionner les habitants.

Mots prêtant à confusion :

Compréhensible ou compréhensif ?

1. Son chagrin est tout à fait ... — 2. Elle pouvait se confier à son amie : elle était si ... — 3. L'écriture de ce texte me paraît ... — 4. Mes parents sont ...

Conjecture ou conjoncture ?

1. Dans la ... actuelle, quand on a un emploi, il faut le garder. — 2. Il s'est perdu en ... sur les causes de son long silence. — 3. Ma ... s'est révélée fondée. — 4. Le prix de la vie augmente au gré de la ...

Exercices

Évoquer ou invoquer ?

1. Regarder un album de photos permet d'… des souvenirs. — 2. Cela fait souvent du mal d'… le passé. — 3. Pour justifier les libertés qu'il avait prises, il a… des précédents. — 4. L'avocat a pu … des circonstances atténuantes. — 5. Il a … ses grands dieux pour dire qu'il n'était pas coupable.

Largeur ou largesse ?

1. Elle fait souvent preuve de … d'esprit. — 2. Combattre tous les racismes est un signe de … d'idées. — 3. Il distribuait ses biens avec une … quelquefois excessive. — 4. Le conseil municipal a attribué des subventions avec …

Oppresser ou opprimer ?

1. Il voulait aider tous ceux qui sont … — 2. J'étais … par l'angoisse quand j'ai vu qu'il ne me donnait aucune nouvelle de son voyage. — 3. Pendant la panne de l'ascenseur, tout le monde était … — 4. C'est un dictateur qui … son pays depuis des années.

Suggestion ou sujétion ?

1. J'ai une … à te faire : si on faisait un voyage ? — 2. Être toujours à l'heure est une véritable … — 3. Je tiendrai compte de vos … — 4. Son employeur le tient dans une totale …

Acception ou acceptation ?

1. C'est un mot qui a de nombreuses … — 2. L'… de sa maladie n'a pas été facile. — 3. C'est un honnête homme dans toutes les … du terme. — 4. L'… de votre dossier n'a pas encore été confirmée par la Sécurité sociale.

Prolongation ou prolongement ?

1. Il a demandé une … de son congé de maladie. — 2. Les travaux de … de l'autoroute seront finis dans six mois. — 3. J'ignore les … de cette affaire. — 4. Il a obtenu une … de son sursis.

Inclinaison ou inclination ?

1. L'écoulement de l'eau est facilité par l'… de la rue. — 2. Elle m'a dit bonjour de loin par un signe de la main et une petite … de la tête. — 3. Elle a une tendre … pour son cousin. — 4. Ce mur prend une … dangereuse.

Accident ou incident ?

1. Il a eu un … de voiture. — 2. Il lui arrive, par … de faire des fautes d'orthographe. — 3. Le voyage s'est bien passé, sans … — 4. Le présentateur de la télévision a dit : « Par suite d'un … technique, indépendant de notre volonté, l'émission va être interrompue pendant quelques minutes ».

Partial ou partiel ?

1. Vous êtes trop impliqué dans cette affaire ; votre jugement est obligatoirement … — 2. Ce journal est beaucoup trop … ; je ne l'achète plus. — 3. Je ne peux porter un jugement : mes connaissances sont beaucoup trop … — 4. Nous avons assisté à une éclipse … de la lune.

Originel ou original ?

1. Ce soir-là, elle portait une robe très … — 2. J'ai trouvé chez un bouquiniste, l'édition … de Notre-Dame de Paris. — 3. Ne croyez pas que ce tissu soit délavé ; c'est sa couleur…

Opportun ou importun ?

1. En temps …, je vous préviendrai. — 2. Il m'a paru … d'aller lui rendre une visite. —

3. Si vous venez chez moi, sonnez trois coups. Pour éviter les …, je n'ouvre pas si je n'attends personne. — 4. C'est un homme très discret ; il a toujours peur d'être …

Tract ou trac ?

1. On a distribué des milliers de … au début de la manifestation. — 2. Pendant qu'elle attendait son tour dans les coulisses, elle était paralysée par le … — 3. J'ai trouvé dans ma boîte aux lettres un … du P.C. — 4. Il redoutait de passer des examens tant il avait le … à l'oral.

Éminent ou imminent ?

1. Les … professeurs du Collège de France étaient groupés autour du conférencier. — 2. On annonce l'arrivée … du peloton de tête du Tour de France. — 3. C'est un savant réputé ; il a rendu d'… services à la science. — 4. Il a lu dans son horoscope qu'il était menacé par une catastrophe …

Infraction ou effraction ?

1. Il a été condamné pour … au code de la route. — 2. Il a été condamné pour cambriolage par … — 3. Dans ce collège, aucune … au règlement n'était tolérée. — 4. Les gangsters ont pillé la banque en commençant par l'… des coffres.

Irruption ou éruption ?

1. Pendant le discours politique, il y a eu une … de manifestants dans la salle. — 2. Quand nous avons vu le Vésuve, il était en … — 3. Il était tellement en colère qu'il a fait … chez moi à minuit. — 4. La rougeole se manifeste par une … de boutons. — 5. L'… des eaux dans la vallée a provoqué de fortes inondations.

Émigrant ou immigrant ? Émigrés ou immigrés ?

1. Ses parents étaient irlandais. Ils sont partis comme … aux États-Unis. — 2. En regardant la population du métro, on constate vite le grand nombre d'… qui vivent à Paris. — 3. L'assimilation des … pose de grands problèmes à un pays. — 4. Un étudiant étranger vivant en France pendant deux ans, peut-il être assimilé à un … ?

Allocation ou allocution ?

1. Il perçoit chaque semaine une … de chômage. — 2. Avant le banquet, le président a prononcé une … de bienvenue. — 3. Touche-t-on des … familiales dans votre pays ? — 4. On annonce pour ce soir une … du Premier ministre.

Différend ou différent ?

1. Il a eu un … avec son propriétaire au sujet des charges locatives. — 2. Nos avis sont totalement … — 3. Il a pu régler à l'amiable son … par un compromis satisfaisant. — 4. Il est très … chez lui et au travail.

Réticence ou résistance ?

1. Il a accepté votre offre, non sans … — 2. Quand il a exposé ses projets de mariage à ses parents, ceux-ci lui ont opposé une … hostile. — 3. Dans son discours, on remarquait des hésitations, des silences, des … — 4. Pour être mineur de fond, il faut avoir une bonne …

Hypothèque ou Hypothèse ?

1. Comme il n'avait plus d'argent, il a dû prendre une … sur une villa. — 2. En vous faisant confiance, c'est une … que je prends sur l'avenir. J'espère ne pas avoir à le regretter. — 3. Dans l'… où je me serais trompé, il y aurait encore des moyens de s'en sortir. — 4. C'est une … qui n'est pas à écarter. Elle s'avérera peut-être judicieuse.

10 Expressions grammaticales pouvant prêter à confusion : Bien que, aussi bien que, si bien que, aussi bien (≠ mal) que

Mettez l'expression qui convient

1. Elle travaille … son mari gagne un salaire tout à fait décent.
2. Monsieur et Madame Langevin font de la reliure ; lui, obtient déjà de beaux résultats quant à elle, elle travaille … que son mari.
3. Maintenant elle est de service la nuit … elle ne peut pas aller au théâtre.
4. Quand le professeur a posé la question elle a répondu … il ne se soit pas adressé à elle.
5. Elle travaille … que son patron a décidé de l'augmenter.
6. Tout le monde reconnaît qu'il dessine … le faisait son père.
7. D'habitude, il reste muet mais cette fois-ci il a répondu … tout le monde était étonné
8. De plus, il a … répondu … personne n'a osé prendre la parole après son intervention.
9. Pendant le débat, aucun participant n'a répondu … que lui.
10. Elle est allée se promener dans la campagne … il neige.
11. Je ne serai jamais capable de peindre … toi.
12. Elle est allée se promener dans la neige avec des chaussures qui n'étaient pas imperméables … elle a pris froid.
13. — J'achèterai des fraises à cette marchande, et toi ?
    — Moi aussi… elle les vende très cher.
14. Ce mécano m'a … réparé ma voiture qu'elle est comme neuve.
15. Je suis très satisfait de sa réparation … je n'ai plus envie de changer de voiture.
16. Il a décidé d'adhérer à ce mouvement … il n'en partage pas tous les points de vue.
17. Un manège s'est installé sous leurs fenêtres … ils entendent de la musique toute la journée.
18. Ils étaient … installés … ils n'avaient plus envie de partir en vacances.

Table des textes

Table des matières

Partie 5